Schiesser / Trauptmann · Russisch Roulette

Gerhard Schiesser

Jochen Trauptmann

RUSSISCH ROULETTE

Das deutsche Geld und

die Oktoberrevolution

Das Neue Berlin

INHALT

DIE AMBIVALENZ DES BEGINNS

Als wir vor einigen Jahren eine Fernsehdokumentation über die geheimnisumwitterte und ungewöhnliche Mesalliance zwischen Reichswehr und Roter Armee in den zwanziger Jahren produzierten, stießen wir bei den Recherchen auf ein unscheinbares, schmales Büchlein aus dem Jahre 1919. Der amerikanische Journalist Edgar Sisson berichtete darin von einer unglaublichen Kungelei zwischen dem deutschen Kaiserreich und den Bolschewiki, einer deutsch-russischen Konspiration zur Finanzierung der Oktoberrevolution. Ein Millionendeal des Jahrhunderts mit Folgen für die ganze Welt.

Wir mochten es kaum glauben, das Ungeheuerliche dieser großen politischen Verschwörung. Unsere Phantasie entzündete sich daran. Schließlich ist das politische Geheimnis nur zu oft gewollte politische Verheimlichung.

Unsere anfängliche Neugier wurde jedoch gedämpft, als wir Hinweise fanden, daß mit den von Edgar Sisson veröffentlichten Beweisen nicht alles stimmen konnte. Ein Gespinst aus Wahrheiten und Halbwahrheiten, Tatsachen und Legenden, Vermutungen und Verleumdungen tat sich vor uns auf. Nur schwer war das Knäuel zu entwirren. Wir ahnten damals nicht, daß das kleine Heftchen des Edgar Sisson uns später noch einmal beschäftigen würde.

Der amerikanische Diplomat und Rußlandkenner, Historiker und Philosoph George F. Kennan bestärkte uns schließlich, das Thema aufzugreifen. Wir beschlossen, den Spuren der von Edgar Sisson aufgestellten Behauptungen zu folgen, jenen unglaublichen Geschichten über eine der wohl abskursten Verschwörungen des Jahrhunderts.

Die weitere Suche wurde zur Überraschung. Was wir fanden, ist verblüffend und weicht ab von den üblicherweise in Lehrbüchern festgeschriebenen Gelehrtenmeinungen. Auch dabei ist wieder ein Film entstanden. Kaum gesendet, erreichten uns protestierende Zuschriften: Wann endlich kann Deutschlands Geschichte ruhen? Nun sollen die Deutschen auch noch schuld am russischen Kommunismus haben!

Eine letzte Wahrheit gibt es nicht, selbst nicht für den Wahrheitsgetreuen. Und für die offizielle Geschichtsschreibung gilt wohl stets ein Bild, das, immer wieder korrigiert und retuschiert, den tatsächlichen Hergang so lange umwünscht, bis das geschönte Abbild so vollendet ist, wie es in Wirklichkeit hätte sein sollen.

Berlin, März 1998   *Gerhard Schiesser*
                                     Jochen Trauptmann

FLUCHT AUS PETROGRAD

Zwischen den Fronten: Edgar Sisson (zweiter von links), Special Representative des USA-Präsidenten, und Diplomaten, festgehalten auf einem zugefrorenen finnischen See am 24. März 1918.

Schneidend kalter Märzwind fegt über die weite Eisfläche. Inmitten der tiefverschneiten Einöde drängt sich eine Gruppe Frierender um die in den Schnee gerammte Fahne aus Seidenstoff. *Stars and stripes*, das Sternenbanner, soll sie schützen. – Ein Bild des Jammers.

Alle starren ängstlich in eine Richtung. Von einem bestimmten Uferabschnitt her erwarten sie Rettung aus ihrer erbärmlichen Lage.

Die Roten haben die unter wahrhaft abenteuerlichen Bedingungen Reisenden samt ihrer Bagage bis zu einer Insel in der Seemitte gebracht und sind dann ans weitentfernte Ufer zurückgekehrt. Nun hoffen die Flüchtlinge, daß die Weißen von der gegenüberliegenden Seite einen Vorstoß übers Eis wagen und die Leute, meist sind es Diplomaten aus Petrograd, mit ihren hundert Gepäckstücken ans andere Ufer schaffen, um sie Tage oder Wochen später bei Torneå-Haparanda, hoch im Norden, sechzig Meilen unter dem Polarkreis, durch die russische Grenzstation ins neutrale Schweden weiterzuschleusen.

Die Lage ist heikel. Der Reisetrupp ist in diesen Märztagen des Jahres 1918 buchstäblich zwischen die Fronten geraten. Niemand kann jedoch sagen, wo in dem unübersichtlichen Gelände eigentlich eine Frontlinie zwischen den Revolutionären und den ihnen feindlichen Weißgardisten, zwischen Rot und Weiß, verläuft. Wer kann sagen, wo in dieser eintönigen Winterlandschaft Freund und Feind lauern? Ringsum nichts als endlose Wälder und Tausende Seen, große und kleine. Und wer sind eigentlich Freund und Feind für diese seltsam-obskuren Ausländer, von den Zeitläuften an einen so unwirtlichen Ort verschlagen? Es ist eine Katastrophe.

Einer von den Wartenden scheint ganz besonders ungeduldig und nervös zu sein. Es ist der Amerikaner Edgar Sisson, Special Representative des US-Präsidenten und Mitarbeiter des »US-Committee on Public Information« in Sankt Petersburg, der sich bei diesem gewagten Unternehmen »on mission« fühlt.

Der hochmotivierte, fast dreißigjährige Diplomat ist zutiefst davon überzeugt, eine wichtige patriotische Aufgabe erfüllen zu müssen. Doch bis ins Weiße Haus liegt noch ein sehr langer Weg vor ihm.

Sisson will eine Anzahl politisch hochbrisanter Dokumente aus dem neuen Reich der Roten Kommissare nach Washington schmuggeln. Um sicherzugehen, überredet er einen der Mitreisenden, es ist ein politisch unverdächtiger Kurier der norwegischen Gesandtschaft, diese Papiere vorübergehend an sich zu nehmen und über die rot-weiße Frontlinie zu bringen. Aber vielleicht ist der sich so sehr energisch gebende Draufgänger Sisson einfach nur zu ängstlich, um sich mit den Dokumenten selbst in Gefahr zu begeben. Jedenfalls hat er dem Norweger die »heißen Papiere« fürs erste sozusagen »unter den Pelz« geschoben.

Wenn hier an dieser Frontlinie alles gut geht, muß sich Sisson über Schweden und Norwegen durchschlagen, dann mit dem Schiff nach England und von dort über den Atlantik weiterreisen. Das wird alles in allem ein Siebentausend-Meilen-Trip für ihn. Aber Sisson muß unbedingt seinen Präsidenten persönlich treffen. Sie müssen unter vier Augen sprechen. Wegen dieser Weltsensation, die im Moment der nichtsahnende Norweger in der Tasche hat.

Das Päckchen enthält eine große Anzahl von Dokumenten, die alle zusammen ein unglaubliches Kriegskomplott enthüllen. Die Papiere bilden die Beweisstücke für eine hinterhältige Verschwörung zwischen zwei der einander feindlichen Großmächte in diesem bisher blutigsten aller Kriege, sie offenbaren eine hinterlistige politische Kungelei zwischen Deutschland und den russischen Umstürzlern.

Seit dem späten Eintritt der USA in diesen Weltkrieg vor gut einem Jahr ist Deutschland für Sisson eindeutig Feindmacht, Rußland hingegen Amerikas Verbündeter, mit England und Frankreich als Entente-Partner gegen Deutschland zusammengeschlossen. Und er, Edgar Sisson, versierter Journalist und Publizist, glaubt nun ein Geheimnis entdeckt zu haben, das bei seinem Bekanntwerden wie eine politische Bombe explodieren und sogar den Ausgang des Krieges entscheidend beeinflussen werde.

Präsident Wilson wird ungeduldig auf ihn warten, ist Sisson überzeugt. War es ihm, dem ehrgeizigen Journalisten, doch gelungen, Botschafter Francis in Petrograd zu überreden, den Inhalt der höchst geheimen Papiere als Vorinformation für den Präsidenten in vollem Wortlaut ans State Department in Washington telegraphieren zu lassen. Seite für Seite, drei Tage lang – für den routinierten Botschaftstelegraphisten eine beträchtliche Anstrengung.

Nun will Sisson dem Präsidenten im Weißen Haus die Dokumente als unwiderlegbaren optischen Beleg vor Augen führen. Als unanfechtbaren Beweis einer »German-Bolshevik Conspiracy«, wie er schon formuliert hat. Und die Weltöffentlichkeit wird aus dem Munde des mächtigen Präsidenten der USA erfahren, daß die Deutschen die russische Revolution der Bolschewisten mit Millionen und aber Millionen Mark, Rubeln und schwedischen Kronen finanziert haben. Eine fast unglaubliche, aber um so alarmierendere Wahrheit.

Am 2. Februar 1918 hatte Major Raymond Robins von der amerikanischen Rote-Kreuz-Mission Sisson einige Papiere zur Information und Begutachtung überreicht. Es waren meist englische Übersetzungen von Anweisungen und Berichten des deutschen Generalstabes, des deutschen Finanzministeriums, Zirkulare der Reichsbank. Alles genau mit Datum, Dienststelle und Aktenzeichen angegeben. Unterschriften von Bankdirektoren, Generalstabsoffizieren, Geheimdienstchargen, und immer wieder die Namen von Lenin, Trotzki und den anderen aus der ersten Riege der neuen politischen Führer.

Sisson ist zunächst verblüfft. Wenn das stimmen sollte, was da auf den Blättern zu lesen ist, kaufen sich die Deutschen eine ganze Revolutionsregierung zusammen. Und die soll dann an der deutsch-russischen Kriegsfront sofort Frieden schließen. Das widerspräche eindeutig der Bündnis-Verpflichtung Rußlands gegenüber seinen Verbündeten England, Frankreich und den USA und käme einem eklatanten Vertragsbruch gleich, ja, es wäre ein Verrat an den Entente-Mächten, deren feste Absicht es ist, Deutschland militärisch zu besiegen.

Sisson ist wie elektrisiert. Er fragt nach weiteren Dokumententexten und will der Sache auf den Grund gehen. Aber Robins hüllt sich über die Quelle der politisch hochbedeutsamen Papiere in Schweigen. Dennoch beginnt mit diesem zweiten Februartag Sissons Dokumenten-Story, die Geschichte von einer welthistorische Verschwörung.

Eigentlich reichen die Spuren von Sissons Geheimgeschichte weiter zurück. Seine Neugier ist schon bei der ersten Audienz entfacht, die Lenin ihm und Robins gewährt. Mit Lenin zu sprechen, dem leidenschaftlichen, äußerst gewandten Berufsrevolutionär, der jetzt die Nummer Eins im neuen Rußland ist, davon hatte Sisson eigentlich nur träumen können, bleibt ein Gespräch auf solch hoher Ebene doch bestenfalls dem Botschafter vorbehalten. Den schätzt Sisson allerdings als viel zu kontaktarm ein.

Als am 10. Januar in der Petrograder US-Botschaft der Telegraph zu ticken beginnt, bietet sich für Sisson plötzlich doch die Chance zu einem Treffen. Washington übermittelt die Rede von Präsident Wilson, in der er die USA-Politik zur gegenwärtigen Lage und damit im Zusammenhang auch die Haltung zur neuen Regierung in Rußland und deren Politik erläutert. Sofort machen sich alle verfügbaren Kräfte in der Botschaft an die Übersetzung des Redetextes ins Russische. Es ist längst dunkel in Petrograd, als Sisson und der Botschaftsmitarbeiter Alexander Gumberg gegen sechs Uhr abends zum nicht sehr weit entfernten Smolny eilen, dem Regierungssitz der Neuen. Sie wollen Lenin und Trotzki den Wortlaut der Rede übergeben und hoffen sogar auf ein kleines Erläuterungsgespräch. Das würde Sissons Ehrgeiz ungemein schmeicheln. Aber die beiden Sowjetführer sind nicht im Hause. Sisson ist enttäuscht.

Später passiert das nicht mehr Gehoffte doch noch: Es gelingt Gumberg überraschend, für den nächsten Tag für Robins und Sisson tatsächlich einen Audienz-Termin bei Lenin zu erwirken. Sisson muß seine Vorfreude mühsam bremsen, hat er doch bereits seit seiner Ankunft in Petrograd am 25. November 1917 ein solches Treffen herbeigesehnt. Am späten Nachmittag des 11. Januar 1918 stehen die beiden Amerikaner dem großen Revolutionsführer gegenüber.

Lenin macht auf Sisson den Eindruck eines bourgeoisen Bürgermeisters einer französischen Kleinstadt. Nach dem Treffen notiert er: »Klein, spärlich behaart, bronzefarben in Haar und Bart, kleine Augen, ein rundes Gesicht, lächelnd und freundlich, wenn er es sein wollte, und das war jetzt der Fall.«

Lenin gibt sich ungezwungen, locker und loyal, er begrüßt die Botschaft des Präsidenten der USA als eine unerwartete, aber nicht unverdiente Hilfestellung. Und in Englisch fügt Lenin hinzu: »Es ist ein großer Schritt vorwärts auf dem Weg zum Frieden in der Welt.«

Sisson fällt auf, daß Lenin über die menschlich verständnisvollen Worte, die Präsident Wilson über Rußland gefunden hat, ausgelassen ist wie ein Schuljunge. Völlig unerwartet überrascht Lenin die Amerikaner dann allerdings mit den Worten: »Und man hat mich einen deutschen Spion genannt.« Das Gespräch wendet sich jedoch gleich wieder anderen Themen zu, und Lenin moniert, daß die USA den neuen Sowjetstaat diplomatisch nicht anerkennen wollen.

Sisson denkt in den folgenden Tagen oft an Lenins völlig unvermittelt und lächelnd vorgebrachte Äußerung, man habe ihn einen deutschen Spion genannt. Wollte der Sowjetführer die Reaktion der Amerikaner prüfen, ihre Meinung zu den im Sommer des vergangenen Jahres von Kerenski-Leuten an die Öffentlichkeit lancierten Verdächtigungen testen?

Immer wenn Sisson neue Geheimdokumente in die Hände bekommt, die den Revolutionär selbst, dessen Regierung und die Partei belasten, sieht er den lächelnden Mann vor sich. Lenin, ein Spion – das glaubt Sisson nicht. Aber die Geldgeschichten werden wohl doch stimmen.

Mit diesem für Sisson so denkwürdigen Tag beginnen die Querelen mit Robins. Der empfindet eine tiefe Bewunderung für Lenin, Sisson dagegen hört aus den tieferen Schichten seines Bewußtseins warnende Signale. Sisson traut Lenin nicht. Die Differenzen der beiden Amerikaner über die Beurteilung der Persönlichkeit Lenins gehen bald so weit, daß Robins eines Morgens nicht mehr wie üblich zum gemeinsamen Frühstück mit Sisson am Tisch erscheint.

Die Kälte kriecht dem fröstelnden Sisson langsam am Körper hoch. Der Gedanke, die Weißen könnten den Trupp, aus welchen Gründen auch immer, doch nicht vom Eis holen, macht ihn wütend. Dann wäre nicht nur seine ganze Dokumenten-Schmuggelei umsonst gewesen!

Edgar Sisson blickt in Abständen auf seinen stillen Kurier, dem mit seinem wertvollen Päckchen vor allen anderen nichts zustoßen darf. Der Norweger scheint jedoch guter Dinge zu sein. Die ständige Aufmerksamkeit des Amerikaners empfindet er als geheimnisvoll und angenehm. Und auch das Wetter kann ihm, dem kältegewohnten Skandinavier, nichts anhaben.

Sisson geht durch den Kopf, daß sein Rußlandabenteuer gerade vor einem Jahr begonnen hat, als der Präsident am 2. April 1917 in Washington den Kongreß aufforderte, dem Deutschen Reich den Krieg zu erklären. Schon nach drei Tagen, am 5. April, hatte der Senat die Resolution über die Kriegserklärung an Deutschland mit 82 gegen sechs Stimmen angenommen. Am folgenden Tag, es ist der Karfreitag, erklären die USA den Deutschen offiziell den Krieg, und wenige Tage später, am 14. April, bildet die Regierung der USA das »Committee on Public Information«, eine Art regierungsamtliche Informations- und Propagandabehörde. Die soll »den amerikanischen Krieg wirkungsvoll verkaufen«, wie es der Werbeexperte Ernest L. Bernays, der zusammen mit geeigneten Journalisten und Publizisten, Hochschulprofessoren, Reklamefachleuten und Politikern ins CPI geholt wird, sehr kurz und drastisch formuliert.

George Creel, einflußreicher Zeitungsmagnat, Chef dieser ersten US-Öffentlichkeitsorganisation für Politik und mit Präsident Wilson befreundet, beruft auch den wendigen Sisson wegen dessen ausgeprägter journalistischer Spürnase für Sensationelles ins CPI und betraut ihn gleich mit dem härtesten Posten: Er wird als »Special Representative« des Präsidenten ins revolutionsgeschüttelte Petrograd geschickt.

Im April 1917 hatte die deutsche Oberste Heeresleitung den Russen Lenin aus seinem Schweizer Asyl durchs ganze »deutsche Feindesland« vom Süden bis hoch in den Norden, bis zum Ostseehafen Saßnitz auf Rügen geleitet. Gut bewacht, gut beschützt, daß ihm unterwegs nur ja nichts passiert. Lenin ist nach dem politischen Wunsch der deutschen Führung mit seinen mehr als zwei Dutzend Berufsrevolutionären über das neutrale Schweden wohlbehalten bis nach Petrograd gelangt.

Sisson ist überzeugt, daß den Deutschen daran sehr viel gelegen haben muß. Der deutsche Kaiser hatte am Morgen des 12. April vorsichtshalber sogar seine berühmte »Frühstücksanweisung« erlassen, Lenin – falls die Schweden dem Revolutionsstrategen keine Transiterlaubnis erteilen sollten – notfalls direkt durch die deutschen Frontlinien im Osten nach Rußland zu schleusen. Dafür habe die Oberste Heeresleitung laut Befehl seiner Majestät, des deutschen Kaisers, Sorge zu tragen.

Sisson erkennt immer deutlicher, wie langfristig und weitverzweigt die deutsch-russische Konspiration angelegt ist. Er schlußfolgert daraus, daß auch »seine« Geheimpapiere echt sein müssen, und so können ihn die übervorsichtigen Fragen des Botschafters Francis nach der Authentizität der Dokumente jetzt nicht mehr beeindrucken.

Das deutsch-bolschewistische Komplott ist, so scheint es Sisson, logistisch umfangreich und bis ins Detail konzipiert. Das geht aus jedem der Dokumente eindeutig hervor, wie zum Beispiel aus der Mitteilung, daß auf Anweisung der Deutschen Bank alle belastenden Dokumente zu vernichten seien.

Auch das Dossier in Sachen »Verrat« der Genossen Lenin, Sinowjew, Koslowski, Kollontai, Sumenson im Justizministerium ist entfernt worden. Sisson kennt die Namen aller Verschwörer bald auswendig, so oft tauchen sie in den Papieren auf. Auch Trotzki und Kamenjew werden immer wieder genannt.

Es gibt ein Dokument darüber, daß die Konten der ominösen Nya-Banken in Stockholm, über die, geschickt getarnt, sehr viel Geld geflossen ist, »geprüft« worden sind. Und da ist die ängstliche Mitteilung eines Vertreters des deutschen Generalstabs über die Verhaftung eines Agenten, der noch im Besitz belastender Dokumente der deutschen Reichsbank gewesen war, und daß die Vernichtung diesbezüglicher

Papiere offensichtlich nicht überall rechtzeitig vorgenommen werden konnte.

Aus einem Dokument der Reichsbank geht hervor, daß horrende Summen in Goldrubel zur Unterstützung der Roten Garden und Aufwiegler im Lande via Stockholm überwiesen worden sind. Auch eine Quittung über fünf Millionen Rubel, die die Reichsbank aus dem Guthaben des Generalstabs übermittelt hat, findet sich, und in anderen Quittungen geht es um zehn, zwanzig, ja sogar fünfzig Millionen Goldrubel!

Von Absprachen zwischen Reichsbank und Industrie über geplante Monopol-Strategien im befriedeten Rußland oder den heimlichen Transport dreier zerlegter deutscher U-Boote über die Transsibirische Eisenbahn bis zum Pazifik-Hafen Wladiwostok ist die Rede. Diese U-Boote sollen, dort wieder zusammenmontiert, die Vorrangstellung der starken englischen und amerikanischen Handelsflotten nachhaltig beeinträchtigen und später einer neu zu gründenden Roten Flotte für diesen Abschnitt des pazifischen Raumes überlassen werden.

Für Sisson ist klar: Der deutsche Generalstab hat die russische Oktoberrevolution mitgeplant, die deutsche Reichsbank hat Lenins und Trotzkis Revolution gegen das Zarenregime vor- und durchfinanziert. Ein Roulettespiel mit nicht geringem Risiko, aber extrem hohen Rendite-Erwartungen! Das Ganze ist nichts Geringeres als der Versuch des deutschen Generalstabs, die zaristische Armee und damit die Ostfront durch die Unterstützung Lenins und der Bolschewiki von innen und außen aufzulösen und dem deutschen Kapital den Weg in die unendlichen russischen Weiten freizumachen. Nicht freizuschießen – freizukaufen von den Bank-Bolschewiki.

Sisson späht angestrengt zum anderen Ufer. Auf wen schießen die Weißen über den See hinweg? Drohen sie nur und feuern in die Luft, oder wird es gefährlich für das Diplomatenhäuflein mitten auf dem Eis?

Sisson blickt zurück. Dort sind immer noch die dunklen Punkte im Schnee zu erkennen. Tote Rotarmisten, die vor Tagen auf Patrouille waren und von den Weißen am anderen

Ufer wie die Hasen abgeschossen wurden. Kapitän Salminen, Kommandeur der Roten Finnen in diesem Abschnitt, hat ihnen erzählt, daß die Weißen auf rote Bergungstrupps zu schießen beginnen, sobald die Soldaten ihre toten Kameraden vom Eis holen wollen.

Es ist ein erbarmungsloser Bürgerkrieg hier oben in Finnland, geht es Sisson durch den Kopf. Dabei gehörte Finnland noch bis vor einem Vierteljahr zum Zarenreich. Sind das hier alles Russen oder Finnen? Sisson denkt an den amerikanischen Bürgerkrieg, da kämpften Südstaatler gegen Nordstaatler, Amerikaner gegen Amerikaner.

Für den roten Kapitän Salminen empfindet Sisson durchaus gewisse Sympathien. Nach ihrer beschwerlichen Fahrt mit dem Personenzug vom Finnischen Bahnhof in Petrograd bis Helsingfors, der späteren Landeshauptstadt Helsinki, hat er sich immerhin sofort für die Reisenden eingesetzt. Nach vielem Hin und Her mit roten russischen und finnischen Offizieren und Verwaltungsbeamten und tagelangen Wartereien war es ihm gelungen, die »Ausländer« mit Automobilen bis Björneborg zu geleiten.

Von dort war es mit Schlitten weitergegangen, die wiederum er besorgt hatte, bis hierher an die scharfe Schußlinie zwischen Rot und Weiß in dieser eindrucksvollen Winterlandschaft, die der Bürgerkrieg in ein lebensgefährliches Terrain verwandelt hatte.

Wollen die Weißen ihnen nun doch noch den einzig möglichen, allerdings sehr langen Landweg bis hoch an die russisch-finnisch-schwedische Grenze um die Spitze des Bottnischen Meerbusens bei Torneå-Haparanda verwehren? Nur dort oben könnten die Diplomaten wie durch einen Flaschenhals nach Schweden entweichen. Und Sisson kann nur auf diesem Wege seine Geheimpapiere über die Grenze retten.

Die US-Staatsflagge scheint die Weißen nicht zu beeindrucken, so ausdauernd auch Captain Walter V. Crosley in seiner US-Navy-Uniform die Fahne in den schneidenden Nordwind hält. Selbst als John J. Tyer zusätzlich eine große weiße Bettlaken-Flagge als international respektierte Flag of Truce zum Zeichen ihrer friedlichen Absichten hin und her

18

Hoffnung auf Rettung: Hilferuf mit Stars and Stripes, nicht auf die Ausländer zu schießen. Hinter ihnen die Roten Schützen, vor ihnen die Weißen. Sie sollen die Diplomatenparty vom Eis holen.

schwenkt, bewegt das die schießfreudigen Weißen zu keinem Zeichen des Entgegenkommens. Nichts scheint zu helfen.

Auch Sisson fällt keine taktische Variante dazu ein, wie er seine Geheimdokumente durch die Linien bringen könnte. Als die Stimmung bei allen einen Tiefpunkt erreicht hat, entpuppt sich die begleitende finnische Dolmetscherin Hilma Ronti, die Captain Crosley beim Zwischenstop in Tammerfors angeheuert hatte, überraschend als Rettungsengel. Mutig nehmen Miss Ronti, der Navy-Captain und Mister Tyer einen der Schlitten und fahren schnurstracks auf die Uferstellung der Weißen zu. Die Zurückgebliebenen auf der Insel im See, auch Sisson, verfolgen gespannt, was passieren wird.

Die Weißen schießen nicht. Die attraktive und intelligente junge Hilma Ronti, die ausgezeichnet Englisch, Schwedisch, Finnisch und Deutsch spricht, bleibt sofort stehen, als ihr ein englisches »Halt« entgegengerufen wird.

Der schwedische Leutnant Charles Diehl, der sich freiwillig zu den finnischen Weißgardisten gemeldet hat, läßt sich das Vorhaben der Diplomaten-Gesellschaft kurz erklären und gibt überraschenderweise seine Zustimmung zur Frontüberquerung.

Mit dreizehn Schlitten, starke, störrische Ponys im Geschirr, zieht der eigenartige Polit-Treck mit seinem Berg von Gepäck und einem gut versteckten Päckchen Geheimpapiere seine tiefe Spur in den Schnee. Immer weiter nach Norden. Am Sonntag, dem 24. März 1918, gegen acht Uhr abends erreichen die Transportschlitten in der Nähe des kleinen Ortes Ahl einen den battleground der Weißen.

Sisson hat den norwegischen Kurier fest im Auge. Er empfindet die Kälte jetzt als nicht mehr so unangenehm.

Sisson und seine Dokumente haben einen langen Weg vor sich. Um die politische Brisanz seiner Papiere zu verstehen, bedarf es zunächst eine andere Spur von Dokumenten aufzunehmen, in die deutschen Geheimarchive.

Sisson und seine Dokumente, das ist der Rauch, aber was ist das Feuer?

Sissons Visitenkarten in russisch und englisch, auch für die Audienz bei Lenin vorgelegt.

DIE ORANGENSCHALEN-STRATEGIE

Weitreichendes Weltmachtstreben: Kaiser Wilhelm II. ist von dem Gedanken durchdrungen, das riesige Russische Reich zu revolutionieren, zu zerteilen und letzendlich den Zaren zu stürzen.

Irgendwie sind sie alle miteinander versippt und verschwägert. Nicht erst, seitdem die schöne Tochter des Fürsten zu Anhalt-Zerbst von der Elbe an die Newa geholt und am Zarenhof verheiratet wird, um als Katharina die Große mit weiblicher List und Eroberungslust in die Weltgeschichte einzugehen.

Weit vorher, zur Zeit der Deutschen Hanse, bereitet der unaufhaltsame Drang der Deutschen nach Osten den Boden für eine merkantile, kulturelle und politische Bindung, die sich auf allen Ebenen des öffentlichen Lebens über Jahrhunderte hinweg mehr und mehr festigt. Von gemeinsam betriebenen Handelskontoren geschäftstüchtiger Kaufleute bis in die höchsten höfischen Schichten hinein durchdringen preußisch-deutsche und russische Gesellschaftsvorstellungen einander.

Ein preußischer Offizier dient dem Zaren als Flügeladjutant und militärischer Ratgeber, in Berlin genießt der russische Militärattaché höchstes königliches Wohlwollen.

Einerseits orientieren sich die Uniformschneider des Preußenheeres am Kleiderschnitt der Zarenarmee, andererseits verwenden auch russische Einheiten die symbolträchtige preußische Pickelhaube als Kopfbedeckung. Allerdings erweist sie sich dort wegen des eisigen Winters als höchst unpraktisch und wird bald wieder durch die bequeme, wärmende russische Schaffellmütze ersetzt.

In den Berliner Salons gilt es ebenso als schick wie in denen zu St. Petersburg, bei Kerzenlicht und dezentem Gläserklirren wechselseitig in der Sprache Goethes und Puschkins zu parlieren, untermalt von den Melodien Schumanns und Glinkas aus den Musikzimmern.

Insbesondere viele Baltendeutsche, von alters her als Untertanen des russischen Zaren zwischen der Grenze zu Ostpreußen und der von Peter dem Großen gegründeten Hauptstadt »Sanktpiterburch« des riesigen Reiches angesiedelt, versuchen immer wieder einen Brückenschlag zwischen dem erstarkenden preußischen Königreich und der gewaltigen Zarenmacht. Russophile Sympathisanten in Preußen und am königlichen Hof zu Berlin müssen sich ihrerseits den Spitznamen »Spreekosaken« gefallen lassen.

Alexander von Benckendorff, ein livländischer Kavalleriegeneral aus alter brandenburgischer Familie, dient dem Großfürsten Nikolaus nicht nur als Adjutant und wird bei dessen Thronbesteigung zum Kommandanten des kaiserlichen Hauptquartiers in St. Petersburg ernannt, er baut im Auftrag des Herrschers aller Reußen auch ein perfektes Überwachungs- und Spionagesystem mit einem über ganz Europa ausgebreiteten Agentennetz auf. Der deutschstämmige General avanciert zum vertrauten Freund des Zaren, ohne seine Berliner Verbindungen je ganz aufzugeben. Allergeheimstes aus dem inneren Zirkel der Hofkamarilla beider Seiten kann unter diesen Bedingungen nicht lange Geheimnis bleiben.

Galauniformen und Hofkleidung von Militärs, Ministern und Mätressen in St. Petersburg und Berlin lassen bald nicht mehr erkennen, welcher politischen Denkrichtung die jeweiligen Träger angehören und welcher Ideenwelt sie zuzuordnen sind. Und die französische Diplomatensprache ermöglicht es, die an beiden Höfen natürlich auch vorhandenen Gegensätze immer wieder elegant zu überspielen.

Bei den Treffen der Staatsoberhäupter begrüßen sich Gast und Gastgeber nach dem Protokoll ehrenhalber in der Uniform des anderen Landes und mit fast familiärem Bruderkuß. Jedes Monarchentreffen wird zu einer Art Familienbesuch, und viele der Gespräche über Grundbesitz und Politik bewegen sich tatsächlich im Bereich allgemeiner Vetternwirtschaft.

So geschieht es auch am 6. April 1902, als sich Wilhelm II. und Nikolaus II. anläßlich russischer Flottenmanöver im Baltischen Meer, der Ostsee, in der Küstenstadt Reval/Tallin begrüßen. Bei diesem Treffen wird die erschreckend simple Logik des deutschen Kaisers sichtbar, als er dem Zaren großmütig eine zweite Aufteilung der Welt vorschlägt; genauer gesagt: der Weltmeere.

Wenn Ende des 15. Jahrhunderts im Vertrag von Tordesillas Portugiesen und Spanier nach dem Schiedsspruch des unrühmlichen Borgia-Papstes Alexander VI. die östliche und die westliche Hälfte der damals noch nicht einmal gänzlich erkundeten Welt mit Hilfe einer genau definierten Demarkationslinie unter sich aufgeteilt haben, so glaubt sich der deutsche Kaiser in Reval zu Ähnlichem berechtigt. Er bietet dem Zaren sozusagen als eine zweite Aufteilung der Welt den raumgreifenden Titel »The Admiral of the Pacific« an. Für sich selbst wählt der Deutsche die etwas bescheidenere Bezeichnung »The Admiral of the Atlantic«. England und Frankreich läßt der Deutsche bei seinem Vorschlag kurzerhand außer Acht: So einfach lassen sich die Machtinteressen von Monarchen formulieren, sie durchzusetzen steht freilich auf einem anderen Blatt.

Obwohl die französische und englische Presse von des Kaisers vertraulicher maritimer Machtsprache beim Revaler Tête-à-tête Wind bekommt und in höchstem Maße empört reagiert, unterschreibt Wilhelm II. am 2. September 1902 in seinem Brief an den Zaren, die Absprache trotzig wiederholend, in deutschen Worten mit »Admiral des Atlantik«. In diesem Schreiben betont der Kaiser, daß für den Aufbau beider Flotten, der russischen wie der deutschen, gleiche Interessen den Ausschlag geben. Beide Flotten seien als *eine* große Organisation zu betrachten, und beide Flotten gehören *einem* Kontinent an.

Das ist – selbstverständlich mit dem Hintergedanken an eine gemeinsame russisch-deutsche Flottenfront gegen Englands und Frankreichs weitreichendes Weltmachtstreben – einerseits sehr global und andererseits sehr brüderlich gedacht. Kaisersolidarität eben!

Allerdings spuken zu dieser Zeit auch bereits ganz andere Aufteilungspläne durch die Hirne so mancher deutsch-nationaler Großmachtpolitiker. Schon 1854 überrascht der preußische Diplomat Freiherr von Bunsen mit einem Memorandum, in dem er Preußen nicht nur zur Parteinahme gegen Rußland auffordert, sondern auch eine verblüffende Neuaufteilung des russischen Imperiums vorschlägt. Allen Ernstes meint er, Österreich müsse sich bis zum Schwarzen Meer ausdehnen, das Baltikum inklusive St. Petersburg könne zwischen Preußen und Schweden aufgeteilt werden und das verbleibende Gebiet sei in ein Klein- und ein Großrußland aufzuspalten.

Solche realitätsfernen hegemonialen Ideen finden fünfzig Jahre später, zur Jahrhundertwende, durchaus den Beifall expansionsgewillter politischer Kräfte und einflußreicher Großindustrieller Deutschlands, die Bismarcks warnende Worte in den Wind schlagen, sich für alle Zeiten jeglicher Idee von einer »Zerstückelung« des Zarenreiches, jenes unermeßlich großen Vielvölkerstaates, zu enthalten.

Gerade Bismarck hatte während seiner drei Jahre als preußischer Gesandter in St. Petersburg genügend spezifisch russische Informationen gesammelt und enge persönliche Beziehungen zu Kanzleien und Ministerien bis ins Kaiserhaus hinein entwickelt, daß man in Berlin auf seine fundierten Ratschläge besser hätte hören sollen.

Bismarck verurteilt die Zerstückelungsphantasien jener starken Fronde innerhalb der Reichsführung und der Industrie treffsicher als »Pläne von kindlicher Nacktheit«. Was aus deutschen Opportunitätsgründen stets verschwiegen wird.

Der »eiserne Kanzler«, ansonsten zu folgenreichen Kriegslisten und wechselndem Paktieren je nach politischer Wetterlage bereit, Schmied einer gewaltsam zusammengefügten deutschen Reichseinigung von 1871, empfiehlt eindringlich, geradezu als eine der Vorbedingungen für die künftige gesamtstaatliche Existenz, niemals in einem Krieg Hand an Rußland zu legen.

Die neue deutsche Großmachtpolitik mit ihren expansionistischen Bestrebungen seitens der deutschen Industrie verhält sich jedoch auch in dieser Frage nicht zimperlich. Schon vier Wochen nach dem offiziellen Beginn des Ersten Weltkrieges formuliert am 28. August 1914 der geschäftsführende Ausschuß des Alldeutschen Verbandes in einer »Denkschrift zum deutschen Kriegsziel« in vier Punkten eindeutig und unmißverständlich, wie die zu erwartende europäische Siegesbeute verteilt werden soll:

»1. Die Mitteleuropa-Idee mit hegemonialer Stellung Deutschlands. Daß Mitteleuropa [...] zusammen mit den Landesteilen, die das Deutsche Reich und Österreich-Ungarn als Siegespreis gewinnen, ein großes, einheitliches Wirtschaftsgebiet bilden wird, liegt als geradezu gebieterische Forderung in der Luft. Diesem Kern werden sich, ohne daß die Kernstaaten einen Bruch auch nur versuchen werden, allmählich und geradezu in gesetzmäßiger Gewißheit die Niederlande und die Schweiz, die drei skandinavischen Staaten und Finnland, Italien, Rumänien und Bulgarien anschließen. Nimmt man die Nebenländer und Kolonien dieser Staaten hinzu, so entsteht ein gewaltiges Wirtschaftsgebiet, das schlechthin jedem anderen gegenüber seine wirtschaftspolitische Unabhängigkeit wird wahren und durchsetzen können.

2. Das Ziel der wirtschaftlichen Schwächung der Gegner durch die Auferlegung einer so hohen Kriegsentschädigung, daß sie für Deutschland auf lange Zeit nicht mehr gefährlich werden könnten.

3. Das grundsätzliche Ziel gegenüber dem Westen: Das eroberte Belgien in der Hand zu behalten, das Kohle-Einzugsgebiet und die französische Kanalküste von Frankreich abzutrennen, über Boulogne hinaus bis zur Somme. Über Belfort hinaus die Festungslinie bis Verdun und die Abtretung von Toulon als deutschem Kriegshafen. Ferner erwägen die Alldeutschen die Inbesitznahme von Petersburg.

4. Das grundsätzliche Ziel gegenüber Rußland: Rußlands Gesicht muß […] gewaltsam wieder nach Osten umgewandt und dazu muß es im wesentlichen in die Grenzen von Peter dem Großen zurückgeworfen werden.«

Das bedeutet: Erwerb und Annektion polnischer Grenzgebiete, der russisch-litauischen Gouvernements und aller anderen Ostseeprovinzen Rußlands zur »strategischen Sicherung« und als künftigen deutschen Siedlungsraum.

Die Ziele des Alldeutschen Verbandes finden sofort die generelle Zustimmung der Großindustriellen Krupp und Stinnes, wobei letzterer zusätzlich noch die Abtretung der französischen Erz- und Kohlegebiete in der Normandie fordert. Der politische Vertrauensmann des Thyssenkonzerns formuliert für die deutsche Industrie drei große Kriegsziele:

»1. Beseitigung der für Deutschland unerträglichen Bevormundung Englands in allen Fragen der Weltpolitik. [Gemeint ist natürlich die Bevormundung durch England.]

2. Die Zersplitterung des russischen Kolosses.

3. Die Beseitigung schwacher, angeblich neutraler Staaten an Deutschlands Grenzen.«

Zum zweiten Punkt ergänzt der Thyssen-Konzern noch aus politischer Gesamtsicht die Befreiung aller nicht-russischen Völkerschaften »vom Joch des Moskowitertums« unter deutscher militärischer Oberhoheit sowie die Bildung eines unter deutscher Herrschaft stehenden Königreiches Polen.

August Thyssen selbst fügt am 9. September 1914 eine persönliche Denkschrift hinzu, in der er unter anderem die baltischen Provinzen noch detaillierter behandelt und sich außerdem mit dem Dongebiet, Odessa, der Krim sowie dem Gebiet um Asow und dem Kaukasus näher beschäftigt. Thyssen begründet seine in diesem Papier geäußerte Forderung mit der Notwendigkeit, das deutsche Rohstoffpotential für alle Zukunft sicherzustellen. Insbesondere ist er an den französischen Erzvorkommen von Longwy-Briey, dem belgischen Kohlefeld, den Erzen des Dongebietes und den Manganerzen des Kaukasus interessiert. Die weitausgreifende Konzeption Thyssens mündet in der beinahe schon mystischen Vorstellung, mit der Gewinnung einer Landbrücke über Südrußland, Kleinasien und Persien das britische Weltreich, den eigentlichen Gegner dieses Krieges, in Indien und Ägypten entscheidend zu treffen.

Auf solcherart größenwahnsinnigen, besitzergreifenden Forderungen seitens der deutschen Industrie beruht auch das große Kriegszieleprogramm des deutschen Kanzlers Bethmann Hollweg vom 9. September 1914.

Um die wirtschaftlichen Kriegsziele zu erreichen, müssen, diesem Papier folgend, zwei Angriffsmethoden ausgearbeitet werden: direkte militärische Angriffsoperationen zum einen und zum anderen die »Zersetzung des Feindlandes von innen«. Die zweite Methode auf das riesige russische Reich angewandt, kann nur bedeuten: Sturz des zaristischen Systems »von innen« her.

Dazu entwickeln der deutsche Kaiser und seine Berater die sogenannte Revolutionierungsidee. Eine Revolution soll das Zarenregime sprengen, und um dieses Ziel zu erreichen, wird extra ein »Revolutionierungsprogramm« erarbeitet. Das schließt ganz selbstverständlich auch subversive Aktivitäten mit ein. Die Koordinierung dieser weitreichenden strategischen und taktischen Konzepte und deren Ausführung erfolgt durch das Auswärtige Amt in engster Verbindung mit der Sektion Politik im Stellvertretenden Generalstab.

Neben Kanzler Bethmann Hollweg und Gottlieb von Jagow, Staatssekretär des Auswärtigen Amtes und preußischer Staatsminister, wird vor allem Unterstaatssekretär Zimmermann zur treibenden Kraft bei diesen Bemühungen.

Die Vitalität dieses gebürtigen Ostpreußen, gepaart mit immer neuen, rücksichtslosen Aggressionsideen, imponieren dem Kaiser derart, daß der Monarch seinen Berater immer wieder zu intimen politischen Gesprächen ins Neue Palais nach Potsdam ruft – über die Köpfe von Zimmermanns direkten Vorgesetzten Bethmann Hollweg und Jagow hinweg. Zimmermann wird zum Mann des Kaisers, besonders für dessen Vorstellungen im Zusammenhang mit der »Zersetzung Rußlands«.

Dieses politische Ziel ist fester Bestandteil der deutschen Randstaatenpolitik. Es wird als »Insurgierung der Nationalitäten im Russischen Reich« eine nicht vorherzusehende welterschütternde Bedeutung erhalten und im Zusammenhang mit der Revolution in Rußland das ganze Jahrhundert nachhaltig prägen.

Bei diesen »Insurgierungs«-Aktionen erlangen neben den bereits erwähnten Männern in der Wilhelmstraße drei Diplomaten besondere Bedeutung. Es sind die Missionschefs des deutschen Kaiserreiches in drei neutralen Ländern: Graf von Brockdorff Rantzau in der Kaiserlichen Gesandtschaft zu Kopenhagen, Freiherr Lucius von Stoedten in Stockholm und Freiherr von Romberg in Bern.

Innerhalb dieses deutschen diplomatischen Dreigestirns erweist sich Brockdorff als der stärkste Förderer der deutschen Revolutionierungsstrategie für Rußland. Er avanciert zur Schlüsselfigur in einer großangelegten Konspiration, die später als geheimnisvolles Komplott zwischen dem Deutschen Reich und den radikalen russischen Revolutionären für Aufsehen sorgen wird.

Für die Methode, die russischen Randstaaten vom alten Kernland abzuspalten, findet der gebürtige Baltendeutsche

28

*»Orangenschalenstrategen«: Reichskanzler Theobald von Beth-
mann Hollweg, Staatssekretär Gottlieb von Jagow und Karl Helfferich (von links nach rechts).*

aus dem Livländischen, Paul Rohrbach, die einfachste und anschaulichste Bezeichnung: »Orangenschalen-Strategie«.

Der studierte protestantische Theologe, Journalist und Zeitschriften-Herausgeber, Wortführer einflußreicher nationalliberaler deutscher Kreise, erklärt, daß nichts einfacher erscheint, als Rußland »wie eine Orange, ohne Schnitt und Wunde, in seine natürlichen historischen und ethnischen Bestandteile« zu zerlegen: Finnland, Polen, Bessarabien, Baltikum, Ukraine, Kaukasus und Turkestan. Diese, das Kernland umgebenden Randstaaten müßten wieder unabhängige Staaten werden – unter deutscher Kontrolle.

Die klare und einfache Bilderbuchsprache Rohrbachs ins Generalstabsdeutsch übersetzt, meint: Sämtliche Randstaaten sind zwar gewaltsam, mit militärischen Mitteln, aber relativ unproblematisch vom Kernland des gewaltigen Zarenimperiums, das sich von der Weichselniederung bis zur Behringstraße am Pazifischen Ozean, vom polaren finnischen Lappland im Norden bis tief ins asiatische Wüstenland der Turkvölker erstreckt, abzutrennen.

Diese Strategie gegen das Zarenreich wird unverzüglich in Angriff genommen und organisatorisch und praktisch vorangetrieben. Ein Netz von Dienststellen für diese politisch delikaten Zwecke ist verhältnismäßig schnell geknüpft: Generalstab, Auswärtiges Amt, die Abteilung IIIb des Geheimdienstes beim Kommandostab Oberost (Ostfront) des Feldheeres, die kaiserlichen Gesandtschaften in neutralen Ländern und deren Informanten, Kuriere, Diversanten, Agitatoren jeglicher Art an der dunklen Front. Schatzamt, Reichsbank, Deutsche Bank und Commerzbank transferieren auf höhere Anweisungen hin über die verschiedensten Kanäle erste Millionen Mark, Rubel und schwedische Kronen an getarnte Geschäftemacher und Scheinfirmen, Politiker, Patrioten und zwielichtige Gestalten.

In dem Maße, wie die subversive Wühlarbeit gegen das Romanow-Imperium wirksam wird, kommen dem deutschen Monarchen durchaus gewisse moralische Bedenken. Ist es nicht ein unverzeihliches Unrecht, gegen die jahrhundertealten traditionellen und verwandtschaftlichen Bindungen der beiden Herrscherhäuser in dieser Weise vorzugehen? Im Zusammenhang mit der geplanten Revolutionierung Finnlands, das heißt seiner Abtrennung vom Zarenreich, wobei die Rechte, die »Weißen«, genau wie die Linken, die »Roten«, in die deutsche Randstaaten-Abfall-Politik eingespannt werden sollen, äußert der deutsche Kaiser im Sommer 1915 tatsächlich Bedenken, den Zarenthron so zu erschüttern und ihn am Ende vielleicht gar zu stürzen.

Da sich derartige Empfindungen für den weiteren Fluß der von allerhöchster Stelle zu genehmigenden Mittel als bremsend und schädlich erweisen, depeschiert Brockdorff Rantzau aus der Botschaft in Kopenhagen mit Datum vom 6. Dezember 1915 unter »B. Nr. 470, Geheim« an Seine Exzellenz, den Reichskanzler Bethmann Hollweg:

Daß es vor Jahresfrist eine Zeit gegeben hat, wo beinahe die Auffassung berechtigt scheinen konnte, eine Verständigung mit England sei möglich; daß später eine Sprengung der Koalition durch einen Separatfrieden mit Rußland vorübergehend nicht ohne Aussicht auf Erfolg angestrebt wurde, ist noch in frischer Erinnerung. Es wäre bedenklich, gegenüber Tatsachen, die gewiß unerfreulich sind, für das Schicksal des deutschen Volkes aber entscheidend werden können, die Augen zu verschließen: In Rußland sind verschiedene Strömungen an die Oberfläche gelangt. Der Zar muß tatsächlich geschwankt und zeitweilig den Frieden gewünscht haben; sicher ist, daß er nach dem letzten Besuch Andersens in St. Petersburg ein zweideutiges Spiel getrieben hat. Ob Kaiser Nikolaus im übrigen in der Lage wäre, überhaupt noch Separatfrieden mit uns zu schließen, ist eine Frage, die ich nicht unbedingt bejahen möchte. Dieser schwache und unaufrichtige Herrscher, dessen Thron schwankt, während er im Banne mystischer Flagellanten von Siegen über einen Gegner träumt, der nie zu ihm in Feindschaft treten wollte, hat eine furchtbare Schuld vor der Geschichte auf sich geladen und das Recht auf Schonung von unserer Seite verwirkt.

Es wäre ein folgenschwerer Irrtum, jetzt noch traditionelle Beziehungen zu Rußland, daß heißt zum Hause Romanow,

ernstlich in die Waagschale legen wollen. Das Haus Roma-
now hat die traditionelle Freundschaft, die ihm in schick-
salsschwerer Stunde treu gehalten wurde, durch schnöden
Undank verscherzt. [...] Der Sieg und als Preis der erste Platz
in der Welt ist aber unser, wenn es gelingt, Rußland rechtzei-
tig zu revolutionieren und dadurch die Koalition zu sprengen.
Nach Friedensschluß wäre der innerpolitische Zusammen-
bruch Rußlands für uns von geringem Wert, vielleicht sogar
unerwünscht.

Wie es der Reichskanzler nach den warnenden und drängen-
den Hinweisen seines Botschafters versteht, den Kaiser zu
überreden, sich eindeutig zur Fortführung der »Orangenschalen-Strategie« zu bekennen, die doch Teil der von der
Majestät selbst konzipierten Revolutionierungsidee Rußlands
ist, weiß heute niemand mehr genau zu sagen. Aus den Dokumenten jedenfalls ist ersichtlich, daß alle Aktivitäten in dieser Richtung mit allerhöchster Wertschätzung weitergehen.
Und weiter finanziert werden.

Ein großer Stapel von Dokumenten zum Thema »Orangenschalen-Strategie«, zum gesamten Revolutionierungsprogramm, zur Förderung der politischen Aktionen und vor
allem zur millionenschweren Finanzierung bis zur russischen
Oktoberrevolution und auch in der Zeit danach, liegt bis heute
wohlverwahrt im Archivkeller des deutschen Auswärtigen
Amtes.

Zwar wird das gesamte Material nach dem Zweiten Weltkrieg als Kriegsbeute zur Auswertung nach Großbritannien
gebracht, später gelangt es aber wieder in deutsche Hände
zurück.

Dieser höchst aufschlußreiche Teil zur Dokumentation deutscher Geschichte liegt in Form von dicken Folianten mit der
Aufschrift: »Auswärtiges Amt, Abteilung A, Geheime Akten
betreffend den Krieg 1914« gestapelt im Politischen Archiv.
In den in Sütterlin-Schrift geschriebenen handschriftlichen
Unterzeilen steht zu lesen: »Unternehmungen und Aufwiege-
gelungen in *Russland*, besonders *Finland* und den *Ostsee-*
provinzen«.

Die Akten sind als »No 11 sec« (secret) klassifiziert: Namen, Decknamen, Daten, riesige Geldsummen, Kontakte, Tarnfirmen, Adressen, Treffzeiten ...

Ein Name, der immer wieder und meist im Zusammenhang mit Millionensummen auftaucht, lautet: Dr. Alexander Israel Lasarowitsch Helphand-Parvus.

Wer ist das?

DER TRAUM VOM REICHTUM

Kampfgefährten: Alexander Helphand, Leo Trotzki und Leo Deutsch, fotografiert in der Peter-und-Pauls-Festung, 1906.

Im Städtchen Beresina, im Norden der den Juden zugewiesenen Siedlungsgebiete in den Gouvernements Minsk, Mogilew und Witebsk, im sogenannten Belo-Rußland, dem »Weißen Rußland«, wird der jüdischen Kleinbürgerfamilie Helphand am 27. August 1867 ein Sohn geboren. Die Eltern geben ihrem Kind den Vornamen Israel und fügen, der russischen Sitte entsprechend, das Patronym Lasarowitsch hinzu. Die Schreibweise des Familiennamens wird später je nach Übersetzungen in andere Sprachen in Gelfand, Helfant und Gel'fond abgewandelt.

Als Israel erwachsen ist und in deutschsprachigen Ländern studiert und arbeitet, legt er sich, vor allem für den Umgang mit deutschen und Schweizer Behörden zusätzlich noch den Vornamen Alexander zu. Da der junge Mann als gebürtiger Russe registriert wird, taucht in den Personalpapieren auch die Schreibweise Aleksander auf.

Nach einer großen Feuersbrunst in Beresina, bei der auch das elterliche Haus abbrennt, zieht die Handwerkerfamilie, die bescheiden und nach alter mosaischer Tradition lebt, südwärts nach Odessa ans Schwarze Meer. Helphand erinnert sich später oft und gern seiner Kindheit in der geschäftigen ukrainischen Handels- und Hafenstadt. Die Weltoffenheit dieser Hafenstadt mit ihren ankommenden und abreisenden Kaufleuten und Matrosen aus aller Herren Länder empfindet er als aufregend. Das bunte Markttreiben der Ukrainer, Armenier, Georgier, Juden, Türken und Perser fasziniert den jungen Helphand.

Aber er sieht auch Entsetzliches in dieser Stadt: Die Bilder der grausamen Pogrome gegen die städtischen Juden wird er sein Leben lang nicht auslöschen können. Das bestärkt seinen Willen, sich gegen Ungerechtigkeit und Unmenschlichkeit aufzulehnen. So wächst sein Widerwille gegen das Zarensystem.

Er absolviert das Gymnasium in Odessa. Seine Eltern können es irgendwie ermöglichen, daß der Lernbegierige und Wissensdurstige zusätzlich noch Privatunterricht in Mathematik und in verschiedenen humanistischen Fächern belegen kann. Bis in die tiefe Nacht hinein liest er mit Begeisterung die Werke des ukrainischen Nationaldichters Taras Schewtschenko, den französischen Sozialisten Pierre-Joseph Proudhon, dessen Maxime »Besitz ist Diebstahl« Helphand auf eine verwirrende Weise erregt. Zu seinen Lieblingsautoren zählen auch die russischen Anarchisten Fürst Kropotkin und Michail Bakunin. Eine Empfehlung Tschernyschewskis, die russische Intelligenz solle sich insbesondere mit den theoretischen Arbeiten des englischen Volkswirts John Stuart Mill zu Problemen der politischen Ökonomie widmen, befolgt er mit großem Eifer, und ökonomische Studien beeinflussen fortan seine Gedankenwelt in starkem Maße. Es ist nur eine Frage der Zeit, daß er sich revolutionären Zirkeln und Gruppen in Odessa anschließt.

1886 bietet sich Helphand die Chance zu einem Aufenthalt in der Schweiz. In Zürich findet er schnell Kontakt zur dortigen großen russischen Kolonie. Er beteiligt sich mit lebhafter Anteilnahme an den ständigen Diskussionen zur russischen Problematik, die in diesem Kreis gepflegt werden. Die Gespräche drehen sich zumeist um die von den aufklärerischen Gedanken Alexander Herzens dominierte Literatur. Helphand studiert die Schriften des Gründers der russischen Sozialdemokratie G.W. Plechanow, er liest Axelrod und Leo Deutsch.

Im Jahr darauf nimmt er vorübergehend Aufenthalt in Bern, bevor er sich in Basel niederläßt. In der Stadt der Millionäre widmet er sich dem Studium der Nationalökonomie und der Naturwissenschaften. Nebenbei erarbeitet er sich Kenntnisse auf dem Gebiet politischer Geschichte und der Entwicklung der europäischen Arbeiterbewegung.

Nachdem Helphand im Juli 1891 promoviert hat, treibt es ihn sofort nach Deutschland, wo der Klassenkampf seiner Ansicht nach nicht als »Abstraktum, sondern als pulsierendes Leben« geführt wird. Hier will er bleiben, und so wendet er sich mit der Bitte an Wilhelm Liebknecht, ihm dabei behilflich zu sein, für »billiges Geld« ein Vaterland zu erwerben. Er will die deutsche Einbürgerung und damit ein Ende aller Schikanen, denen er als Emigrant seitens der deutschen Behörden ausgesetzt ist. Er will nicht länger literarisch-theoretisierender »Zuschauer« der immer stärker werdenden sozialen Bewegungen bleiben, sondern sich aktiv und direkt an Veränderungen beteiligen.

Noch im gleichen Jahr nimmt er seinen Wohnsitz in Stuttgart und kommt in engen Kontakt zum sozialistischen Kreis um Karl Kautsky und Clara Zetkin. Hier empfindet er jetzt sein »neues Vaterland«.

Doch bald zieht es den Unruhigen nach Berlin, in die Hauptstadt seines neuen Vaterlandes, wo er das geistige Zentrum der deutschen Sozialdemokratie sieht.

Nach einem Jahrzehnt ausdauernder und leidenschaftlicher Auseinandersetzungen um Definitionen, strategische Zielvorstellungen und taktische Methoden mit der sozialdemokratischen Politik von Bebel, Bernstein, Kautsky und anderen – Helphand hat sich inzwischen für seine umfangreichen publizistisch-journalistischen Arbeiten das literarische Pseudonym »Parvus« zugelegt – werden Helphand und andere russische Emigranten von den Ereignissen des St. Petersburger Blutsonntags jäh aus ihren theoretischen Debatten herausgerissen: Am 22. Januar 1905 läßt der Zar seine Kosaken in die friedlich Demonstrierenden hineinreiten, Männer und Frauen niedersäbeln und niederschießen ... Was geschieht in Rußland? Unruhe, Aufstand, Rebellion, Vorrevolution auf dem Wege zum Sturz des Zarensystems? Oder kommt schon jetzt die ultimative und kompromißlose Revolution? Parvus-Helphand erläutert seine Ansicht, daß das Proletariat in der Phase der demokratischen Revolution, die Rußland jetzt erschüttert, zum Träger des Aufstandes geworden sei und bis zum endgültigen Sturz des Zarismus der Unterstützung aller Klassen sicher sein könne. Erst danach werde die gemeinsame Opposition zerfallen und jede Klasse für sich versuchen, ihre eigenen politischen Interessen mit Gewalt durchzusetzen.

Die revolutionären Ereignisse von 1905 führen zweifellos auch zu den mit dem Begriff der »permanenten Revolution« beschriebenen theoretischen Auslassungen Trotzkis und Helphands, der sie allerdings erst später benutzt. Den Ruf »Erfinder« dieser theoretischen Analyse und des daraus abgeleiteten Programms zu sein, müssen sich beide mit Rosa Luxemburg teilen, die als eine der Aufgaben der russischen Partei schon Anfang Februar 1905 formuliert, »den revolutionären Zustand in Permanenz« erhalten zu müssen. Im November 1905 definiert auch Franz Mehring »Die Revolution in Permanenz«. Seitdem ist der Begriff fixiert.

Nach dem furchtbaren Blutsonntag in St. Petersburg verschärft sich die revolutionäre Stimmung im Lande. Helphand und viele der politisch engagierten russischen Emigranten wollen so schnell wie möglich bei sozialen und politischen Aktionen im Lande selbst dabeisein. Ende Oktober 1905 trifft Helphand in St. Petersburg ein und beteiligt sich sofort an den politischen Auseinandersetzungen. Am 3. April 1906 wird er verhaftet und wie sein theoretischer und praktischer Kampfgefährte Trotzki in der Peter-und-Pauls-Festung in Einzelhaft isoliert.

Trotzki nutzt die Einzelhaft übrigens, um seine theoretische Arbeit über die »permanente Revolution« zu Ende zu bringen. Helphand hingegen ist von der Isolationshaft deprimiert. Am 22. August 1906 wird er nach Sibirien, ins Gebiet von Jenissejsk verbannt. Einige Zeit später gelingt ihm die Flucht von dort. Auf dringendes Anraten seiner Kampfgefährten begibt er sich wiederum nach Deutschland und setzt von Dortmund aus seinen theoretischen Kampf fort, indem er erneut Schriften verfaßt und die Tagespolitik kommentiert. Er schreibt wiederum für den »Vorwärts« und die »Neue Zeit«.

Parvus-Helphand wird in den zwei Jahrzehnten seines Aufenthaltes in Deutschland zu einem der meistgelesenen Theoretiker der Sozialdemokratie, er veröffentlicht eine Flut von Artikeln, Pamphleten, Grundsatzerklärungen, analytischen Untersuchungen, die das politische Denken und Streiten innerhalb der Sozialdemokratie vor allem in bezug auf Rußland nicht unerheblich mitbestimmen.

Aber Helphand ist auch in einen für die deutsche Sozialdemokratie äußerst peinlichen Zwischenfall verwickelt: Er verursacht die sogenannte »Nachtasyl-Affäre« mit dem russischen Schriftsteller Maxim Gorki. Der Dichter beklagt, daß ihm Parvus-Helphand als ermächtigter Verleger seines Dramas »Nachtasyl« in Deutschland an die hunderttausend Mark an Tantiemen schuldig geblieben sei. Das Geld hätte laut Vereinbarung an die Parteikasse der Bolschewiki abgeführt werden müssen. Da Parvus-Helphand mit fragwürdigen Ausreden Zeit gewinnen will, um nicht zahlen zu müssen, wendet sich der wütende Gorki an den Parteivorstand der Sozialdemokraten und empfiehlt, sich von dem unseriösen Verleger Parvus zu trennen. Eine Untersuchungskommission mit Bebel, Kautsky und Clara Zetkin muß eingesetzt werden. Die diskreten Beratungen finden in den Jahren 1908/1909 statt, das Parteivolk wird offiziell kaum informiert. Gerade deshalb kommen natürlich Gerüchte auf. Die Angelegenheit bleibt ungeklärt, und an Parvus-Helphand bleibt ein Makel kleben. 1910 verläßt er daraufhin vorsichtshalber Deutschland und zieht sich aus der russisch-deutschen Schußlinie nach Wien zurück. Die »Nachtasyl-Affäre« wird für Helphand zum Menetekel für alle seine späteren monetären Mauscheleien, bei denen es um weit größere Geldsummen gehen wird.

Von seinem »moralischen Asyl« in Wien aus verfolgt Helphand mit großem Interesse die Ereignisse im Osmanischen Reich, die in der Türkei selbst und auf dem gesamten Balkan zu immer größeren Spannungen führen. Helphand will unbedingt nach Konstantinopel, direkt ins Krisenzentrum. Im November 1910 trifft er in der türkischen Hauptstadt ein.

Mit seinem scharfen Sinn für Opportunität analysiert Helphand die politischen und ökonomischen Zwänge, die dem Osmanischen Reich durch Diktatverträge von seiten der europäischen Großmächte und durch das kontinentale Großkapital auferlegt worden sind. Er entwirft Konzeptionen, wie sich die Türkei aus diesen Umklammerungen lösen könnte, und das türkische Finanzministerium zeigt sich begeistert. Selbst die Direktoren der Deutschen Bank in Berlin auf der anderen Seite sind beeindruckt. Einflußreiche Führer der progressiven Jungtürken-Bewegung unterstützen Helphand und bringen ihn 1912 als Handelsredakteur der beachteten Tageszeitung »Turk Yudrum« an die für Veröffentlichungen neuer politischer und ökonomischer Ideen richtige Stelle. Helphand avanciert zum gefragten Finanzberater der türkischen Regierung.

Damit ist jener Zeitpunkt endlich gekommen, auf den Helphand sehnlichst gewartet hat: Jetzt tritt er als Geschäftsmann selbst in die Geschäftswelt ein. Er gründet eine Bank, handelt mit Holz und Eisen, Maschinen aus Deutschland, Getreide aus Odessa. Alte Kontakte erweisen sich als äußerst vorteilhaft. Helphand geht sehr geschickt vor, und niemand kann ihm beweisen, mit wieviel persönlichem Gewinn er die in der Modernisierung befindliche türkische Armee mit Waffen und Munition versorgt.

Die Geschäfte gehen dermaßen gut, daß Helphand sich schon nach zwei Jahren, als der Erste Weltkrieg ausbricht, zum Kreis der Millionäre rechnen kann. Das motiviert ihn, alles zu versuchen, die türkische Regierung und die entscheidenden Militärkreise zum Eintritt in den großen Krieg zu bewegen. Das würde ihm mit seinen neuen Geld- und Waffenbeziehungen noch weit größere Geschäfte ermöglichen. Eine politische Legitimation ist sofort zur Hand. Auf der Deutschfreundlichkeit der türkischen Politik fußend, wäre ein gemeinsamer Waffengang gegen das zaristische Rußland nur logisch und würde dem deutschen Kaiserreich wie dem Osmanenreich nach der Zerschlagung des Zarenreiches große territoriale und wirtschaftliche Vorteile bringen. Seinen Argumenten kann in Konstantinopel und in Berlin kaum jemand widerstehen.

Allerdings schlagen besonnenere türkische Politiker mit dem Argument, die türkische Armee sei noch nicht ausreichend modern bewaffnet und die Transportwege seien katastrophal, eine gewisse Bedenkzeit vor. Dem stimmt Helphand zu, schafft es ihm doch die Möglichkeit, sich für die Modernisierung der Eisenbahn einzusetzen und noch mehr Kriegsgerät zu organisieren. Obendrein wird er die Hauptstadt mit immer größeren Mengen Getreide versorgen. Allesamt gewinnträchtige Aktivitäten!

Seine Gewinne steigen, er wird zum Multimillionär. Später sagt er, daß er sich in der Türkei seinen Traum vom Reichtum erfüllt hat. Daß andere ihn allerdings schlicht und wahrheitsgemäß einen Kriegsgewinnler nennen, macht ihn, den Sozialdemokraten, nicht gerade stolz.

Er entwickelt die Idee, mit einem türkischen Freiwilligen-Expeditionskorps – um dessen Waffen- und Munitionsausrüstung er sich selbstverständlich kümmern würde – in die Ukraine einzudringen. Erste Teile der Truppe sind in Konstantinopel schon zusammengestellt, da kommt die Geschichte mit der Überfalltruppe an die Öffentlichkeit. Alles muß abgeblasen werden.

Der kleine Mißerfolg – für Helphand nur ein Farbtupfer auf seiner buntschillernden Palette politischer Ideen, wie das Zarenreich zu stürzen sei, bedrückt ihn nicht und entmutigt ihn keineswegs. Sein Konzept ist nuancenreich, er hat Größeres vor.

Seine neueste Idee scheint geradezu phantastisch: Er möchte mithelfen, eine Art Zweierbund zwischen Preußentum und Bolschewismus zu schaffen. »Preußische Bajonette und russische Proletarierfäuste« vereint im gemeinsamen Kampf gegen den Zarenstaat, das ist seine große Vision. Helphand muß diese grandiose Idee weitertragen, dorthin, wo sie nicht nur auf offene Ohren treffen wird, sondern auch verwirklicht werden kann.

Gleich nach Neujahr 1915 fühlt Helphand vorsichtig und mit allem Respekt beim deutschen Botschafter, Freiherrn von Wangenheim, vor. Am 7. oder 8. Januar leiht ihm des Kaisers Gesandter sein Ohr. Was der Diplomat nun hört, erstaunt ihn, und wegen des politisch delikaten Inhalts schickt er mit dem Telegramm Nr. 70 vom 8. Januar umgehend einen Gesprächsbericht an das Auswärtige Amt nach Berlin.

Helphand hat sich auf die Audienz gut vorbereitet. Er erlaubt sich, seine Gedanken zur Übereinstimmung des momentanen Kriegsziels der deutschen Regierung und der Ziele der russischen Revolutionäre – wenn auch aus historisch völlig unterschiedlichen Motiven – in einer Art Aktionsplan detailliert darzulegen.

Botschafter von Wangenheim teilt in seiner Depesche auch seinen Eindruck nach Berlin mit, daß Helphand in der letzten Zeit in Konstantinopel sehr nützliche Dienste geleistet habe und sich auf den Weg nach Berlin machen werde, um sich dort für Gespräche bereitzuhalten.

Schon am 10. Januar bittet Staatssekretär von Jagow den zuständigen Unterstaatssekretär Zimmermann, er möge den Dr. Helphand baldmöglichst im Auswärtigen Amt empfangen.

Vom Großen Hauptquartier wird Dr. Kurt Riezler mit näheren Instruktionen für das Gespräch nach Berlin geschickt, schließlich müssen derart weitgreifende Pläne auch generalstabsmäßig durchdacht werden.

Helphand kann sein erstes Gespräch in Konstantinopel als Eintrittsgespräch in die große Politik werten. Er, der neureiche Geschäftsmann, spürt plötzlich, daß er als zentrale Mittlerfigur innerhalb eines gewaltig dimensionierten geheimen Spiels zwischen zwei Großmächten in Europa tatsächlich Macht ausüben kann. – Dr. Alexander Helphand fährt mit euphorischen Gefühlen nach Berlin.

Das Gespräch in der Reichshauptstadt findet Ende Februar statt. Dabei zeigt sich, daß zunächst wieder einmal ein dringendes Personalproblem gelöst werden muß, den Ausländerstatus des Angehörigen eines feindlichen Staates betreffend, mit dem sich das deutsche Kaiserreich im Kriegszustand befindet. Schnell und ganz ohne Aufhebens. Und so belegen die Geheimakten des Politischen Archivs des Auswärtigen Amtes die Absicht, eine ursprünglich geplante sofortige Ausweisung des russischen Emigranten Dr. Israel Lasarewitsch Alexander Helphand-Parvus für den Fall seiner Einreise nach Deutschland sofort rückgängig zu machen. Da muß sich die Reichskanzlei in der Person des Herrn Unterstaatssekretärs höchstpersönlich einschalten. Im Rückruf-Verfahren gibt der Innenminister bereits am 12. März Vollzugsbestätigung:

Der Minister des Innern
IV. c. 1615. II. Ang.

Geheim!

Eure Hochwohlgeboren benachrichtige ich auf das gefällige Schreiben vom 6. d.M. – Rk. 742 – ergebenst, daß ich den hiesigen Polizeipräsidenten wegen Aufhebung der Ausweisung des Dr. Helphand-Parvus, wegen entsprechender Verständigung des Genannten und wegen Erteilung eines Polizeipas-

ses an ihn im Sinne des vorbezeichneten Schreibens unterm 7. d.M. mit Weisung versehen habe.

Ferner hat das Oberkommando in den Marken diesseitigem Ersuchen zufolge die hiesige Kommandantur angewiesen, den p. Parvus von allen Beschränkungen betreffend Angehörige feindlicher Staaten zu befreien.

In Vertretung gez.: Drews

An den Herrn Unterstaatssekretär in der Reichskanzlei

Das Personalproblem für ein äußerst gewagtes politisches Vorhaben auf deutscher Seite scheint nun geklärt – jedenfalls soweit es die zentrale Figur betrifft.

DIE ERSTE MILLION

Nyhavn-Kopenhagen: Die Hauptstadt des neutralen Dänemark wird im Ersten Weltkrieg zum Umschlagplatz für Waren aller Art, auch der politischen Ware Information.

Der kaiserliche Botschafter von Brockdorff Rantzau in Kopenhagen erklärt seinem Kanzler in Berlin, Bethmann Hollweg, in dem bereits erwähnten Schreiben vom 6. Dezember 1915 auch: »Daß Dr. Helphand weder ein Heiliger noch ein bequemer Gast ist, steht fest.«

Brockdorff muß diesen Dr. Helphand ertragen, seine aufdringliche Art, sich als der einflußreichste Geschäftsmann und Politiker weit und breit anzubieten, der wegen seiner langjährigen Erfahrungen und ungeheuer weitreichenden Verbindungen zur Geschäftswelt, zur Industrie und zur Sozialdemokratie der ideale Partner für den Aufbau einer gutgetarnten Organisation sei, die alle notwendigen Kanäle bis hin zu den radikalen Gruppierungen in St. Petersburg zu benutzen vermöge, um mit Erfolg eine antizaristische Revolutionierung in Rußland zu inszenieren.

Es ist schwer vorstellbar, daß der preußische Diplomat, untadelig im äußeren Habitus und in seiner kaisertreuen Gesinnung, Neffe der bei Hofe sehr einflußreichen Obersthofmeisterin der Kaiserin, Gräfin Brockdorff, den politischen Geschäftemacher goutiert. Aber er hat diesen Dr. Helphand aus Berlin mit höchster Empfehlung ins Haus bekommen. Und man erwartet in der Reichshauptstadt eine positive Rückmeldung. Da der Mann überdies als prominenter Sozialistentheoretiker mit konsequenten Vorstellungen und Visionen von der Revolutionierung der russischen Randstaaten und dem Sturz des Zarismus emphatisch durchdrungen scheint, schreibt Brockdorff in seinem Geheimbericht: »Helphand glaubt aber an seine Mission und hat eine Probe seiner Befähigung während der Revolution nach dem russisch-japanischen Kriege abgelegt. Ich meine daher, wir sollten ihn benutzen.«

Damit ist es gesagt. Nun muß Brockdorff ihn auch benutzen.

Der Botschafter weiß natürlich um die Widersprüchlichkeit der Empfindungen und Absichten Seiner Majestät und vollzieht eine geistige Rochade, die eher wie ein Purzelbaum der Logik aussieht: Helphand sollte genutzt werden, ehe es zu spät ist.

Brockdorff empfiehlt: »Wir sollten uns auf eine Politik mit

46

Rußland einrichten, die von unseren Enkeln einmal traditionell genannt werden wird, wenn die deutsche Nation unter Führung des Hauses Hohenzollern sich mit dem russischen Volk in dauernder Freundschaft gefunden hat. Bevor das Zarenreich in seinem jetzigen Bestande nicht erschüttert ist, wird dieses Ziel nicht erreicht werden. Dr. Helphand glaubt, den Weg zeigen zu können, und macht, gestützt auf eine zwanzigjährige Erfahrung, positive Vorschläge. Angesichts der gegenwärtigen Lage müssen wir meines Erachtens den Versuch wagen. Der Einsatz ist gewiß hoch und der Erfolg nicht unbedingt sicher.«

Sehr wohl fühlt sich der Gesandte trotz der Empfehlungen des Helphand mit seiner Haltung nicht. Aber einen anderen, besseren Mann hat er in Sachen Revolutionierungspolitik nun mal nicht bei der Hand.

Die maßgeblichen Berliner Stellen haben Brockdorffs Einschätzung und die bestätigende Rückempfehlung im Grunde genau so erwartet. Dr. Helphand, von Kopenhagen avisiert, wird in Berlin bei mehreren Stellen vorgelassen und erhält generell grünes Licht für seine umfangreichen Vorhaben.

Begeistert fährt Helphand nach Kopenhagen zurück, wo er seit Sommer 1915 seinen offiziellen Wohn- und Geschäftssitz genommen hat. Hier, in der dänischen Hauptstadt, will er seine Zentrale für den geplanten Putsch in Petrograd einrichten.

Helphand berichtet dem Kaiserlichen Gesandten in aller Breite, wie erfolgreich seine Gespräche in der Reichshauptstadt waren. Und der Botschafter wiederum meldet in seinem Bericht Nr. 489 mit Datum vom 21. Dezember 1915 aus der Kopenhagener Gesandtschaft an den Reichskanzler:

Ganz geheim! Durch Kurier.
Dr. Helphand, der gestern aus Berlin zurückgekehrt ist, suchte mich heute auf und berichtete mir über das Ergebnis seiner Reise; er betonte, daß er an allen leitenden Stellen mit größter Zuvorkommenheit empfangen worden sei und den bestimmten Eindruck gewonnen habe, daß seine Vorschläge maßgebenden Ortes sowohl im Auswärtigen Amt wie im Reichsschatzamt Billigung gefunden hätten. Bezüglich seines

Finanzplans sei ihm bedeutet worden, daß der Herr Staats-
sekretär des Reichsschatzamtes zu entscheiden haben werde,
ob dem Plane vom Standpunkte der Reichsfinanzen Bedenken
entgegenständen. Im Laufe einer eingehenden Unterredung
mit Exzellenz Helfferich habe er sich überzeugt, daß der Herr
Staatssekretär dem Projekt durchaus wohlwollend gegen-
überstehe und dem Plan nicht nur aus politischen Erwägun-
gen zustimme, sondern seine Zweckmäßigkeit vom Gesichts-
punkt der Reichsfinanzen ohne Einschränkung anerkenne.

Letzteres war für den Botschafter natürlich der wichtigste
Punkt, denn immer wieder hatte Dr. Helphand, zunächst
dezent und vertraulich, dann zunehmend drängender, auf die
Millionensummen hingewiesen, die für das Entfachen einer
Revolution notwendig wären. Wenn die Revolutionsmillio-
nen in Berlin nun also genehmigt sind, haben alle dafür
zuständigen Stellen die große politische Linie untereinander
beraten. Dann ist es ernst gemeint. Das beruhigt den Botschafter zwar, trotzdem muß er dieses Faktum – altem Diplo-
matenbrauch folgend – zur nochmaligen Bestätigung durch
Berlin und zu seiner Rückendeckung so explizit wiederholen,
damit sich nachträglich niemand auf ein etwaiges Mißverständnis in der gegenseitigen Kommunikation herausreden
kann.

Genau aus diesem Grunde erwähnt Brockdorff nachfolgend
auch ausdrücklich die Schwierigkeiten, ein so umfangreiches
wie teures Unternehmen geheimhalten zu können, und zitiert
dann die Summe, die Helphand ihm gegenüber erwähnt hat:

Um die russische Revolution vollständig zu organisieren –
fuhr Dr. Helphand fort –, seien etwa zwanzig Millionen Rubel
erforderlich, es sei ausgeschlossen, diese Gesamtsumme
sofort zur Verteilung zu bringen, weil die Gefahr vorliege, daß
die Herkunft dann bekannt würde.

Auch die Drängeleien Helphands, den Kurier betreffend, muß
Brockdorff erwähnen, der die erste Million gleich nach Petrograd schaffen will:

Untadelig in Habitus und nationaler Gesinnung: Graf von Brockdorff Rantzau, seit 1912 Missionschef an der Kaiserlichen Gesandtschaft in Kopenhagen. Förderer des Revolutionierungs-Geschäftsmannes Dr. Alexander Helphand.

Im Hinblick darauf, daß der Beginn der Aktion aber unmittelbar bevorstehe, habe er im Auswärtigen Amt angeregt, seinem Vertrauensmann sofort den Betrag von einer Million Rubel zur Verfügung zu stellen.

Ob der geschulte Diplomat dem Helphand-Geldkurier nun traut oder nicht, bleibt unerheblich. Trotzdem entledigt sich Brockdorff aber vorsorglich jeglicher Kontrollpflicht gegenüber Berlin, indem er den Zeitdruck anführt, der die Ad-hoc-Geldbewilligung ohne weitere Sicherheitserkundungen über die Person begründet:

Sein Vertrauensmann werde nach seiner in etwa acht Tagen erfolgenden Rückkehr sofort beginnen, eine Verbindung zwischen den revolutionären Zentren zu organisieren; ohne erhebliche Mittel sei diese nicht durchzuführen. Dr. Helphand ersuchte mich, bei dieser Sachlage seine mündlich in Berlin vorgetragene Bitte zu wiederholen und seinem Vertrauensmann die gesamte Summe zur Verfügung zu stellen; er bemerkte ausdrücklich, daß Eile geboten sei, weil der Vertrauensmann seine Rückkehr nach St. Petersburg nicht weiter hinausschieben könne.

Brockdorff ahnt natürlich, was mit dem Mittelsmann Dr. Helphand und der aufzubauenden Geheimorganisation auf ihn, des Kaisers Vertreter in der neutralen diplomatischen Außenstelle in Kopenhagen, zukommt. Er bittet in der ihm eigenen traditionellen Förmlichkeit um schnellste, möglichst telegraphisch rückmeldende Bestätigung und Absicherung:

Eure Exzellenz darf ich behufs Bescheidung Dr. Helphands um hochgeneigte telegraphische Weisung bitten, indem ich ehrerbietigst zu bemerken nicht verfehle, daß sein Vorschlag mir nicht den Eindruck einer Pression macht, sondern sachlichen Erwägungen ohne persönliche Nebenabsichten entsprungen zu sein scheint.

Unter der kraftvollen Unterschrift des Grafen Brockdorff

Rantzau steht auf der Kurierpost zu lesen: »Inhalt: ›Die Revolutionierung Rußlands‹«.

Die wiederholenden Angaben des Diplomaten und seine kommentierte Vorsicht gegenüber Berlin treffen die Tatbestände genau. In der Annahme jedoch, Helphands Vorhaben machten nicht den Eindruck einer Pression und schienen ohne persönliche Nebenabsichten, irrt der Diplomat allerdings gründlich. Er wird es selbst noch erfahren müssen.

Zunächst aber quittiert Helphand am 29. Dezember handschriftlich:

Habe am 29. Dezember 1915 eine Million Rubel in zahlreichen Banknoten für Förderung der revolutionären Bewegung in Rußland von der deutschen Gesandtschaft zu Kopenhagen erhalten.

Dr. A. Helphand

Das von der deutschen Seite finanziell kräftig unterstützte Revolutionierungsprogramm beginnt anzulaufen, und der Rubel rollt.

SUMMEN UND NAMEN

Gebündelte Wahrheiten: Die deutschen Geheimakten über das Revolutionierungsprogramm und die Millionen zur Finanzierung der Bolschewiki, wohlverwahrt im Archiv des Auswärtigen Amtes.

Über Helphands »Februar-Konferenz« im Auswärtigen Amt schwebt von Anfang an etwas sehr Geheimnisvolles. In den umfangreichen Akten des IIIb existiert kein Protokoll über das Treffen, nicht einmal eine Abschrift, kein Bericht, keine Randvermerke. Der Umstand, daß nichts offiziell festgehalten wird, muß Helphand seinerseits sehr entgegengekommen sein.

Er hat seit seinen großen Waffengeschäften in der Türkei einen Horror vor Schriftlichem. Andererseits braucht er aber eine Art Bestätigung der Absprachen, die für ihn sehr wichtig sind, damit er in das große politische Geschäft mit den Deutschen einsteigen kann.

Helphand verfaßt ein dreiundzwanzig Seiten langes Memorandum, das er nur wenige Tage nach seiner Beratung im Auswärtigen Amt hinterlegen läßt. Dort wird das Datum 9. März 1915 nachgetragen. Helphand faßt inhaltlich zusammen, was er für notwendig hält. Wenn darauf von seiten des Auswärtigen Amtes keine Reklamationen folgen, kann er es als eine indirekte Bestätigung für seine und damit auch der Deutschen Vorhaben betrachten.

Die Hauptgedanken in seinem Memorandum betreffen das deutsche, das »kaiserliche« Revolutionierungsprogramm gegen das russische Zarensystem. Teil dessen ist das sehr raumgreifende Randstaatenprogramm, reichend von Nordfinnland bis Südkaukasien. Innerhalb dessen favorisiert Helphand die beiden Randstaaten Ukraine und Finnland, in denen er die stärksten antizaristischen, nationalen Sezessionskräfte mit ihren Selbständigkeitszielen sieht. Der kürzeste und relativ sicherste Landweg zum Revolutionszentrum St. Petersburg, um »die Orange zu entblättern«, ist für Helphand jener über Finnland. Helphand verweist darauf, daß es am leichtesten sei, Waffen und Sprengstoffe über die finnische Grenze in die russische Hauptstadt zu schmuggeln. Das hält er schriftlich fest.

Helphand denkt keineswegs nur an politische Propaganda, an Flugblätter und Zeitungen, an Streiks und innere Unruhen, die er anzetteln will, er kalkuliert zielstrebig auch Sabotage ein, zum Beispiel die Sprengung von Eisenbahnbrücken, und

54

er empfiehlt, Agenten einzusetzen, um die Naphthaquellen bei Baku im transkaukasischen Randstaatengebiet in Brand zu setzen. Schon sieht er im Land der Feueranbeter des Zarathustra die Flammenzeichen der Revolution hochlodern.

Seine von deutscher wie von russischer Seite gern verschwiegenen Brandstifter- und Bombenlegerstrategien belegt das Dokument A 13938 des Auswärtigen Amtes. Darin wird Berlin am 18. April 1915, nur acht Wochen nach der Februar-Konferenz, aus der Kaiserlichen Deutschen Gesandtschaft in Rumänien unter der Mitteilungs-Nr. 150, die »Durch Königlichen Feldjäger« als verläßlichen Kurier überbracht wird, lapidar informiert:

Dr. Helphand Parvus meint, dass sich eine Sabotage im russischen Kohlengebiet vom Donez nicht von Rumänien aus, wohl eher via Stockholm-Petersburg ins Werk setzen liesse, obwohl die Sache schwierig sei. Ich rate, mit ihm in Berlin über die Sache zu reden. Er reist vermutlich morgen über Wien nach der Schweiz und dann über Berlin nach Stockholm.

Gezeichnet: von Bussche

Helphand hat überall, wo es gegen das zaristische Groß-Rußland geht, seine Finger im Spiel. Er wird zum Dauerreisenden zwischen Skandinavien, Berlin, der Schweiz, Sofia, Bukarest. Seine persönlichen Bekanntschaften und Verbindungen zu den kaiserlichen Botschaften erweisen sich als außerordentlich nützlich.

Berlin bestaunt die Energie Helphands, der im neutralen Norden, in Dänemarks Hauptstadt Kopenhagen, seinen Dauersitz, seine Zentrale, und in Stockholm seine Dependance einrichten will. Neben dem Aufbau einer Organisation und der Bezahlung seiner Agenten kostet allein das viel Geld. Große Summen sind nötig – Millionen. Mal zwei, mal vier, mal zehn Millionen. Auch schnell mal eine halbe zwischendurch. So meldet der Staatssekretär des Reichsschatzamtes Helfferich am 11. März 1915 an die Reichshauptkasse zur Bearbeitung:

Geldgeber für die Revolution: Staatssekretär des Reichschatzamtes, Karl Helfferich. Direktor der Deutschen Bank von 1908 bis 1915, 1918 auch kurzzeitig Botschafter in Moskau.

I. 2842. Geheim!
Dem Ausw. Amt werden bei Kapitel 6 der Ausgaben des aus-
serordentlichen Etats, Abschnitt VII, weitere 4.000.000 M
bereitgestellt.

In die Schreibmaschinen-Abschrift ist handschriftlich die
Aufteilung der Millionensumme eingetragen:

> *2 Mill. für Propaganda in Rußld. (AS 919)*
> *2 Mill. für besondere Preßzwecke (AS 804)*

Die Millionensummen werden zwischen Generalstab, Auswärtigem Amt, Reichskanzlei und Reichsschatzamt gegenseitig avisiert, abgesprochen zwischen ihren verschiedenen
Kassen und auf den Konten hin- und hergeschoben. Darüber
liegen Belege vor. So zum Beispiel in Form einer Mitteilung
der Depositenkasse A der Deutschen Bank in der Berliner
Mauerstraße 26-27:

An Herrn Fritz Fröhlich, Wilhelmstr. 62, Auswärtiges Amt.
Wir erlauben uns, Ihnen anzuzeigen, dass wir für Ihre w.
Rechnung von der Legationskasse des Auswärtigen Amtes hier
Mark 500.000,- Wert per 25. (März 1915) empfingen und Ihr
Depositen-Conto für diesen Betrag, wie vorstehend, erkannt
haben.
Hochachtungsvoll
Deutsche Bank

Außerdem teilt Fröhlich vom Auswärtigen Amt seinem Amtskollegen Legationsrat von Bergen mit, daß Helphand neben
dieser halben Million Mark »viel mehr will, wegen der jeweiligen Kursverluste beim Umtausch der Gelder in den verschiedenen Ländern«. In der Tat, es muß viel umgetauscht
werden, überall dort, wo Helphands Agenten gemäß dem in
Berlin abgesprochenen deutschen »Revolutionierungsprogramm« tätig sind. Auch das kostet wieder Geld, sehr viel
Geld, wie Helphand schon im Februar angedeutet hat. Und
Berlin zahlt.

Fröhlich schreibt schon einen Tag nach Erhalt des Geldes von der Deutschen Bank:

An das Auswärtige Amt z.H. des Kaiserl. Deutschen Gesandten von Bergen,

Betrifft Dr. Alexander Helphand-Parvus.

Die Deutsche Bank zeigt mir die Überweisung weiterer 500.000 Mark an; das Schreiben füge ich hier bei.

Ich darf wohl auf mein Ergebenes vom 20. März hinweisen, worin ich bemerkt habe, dass Herr Dr. Helphand die Summe von einer Million insgesamt exclusive Kursverlust verlangt, so dass also die jeweiligen Kursverluste für Kopenhagen, Bukarest und Zürich nebst Spesen extra zu unseren Lasten zu gehen haben.

Ich bitte ganz ergebenst, der Deutschen Bank entsprechend Anweisung zu geben, damit ich Herrn Dr. Helphand die Differenzen auch noch anweisen lassen kann.

Ergebenst

[Unterschrift] Fröhlich

Hauptquartier und Schaltzentrale im neutralen Kopenhagen: In einer Villa am Vodroffsvej errichtet Alexander Helphand 1915 sein Firmenimperium zur Finanzierung der Revolution in Rußland.

Helphand, der Sozialdemokrat, will bei seinem politischen Großgeschäft keine Verluste erleiden, auch keine Kursverluste, er will Gewinne machen. Und die Geschäfte gehen für Helphand sehr gut.

Berlin zahlt ungehemmt und ausdauernd, denn ein politisches Abenteuer wie eine Revolution und prunkvoller persönlicher Lebensstil mit Empfängen und Festlichkeiten erfordern finanzielle Großzügigkeit.

Helphands ausgeprägter Spürsinn fürs Praktische und Notwendige lenkt seinen Blick ins neutrale Skandinavien, nach Kopenhagen, wohin er Anfang Juni 1915 von Zürich aus seinen Wohn- und Amtssitz verlegt. Er mietet ein weitläufiges Villengrundstück im vornehmen Vodroffsvej. Das Haus ist groß, wirkt massig und läßt auf einen nicht unvermögenden Bewohner schließen. So recht nach Helphands neureichem Geschmack. Für 16.000 Kronen, in diesen Kriegsjahren keine ganz geringe Summe, kauft er ein deutsches Luxusauto der Marke »Adler«. Neben dem üblichen Troß von Arbeitskräften für Säuberungs-, Instandhaltungs- und Servierdienste schafft er sich zur standesgemäßen Dekoration und Bewachung des großen Anwesens überdies mehrere teure Rassehunde an.

In Berlin ist eine Zweitwohnung nötig, muß er doch oft genug zu den zentralen Stellen, an die Quellen, aus denen seine Gelder fließen. Wenn er allerdings mit Gesinnungsgenossen seiner revolutionären Umsturzpolitik verhandelt, mit Konfidenten oder Kontrahenten, zieht er als Treffpunkt die respektablen Hotels der Kaiserstadt vor.

Wenn er jetzt im Hotel Kaiserhof Audienz hält, erste Adresse im Regierungsviertel an der Wilhelmstraße, verunsichert das zwar einige seiner früheren deutschen Kampfgefährten für soziale Gerechtigkeit, die die Atmosphäre um ihren alten Gesinnungsgenossen im Hotelappartement zumindest als eigenartig und ungewöhnlich empfinden. Aber darauf Rücksicht zu nehmen wäre töricht. Er verhandelt und handelt immerhin in allerhöchstem Auftrag.

Gerüchte, angebliche Berichte von Augenzeugen machen die Runde, daß Helphand, selbst nicht gerade ein Zwerg von

Wuchs, bei seinen zahlreichen Reisen stets von auffallend großen Blondinen umgeben ist. Der fast vergessene Spitzname vom »Genossen Elefanten«, den die Kautsky-Kinder in früheren Nachbarschaftsjahren geprägt hatten, kommt wieder in Mode.

Helphand ist, wo immer er residiert, gastfreundlich und stets großzügig. Er zeigt in seinem äußeren Auftreten seine Überzeugung, daß mit Geld alles zu kaufen, alles zu organisieren und alles zu erreichen ist. Mit viel Geld, versteht sich. Vorbei sind die Zeiten, in denen er als russischer Sozialdemokrat mit durchgelaufenen Schuhsohlen und in abgetragener Kleidung durch Deutschlands Straßen zu gehen gezwungen war. Die mageren Honorare für seine unzähligen Zeitungs- und Broschürenartikel ließen damals große Sprünge nicht zu.

Einige seiner alten Gesinnungsfreunde gehen schon bald auf Distanz. Trotzki nennt Helphand einen »politischen Falstaff« – auf seine massige Körperfülle und seine gewechselte Gesinnung anspielend. Und Bucharin lehnt jegliche Annäherungsversuche Helphands brüsk ab, er tituliert ihn sogar »apage satanas«.

Von all dem unberührt, baut Helphand seine Bastion in Kopenhagen aus. Im Haus Nørre Voldgade Nr. 15 errichtet er sein neues Hauptquartier, das er als »Handels- og Eksportkompagniet A/S« ins dänische Handelsregister eintragen läßt. Hier schafft er in kürzester Zeit eine eindrucksvolle Leitstelle für politische und Handelsagenten, einen Anlauf- und Absprungpunkt, Durchgangslager für Personen und Paketlieferungen, das Hirn einer ausgedehnten politischen Handelszentrale.

Fast wie eine Inhaltsangabe im Programmheft zu Brechts »Dreigroschenoper« liest sich der offizielle Bericht vom 6. August 1915 über den Stand des in kurzer Zeit Erreichten. In den Akten der Kaiserlichen Gesandtschaft Kopenhagen steht unter »Helphand« zu lesen:

Die von Herrn Dr. Parvus geschaffene Organisation beschäftigt z. Zt. 8 Leute in Kopenhagen und etwa 10 Personen, welche in Rußland reisen. Die Arbeit dient dazu, um mit den ver-

schiedenen Persönlichkeiten in Rußland in Kontakt zu kom-
men, da es eine Notwendigkeit ist, die verschiedenen auftau-
chenden Bewegungen in Rußland zusammenzufassen. Von der
Zentrale in Kopenhagen aus wird mit den durch die Agenten
geschaffenen Verbindungen dauernde Korrespondenz unter-
halten. Herr Dr. Parvus hat der Organisation einen Betrag
für die Verwaltungskosten zur Verfügung gestellt, mit welchem
sehr haushälterisch gewirtschaftet wird. Bisher ist es gelun-
gen, die ganze Sache so diskret zu machen, daß nicht einmal
die Herren, die in obiger Organisation arbeiten, merken, daß
unsere Regierung hinter allem steht. Es ist bereits aufgefal-
len, daß P. so viel Geld für die Zwecke der Partei ausgibt. Dies
kann dadurch unauffällig gemacht werden, daß von einem mit
dem Büro verbundenen Exportunternehmen einige Geschäfte
durchgeführt werden. Ich habe hierüber verschiedene Vor-
schläge mit Herrn Dr. Helphand besprochen.

Ein solcher Erfolgsbericht ist angesichts der Mengen an Geld,
die in den letzten Wochen und Monaten großzügig an Helphand geflossen sind, notwendig geworden. Positive Ergeb-
nisse müssen nachweisen, daß es effektiv und erfolgverspre-
chend angelegt ist. Das Dokument A 20654 des Auswärtigen
Amtes belegt darüber hinaus auch, daß die Beträge für Helphand keineswegs allein für aufputschende Flugblätter und
andere Druckerzeugnisse verwendet werden, sondern auch
für wirklichen Sprengstoff. Unter dem Datum vom 1. Juli
1915 berichtet Hans Steinwachs von der Politischen Sektion
im Generalstab:

Seiner Hochwohlgeboren,
dem Kaiserlichen Gesandten
Herrn Wirklichen Geheimen Legationsrat Dr. von Bergen,
Auswärtiges Amt.
* Euer Hochwohlgeboren erlaube ich mir in der Anlage*
Abrechnung über die Herrn Fröhlich am 28. April bei der
Deutschen Bank durch die Legationskasse überwiesenen Mk.
73.376,- zu leisten. Die genannte, von der Deutschen Bank
auf Wunsch berechnete Summe entspricht dem Kursverlust,

den Dr. Helphand in Stockholm erlitt, weil er s. Zt. die Million in Papiergeld statt in Gold ausgezahlt bekam.

Da mir die Deutsche Bank bei anderen Gelegenheiten stets die ungünstigsten Kurswechsel-Propositionen machte, habe ich mir von anderen Banken für dieselbe Summe und Zeit Proforma Rechnungen aufmachen lassen, deren günstigste mit einer nachzuzahlenden Differenz Mk. 68.250.– abschloss. Dr. Helphand war zunächst der Ansicht, auch diese Differenz sei ihm in Gold oder doch mit entsprechendem Zuschlag auszuzahlen, erklärte sich dann aber mit meiner Abrechnung einverstanden.

Laut Abrechnung sind noch Mk. 5.218 (Fünftausend zweihundert und achtzehn Mark) in meinem Besitz, über deren Verwendung ich Euer Hochwohlgeboren Entscheidung ergebenst erbitte. Vielleicht ist es angänglich, von dieser Summe die weiteren Druck- und Transportkosten der russischen Aufrufe, deren Gesamtauflage Ende nächster Woche völlig abgeliefert sein dürfte, sowie die Vorarbeiten für die in Kopenhagen geplante Einlagerung der von Helphand benötigten Sprengstoffe zu zahlen.

Das Hin- und Hergeschiebe der Millionensummen von den Konten und Fonds des einen Amtes auf die eines anderen wegen der fiskalen Zuständigkeiten wird durch die notwendigen Versuche, die wahren Geldquellen vor der Öffentlichkeit möglichst zu verbergen, manchmal ziemlich kompliziert. Es verlangt von allen Zuständigen Phantasie und organisatorische Fertigkeiten.

Bei dem anscheinend unstillbaren Gelddurst Helphands kann eine Quelle schon mal versiegen, oder der Geldfluß muß dringend umgeleitet werden. Eine solche Fondsumleitungs-Bitte veranschaulicht ein der Eile wegen handschriftlich übermitteltes Dokument:

Staatssekretär des Reichsschatzamtes.
Eigenhändig. Eilt. Geheim.
Für Propagandazwecke [«zwecke« nachträglich gestrichen] in Rußland werden hier fünf Millionen Mark benötigt.

Da diese Summe aus den zur Verfügung stehenden Fonds nicht gedeckt werden kann, bitte ich Ew.pp., mir den Betrag zu Lasten des Kap. VI, Abs. II des außerordentlichen Etats zur Verfügung stellen zu wollen. Für eine gefl. baldtunliche [»baldtunliche« nachträglich gestrichen] Mitteilung über das Veranlaßte wäre ich Ew.pp. zu besonderem Dank verpflichtet.

   St. S.

Die Auswahl der Figuren für das große deutsche »Revolutionierungsprogramm« Rußlands erfolgt auf dem politischen Markt der Unberechenbarkeiten nach Angebot und Nachfrage – so wie überall, wo gehandelt wird. Geheimtips, Empfehlungen und Warnungen befördern oder bremsen oft den Marktwert der einzukaufenden Ware Mensch und damit die Kauflust.

Nach dem gleichen Schema, mit dem die politische Ware »Revolutionär Helphand« vom Gesandten des deutschen Kaisers in Konstantinopel aufgespürt, entdeckt, wertmäßig abgeschätzt und zur gefälligen Begutachtung durch die vorgesetzten hohen Stellen in Berlin dann kurz entschlossen eingekauft wird, gelangt auch vom deutschen Gesandten in Bern eine Empfehlung aus Zürich, dem Zentrum der russischen Emigranten in Europa, zur Zentrale in der Reichshauptstadt.

Der einzukaufende Mann hört ebenso wie Helphand auf den Vornamen Alexander, sein Familienname Kesküla weist allerdings mehr ins Baltische. Das betont der Este Kesküla bei ersten Sondierungsgesprächen immer wieder, ehe ihn dann der Deutsche Gesandte in Bern, Freiherr von Romberg, nach Berlin empfiehlt. Etwa zur gleichen Zeit wie Helphand ausgespäht, ist Kesküla als Person und vor allem als Persönlichkeit von ganz anderem Zuschnitt. Er tritt nicht so krämerhaft geldgierig wie Helphand auf, sondern seine Attitüde ist eher als »gentlemanlike« zu bezeichnen. Er erweckt den Anschein, daß ihm das Geld, das er für seine konspirative Arbeit im Auftrag der Deutschen natürlich braucht, nur von zweitrangiger Bedeutung ist. Es überhaupt zu nehmen, scheint ihm fast peinlich zu sein.

Kaiserlicher Gesandter in der Schweiz: Freiherr von Romberg.

Diese vorgespielte Gesinnung verdeutlicht ein Bericht des Gesandten von Romberg vom 14. März 1915 an den Reichskanzler von Bethmann Hollweg. Dem Gesandten scheint der Mann immerhin so wertvoll, daß er dem Auswärtigen Amt nicht nur dessen Ankunft avisiert, sondern auch sehr fürsorglich um gewisse Absicherungsmaßnahmen für den Reiseweg des Kesküla bittet. Der von ihm ausgesuchte Mann soll, aus der Schweiz kommend, zur Vorsprache nach Berlin ins

Auswärtige Amt und weiter über den Fährhafen Saßnitz nach Stockholm geleitet werden. Dort, in der Hauptstadt des neutralen Schweden, befindet sich der für seinen Einsatz geplante Platz, von wo aus er seine politischen Fäden nach St. Petersburg spinnen soll. Auch die ihm seit kurzem angetraute attraktive Schweizer Frau soll mit nach Schweden. Das macht einen soliden, bürgerlichen Eindruck bei den dortigen Behörden, meinen die deutschen Stellen.

Die komplexe Angelegenheit Kesküla muß, vor allem wegen der Festlegungen der lästigen Geldzuständigkeit der Berliner Behörden, vom Reichskanzler persönlich abgesegnet werden. Der Botschafter telegraphiert:

Seiner Exzellenz dem Reichskanzler Herrn von Bethmann Hollweg
  Ganz geheim
  Der Esthe Kesküla hat Nachricht erhalten, dass Blauberg in Russland angelangt ist. Zwei Briefe von ihm erwarten Kesküla in Stockholm. Er wird sich daher im Laufe dieser Woche über Berlin nach Stockholm begeben, und sich auf der Durchreise im Auswärtigen Amt melden. Da er bestimmt weiss, dass er von russischen Spionen beobachtet wird, habe ich ihm einen Pass auf den Namen Alexander Stein für die Reise nach Stockholm ausgestellt, und seiner Frau, einer jungen Schweizerin, die er kürzlich geheiratet hat, einen solchen auf den Namen Frau Luise Stein geb. Bergmann. Er wird mir den Tag seiner Abreise anzeigen, den ich Euerer Exzellenz drahten werde. Ich darf bitten, die deutsche Grenzbehörde entsprechend zu benachrichtigen. Der Pass sollte den beiden in Sassnitz oder Stockholm wieder abgenommen werden, was ich Kesküla gesagt habe.

Während Helphand ungeniert und unablässig, ganz gleich mit wem und mit welcher Dienststelle er auch spricht, für das geheime Unternehmen Unsummen von deutschem Geld fordert, zeigt sich Kesküla von ganz anderer Seite. Er gibt vor, sogar moralische Bedenken zu haben, Vorausgelder vielleicht nicht zurückzahlen zu können. Er wird beruhigt. – So spielt man das Spielchen, das alle beteiligten Seiten beherrschen. Der Gesandte in der Schweiz jedenfalls beschreibt den Kesküla fast als ein moralisches Wunder, als jemanden, wie er in diesem Gewerbe selten genug anzutreffen sei:

Ich habe auch nach wie vor den Eindruck, dass er ein absolut loyaler und ehrlicher Mensch ist. Seine Hauptsorge ist zur Zeit, wie er einmal die erhaltenen 10.000 M., die er als persönliche Schuld betrachtet, zurückzahlen und ob er es verantworten kann, etwa weitere Gelder anzunehmen, ohne zu einem gekauften Agenten herabzusinken.

Das müßte eigentlich eher skeptisch machen. Aber auch die geheime Dossier-Sprache der Nachrichtenpolitik nähert sich zuweilen der damals so beliebten Marlitt- und Hedwig-Courths-Maler-Sprache vom Jahrhundertbeginn. Im folgenden kommt der kaiserliche Diplomat dann allerdings wesentlich sachlicher zum Hauptthema:

Seine Nachrichten aus den russischen revolutionären Kreisen lauten immer günstiger. Danach hätte vor ca. 8 Tagen in Bern eine ganz geheime Zusammenkunft von 10 russischen Revolutionären aus Frankreich und der Schweiz stattgefunden unter der Leitung des bekannten Lenin, die sich alle bis auf einen für die Niederlage Russlands ausgesprochen hätten. [...]
    Bei den Revolutionären in Russland, unter denen Lenin noch immer das grösste Ansehen geniesse, werde die Nachricht von seiner Stellungnahme einen starken Eindruck hervorrufen; nicht weniger werde sie die zu Tausenden in Frankreich lebenden Russen beeinflussen.

Kesküla denkt auch an die Minoritäten, die im sogenannten Randstaat Russisch-Polen zum Sturz des Zarenregimes mobilisiert werden sollten. Der Botschafter zitiert Keskülas politische Ratschläge:

Kesküla rät, man solle noch mehr versuchen, die Judenschaft gegen Russland mobil zu machen. Das sicherste Mittel sei, den polnischen Juden die Befreiung in Aussicht zu stellen und die Verdienste zu loben, die sie sich bereits um unsere Sache erworben hätten. Das werde schärfere Massnahmen der russischen Regierung gegen die Juden und damit wiederum Proteste der Judenschaft in Frankreich, England und Amerika hervorrufen ...

Näheres über seinen Aktionsplan wird Kesküla in Berlin persönlich vortragen.

Kesküla wird als wichtig eingestuft. Nur vier Wochen später schickt der Gesandte aus Bern ein chiffriertes Telegramm an das Auswärtige Amt zur Absicherung von Keskülas Grenzübertritt. Im entsprechenden Dokument heißt es dazu:

Entzifferung
Kesküla reist Donnerstag Abend oder Freitag früh unter dem Namen Alexander Stein über Schaffhausen Singen nach Berlin zurück. Bitte Grenze benachrichtigen. Romberg.

Handschriftlich wird auf dem Entzifferungsbogen unter dem Datum 15. April 1915 von Berlin aus über Dienststelle Karlsruhe die Anweisung erteilt, daß der

Esthländer [sic!] Kesküla [...] unter dem Namen Alexander Stein über Schaffhausen Singen nach Berlin [reist]. Bitte Grenzbehörden benachrichtigen lassen und für ungehinderte Durchfahrt sorgen.

Der solcherart umsorgte Kesküla alias Stein passiert die Grenze problemlos und erreicht sicher die kaiserliche Hauptstadt Berlin. Spricht er im Gebäude des Generalstabs in der Moltkestraße vor oder trifft er sich an anderem Ort mit einem Offizier?

Belegt ist, daß der Chef der Geheimdienstabteilung IIIb, Sektion Politik, Rudolf Nadolny, als Angehöriger des Auswärtigen Amtes bei Kriegsbeginn zur engen Zusammenarbeit zwischen Auswärtigem Amt und Generalstab in diese militärische Stellung berufen, den acht Seiten langen Bericht des Stellvertretenden Generalstabs der Armee, Abteilung IIIb, am 3. Mai 1915 unter der Nr. Pol. 1479 als »Geheim« klassifziert, aus der Berliner Moltkestraße Nr. 8 an das Auswärtige Amt in die Wilhelmstraße 75-76 schickt.

Dieses Dokument wird eine nicht hoch genug einzuschätzende Bedeutung erlangen, beantwortet es doch jene für die Deutschen so wichtige Frage, welche der beiden »revolutionierenden« Gruppierungen in Rußland sinnvollerweise zu unterstützen sei – die Menschewiki oder die Bolschewiki?

Keskülä betont im Abschnitt »Organisation und Geldmittel« seines streng vertraulichen Berichtes: »Lenins starke Seite ist die organisatorische Fähigkeit. Straffe Zentralisation. Relativ beste unter den russischen Organisationen. Hat merkwürdigerweise immer Geld.«

Im Abschnitt »Aktivität« ergänzt er: »Lenin verfügt über die brutalste und rücksichtsloseste Energie. Seine gewissenlose und rücksichtslose Draufgängerei ist ein Seitenstück zur Orient-Diplomatie Rußlands.«

Und an einer dritten Stelle in seiner Analyse heißt es: »Die Fraktion Lenin hat den Weg zur radikalsten Opposition von allen national-russischen Revolutionsorganisationen am schnellsten durchlaufen.«

Keskülä empfiehlt in seiner Analyse außerdem, die notwendigen gewaltigen Geldsummen der Mehrheitsfraktion der russischen Sozialdemokratie zuzuweisen – den Bolschewiki, und nicht den Menschewiki.

In seiner Analyse aller antizaristischen Gruppierungen und Grüppchen im Riesenreich Rußland sind alle möglichen Diversanten- und Destruktionselemente von Nordfinnland über Estland, Litauen, Russisch-Polen, die Ukraine bis zum südlichen Transkaukasien aufgeführt.

Bei vielen dieser Kräfte zeigt sich Berlin, wenn es ums Geld geht, zurückhaltend – mal mehr, mal weniger. So schickt Nadolny unter dem Datum 17. April 1915 Unterlagen vom Generalstab an das Auswärtige Amt zurück, die Geldforderungen eines gewissen Dumbadse im kaukasischen Operationsfeld betreffen:

Geheim. 2 Anlagen
Die Anlagen des gefälligen Schreibens vom 15.d.M. – A
12965 – werden dem Auswärtigen Amt anbei ergebenst
zurückgesandt.
Hier besteht einstweilen keine Neigung, die verlangten
50.000 Rubel an Dumbadse zu zahlen, da eine Sicherheit
dafür, dass er die Vereitelung amerikanischer Lieferungen
nach Russland in unserem Interesse wirklich betrieben hat
oder betreiben wird, nicht vorzuliegen scheint und das Geld
auch der kaukasischen Sache dienen soll ...
Im übrigen kann ihm, falls er uns seine Dienste für militäri-
sche Zwecke zur Verfügung stellen will und als zuverlässig zu
betrachten ist, anheimgestellt werden, in Stockholm einen
Brief an Postbox 257 zu richten, worauf sich ein Herr Walter
mit ihm in Verbindung setzen wird. Dieser wird auch hin-
sichtlich etwa erforderlicher Geldaufwendungen das weitere
veranlassen.
[Unterschrift] Nadolny

Rudolf Nadolny ist ein fähiger Mann, den das Auswärtige Amt
gleich zu Kriegsbeginn im Generalstab hatte plazieren können (und der übrigens viel später, nach 1933, deutscher Botschafter in Moskau wird). Auch die Zusammenarbeit zwischen Nadolny und dem Legationsrat Otto-Günther von
Wesendonck von der Politischen Abteilung des Auswärtigen
Amtes, der dort das Sachgebiet «Insurgierung russischer
Nationalitäten« in der Hand hat, funktioniert ausgezeichnet.
Für Nadolny ist es in der Zusammenarbeit mit dem Auswärtigen Amt von Vorteil, daß die wichtigen Außenposten in der
Riege der Gesandten mit exzellenten Rußland-Kennern
besetzt sind, die ihr besonderes Augenmerk im Zusammen-
hang mit der »Orangenschalen-Strategie« oder, seriöser
gesagt, der deutschen Randstaatenpolitik auf innerrussische
Entwicklungen richten. Legationsrat von Wesendonck im
Auswärtigen Amt kann sich auf seine Phalanx tüchtiger
Kriegsdiplomaten verlassen: Auf den gebürtigen Balten Gis-
bert Freiherr von Romberg in Bern, direkt am russischen Emi-
grantenzentrum in Zürich mit Lenin und seinen Leuten, auf

Ulrich Graf von Brockdorff Rantzau in Kopenhagen und Lucius Freiherr von Stoedten in Stockholm. Brockdorff Rantzau und Stoedten sind in ihren neutralen Gastländern für die »nördliche Linie« nach St. Petersburg, den sogenannten »Northern Underground«, zuständig. Der deutsche Kaiserliche Gesandte an der Hohen Pforte in Konstantinopel, Hans Freiherr von Wangenheim, fühlt sich hingegen für die südlichen Insurgierungen über die Ukraine und die transkaukasischen Gebiete verantwortlich.

Von Romberg, dem »Balten«, wird berichtet, daß er bei sehr zufriedenstellend verlaufenden Geheimgesprächen mit seinen Konfidenten gern die intime Redewendung »wir Russen« benutzt. Die deutschen Diplomaten verstehen es, über den jeweiligen politischen Pakt hinaus zu ihren Gesprächspartnern auch persönliche, menschliche Bindungen aufzubauen. So erfährt von Stoedten zum Beispiel, daß Kesküla dem russischen Gesandten in Stockholm sein geheimstes Endziel offenbart hat, die Errichtung einer Art besonderer »baltischer« Föderation mit Estland, Finnland und Schweden als eines starken Bollwerks gegen Rußland. Von Stoedten ist über die privaten und politischen Treffen in Keskülas eleganter Villa am schönen Stocksund nördlich von Stockholm bestens informiert. Kutsch- und Automobilanfahrten werden im vornehmen hauptstädtischen Villenviertel peinlichst genau registriert, zumal Keskülas Frau, die schöne junge Schweizerin, als Gastgeberin ein unerschöpfliches Gesprächsthema bildet.

Gerüchte über eine Enttarnung Keskülas sind normaler und genüßlicher Tagesklatsch: Kesküla soll einem einflußreichen Bolschewisten namens Bagrowski gegen Quittung Geld übergeben haben und engsten Umgang mit einem Angestellten einer russischen Versicherungsanstalt in Stockholm pflegen. Beide seien sie bezahlte Agenten des deutschen Generalstabs. Ein russischer Anführer der Mehrheitsfraktion, ein gewisser Bucharin, soll dahintergekommen sein.

Klatsch und Konspiration ergänzen sich in diesen Kriegszeiten vortrefflich. Die einen nennen Kesküla einen russischen Spion, andere erzählen von ihm als einem deutschen Spion. Der angesehene Erzbischof von Uppsala – der berühmtesten und ältesten Universitätsstadt Schwedens, nördlich von Stockholm gelegen – übernimmt generös eine freundliche Schiedsrichterrolle und erklärt, daß Kesküla seiner Ansicht nach vor allem eine unabhängige politische Persönlichkeit sei, die von keiner Seite Befehle entgegennehme.

Befehle mag er zwar wirklich nicht entgegennehmen, Geld aus Berlin nimmt Kesküla jedenfalls nicht zu wenig. Der kaiserliche Gesandte von Stoedten teilt dem deutschen Reichskanzler per 25. Juni 1915 mit:

Geheim. Entzifferung.
Dem Kesküla sind zu Propagandazwecken Rubel 1560 gezahlt worden. Der Betrag ist dem heute durch Quittung auf die Legationskasse auf Grund des Erlasses vom 9. Februar d.J. Nr. 22 erhobenen 5.198 M = 4.000 Kronen zum Kurse 76,95 entnommen worden.
Lucius.

Und ein kleiner Zwischenbericht vom 8. Mai 1916 des Herrn Steinwachs in der Politischen Abteilung des Deutschen Generalstabs an den Legationsrat Dr. von Bergen im Auswärtigen Amt nennt folgende Summen:

Ew. Hochwohlgeboren hatten dann im Dezember 1915 noch 60.000 Mark bewilligt, die Herrn Kesküla in drei Monatsraten von je M 20.000 für die russische Propaganda ausgezahlt werden sollten. Es gelang mir, hiervon 50.000 M aus Ersparnissen von dem Kredit von 130.000 M zu bestreiten. Die restlichen 10.000 M habe ich inzwischen zum grössten Teil aus eigenen Mitteln ausgezahlt.[...]
Sofort und in den nächsten Wochen und Monaten sind grössere Beträge für folgende Unternehmungen aufzubringen:
Erstens Kesküla, der gerade in den letzten Monaten zahlreiche neue Verbindungen mit Russland angebahnt, mehrmals skandinavische Sozialisten nach Russland geschickt hat, denen er Empfehlungen an Persönlichkeiten mitgab, die die Betreffenden derart über die Lage in Russland aufklärten, dass die später veröffentlichten Berichte in den verschiede-

nen sozialistischen Kreisen des Nordens Aufsehen erregten, der ferner die sehr wertvolle Verbindung mit Lehnin [sic!] in der Schweiz aufrecht erhalten und uns die dem Letzteren von seinen Vertrauensleuten in Russland übersandten Situationsberichte mitteilte, muss auch in Zukunft mit entsprechenden Mitteln versehen werden. Bei den ausserordentlich ungünstigen Valuta-Verhältnissen dürfte eine monatliche Unterstützung von M 20.000 gerade ausreichen.

Im Zwischenbericht des Herrn Steinwachs werden nach der »Nummer Eins« des konspirativen Unternehmens, Kesküla, noch 2. der Agent Litcheff, 3. der Agent Klein, 4. eine Druckerei in Stockholm, 5. Duma-Berichte und 6. Kosten für kleinere Unternehmungen, Reisen etc. aufgeführt und dann summiert:

Ich bitte daher Ew. Hochwohlgeboren um Bewilligung und Bereitstellung folgender Beträge: 1. Kesküla, Rest März, April, Mai, Juni M 70.000
   [folgen die Posten 2.-6.]
   Macht summa summarum: M 130.000
   um deren Ueberweisung auf die Deutsche Bank, Depositenkasse A, ich Ew. Hochwohlgeboren ergebenst bitte.
   Steinwachs [Unterschrift]

So verwandeln sich des Kaisers diplomatische Vertreter für die Herren Helphand, Kesküla und andere in gerngesehene Geldgesandte.

Kesküla hat allerdings mit der namentlichen Empfehlung an die deutsche Reichsregierung, sich für den Revolutionär Lenin aus dem breiten Angebot antizaristischer Gruppierungen zu entscheiden, den historischen Höhepunkt seiner Agententätigkeit für die Deutschen erreicht. Danach tritt er mehr in den Hintergrund der politischen Bühne. Helphand hingegen spielt sich als Star immer weiter nach vorn. Bis an die Rampe, sozusagen.

HELPHANDS GEMISCHTWARENHANDLUNG

Drehscheibe und Durchgangslager für Personen, Geld und Waren: Handelszentrale von Helphands Firmenimperium in der Østergade, der Hauptgeschäftsstraße Kopenhagens.

Kein Trödelmarkt im tristen Kriegsjahr 1915 könnte die bunte Vielfalt jener Handelsartikel aufweisen, die durch Helphands »Handels- og Exportkompagniet, Aktieselskab« feilgeboten werden. Von Damenstrümpfen bis zu kriegswichtigen Edelmetallen en gros und en détail reicht der Warenkatalog: Kaviar, Kognak und Kondome; gebrauchte Autos und Fischereifahrzeuge; Kupfer, Nickel, Zinn und Ferrochrom; Fischbein für Damenkorsetts und Aspirin, Salvarsan für die mit Syphilis infizierten Soldaten der Zarenarmee; Thermometer, Bleistifte und Textilien, alles wird im Rußlandhandel gebraucht, und Helphand transportiert es auf der so bezeichneten »Roten Route« nach Petrograd.

Der clevere Geschäftsmann zeigt einen ausgeprägten Spürsinn für besondere Notlagen in Kriegs- und Krisenzeiten. Er verschafft dem bereits unter Lebensmittelknappheit leidenden Deutschland Getreide und Walöl aus Feindesland. Für das wegen der deutschen Seeblockade gegen England von der Cardiff-Kohle abgeschnittene, frierende Dänemark besorgt er Steinkohle in beträchtlichen Mengen aus Deutschland. Helphand erweist sich so als »Wohltäter«, als ein versierter Kaufmann für alle möglichen Notfälle. Handel und Wandel im Krieg werfen höchste Rendite ab.

Das Handelsnetz des Dr. Helphand ist für Zoll und Politische Polizei, Handelsaufsicht und Kriminalpolizei, konkurrierende Warenagenten und rivalisierende Schiffsreeder verwirrend unübersichtlich und möglichst undurchdringbar geknüpft. Es erweist sich im wahrsten Sinne des Wortes als ein Tarnnetz. Seine geschäftlichen Transaktionen zwischen Kopenhagen, Stockholm und Berlin, zwischen New York, London und Konstantinopel sind von Anfang an irgendwie anrüchig, ihnen haftet etwas Halblegales an, zuweilen sind sie ganz und gar illegal. Die politischen Auftraggeber für dieses undurchsichtige Gemischtwarengeschäft können sich beruhigt und gut getarnt im Hintergrund halten: Alle Unternehmungen sind auf das sorgfältigste mit einem wunderbar reinen merkantilen Tarnanstrich versehen. Selbst aufmerksame Beobachter auf seiten der Feindmächte England, Frankreich und des zaristischen Rußlands erkennen nicht, daß alle

Fäden von Ankauf und Verkauf, von Warentausch und Täuschung, von Wechselkurs und Lizenzvergaben ein Ziel haben: St. Petersburg. Und es bleibt ihnen weitgehend verborgen, daß die politischen Strippenzieher des Großunternehmens Helphand nur an einem Ort zu finden sind: in Berlin. Dort hat man die Fäden fest in der Hand und ist über alles Wichtige genauestens informiert.

Ein Telegramm illustriert die innige kommerziell-konspirative Bindung Helphands an die kaiserliche Gesandtschaft in Kopenhagen, denn es ist per Botschaftsanschrift direkt an ihn adressiert:

Berlin 49011 via Statstelegrafstation Kjobenhavn
24. Februar 1916
Dr. Helphand Deutsche Gesandtschaft KBH (Kopenhagen)
Bin 8 Tage Berlin. Zusammentreffen ratsam. Zimmer Habsburger Hof.

Grund für politisches Mißtrauen kann kaum aufkommen, wenn man die Gründungsurkunde von Helphands unauffälligem, kleingehaltenem Handelsunternehmen im renommierten Geschäftsviertel mitten im Zentrum der neutralen dänischen Hauptstadt liest. Mit Kenntnis und Zustimmung der deutschen Gesandtschaft hat er das unauffällige Geschäftshaus in der Østergade Nr. 58 gemietet. Der Ort ist gut gewählt: Zur deutschen Botschaft Amaliengade 3 an der Ecke Sankt Annæ Plads sind es nur ein paar hundert Meter.

Für alle notariellen Belange und als Hauptsteuerberater verpflichtet Helphand den angesehenen Obergerichtsanwalt Aage Faurschou. Dieser Mann setzt auch den Text für die Gründungsurkunde auf:

Im Jahre 1915 am October wurde im Kanzlei des Obergerichtsanwalts Aage Faurschou, Skovbogade 1, Kopenhagen, eine Versammlung abgehalten.
Gegenwärtig waren die Herren:
Dr. phil. Alexander Helphand, wohnend Vodroffsvej 50 B, Director Georg Sklarz, wohnhaft in Berlin,

Kaufmann Jacob Fürstenberg, wohnend Martinsvej 9 B, und
Obergerichtsanwalt Aage Faurschou, der die Verhandlung
leitete.
Der Dirigent gab das Wort zu Dr. phil. Helphand, der
erklärte, dass die Versammlung abgehalten wurde, um eine
Actiengesellschaft zu gründen, die Handels- und Financie-
ringsgeschäfte aller Art, insbesondere Waren-Einfuhr und
Waren-Ausfuhr, Vertretung und Kommissionsgeschäfte treiben
sollte.
Der Redner meinte, dass die Gesellschaft vorläufig mit
einem Kapital von 80.000,- Kr. bares Geld und voll einge-
zahlt, anfangen konnte.
Nach verschiedenen Äusserungen der gegenwärtigen Her-
ren wurde beschlossen, die vorgeschlagene Actien-Gesell-
schaft zu gründen und zwar im Namen
Handels- og Exportkompagniet, Aktieselskab
mit einem Kapital von 80.000,- Kr. bares Geld und voll ein-
gezahlt; das Kapital wurde sofort gezeichnet, indem Dr. phil.
Alexander Helphand
Kr. 40.000,- zeichnete
und Direktor Georg Sklarz
Kr. 40.000,-
Im ganzen Kr. 80.000,-
Die beiden Herren verpflichteten sich jedoch, dem Herrn
Jacob Fürstenberg jeder 10.000,- Kr. von Ihrem Actienanteil
zum pari Kurse binnen 6 Monaten vom heutigen Tage ab
gerechnet, zu verkaufen, falls Herr Fürstenberg wünschte,
diese Actien zu übernehmen. Hr. Doctor Helphand erklärte,
dass er in der Erwartung, dass diese Gesellschaft gegründet
sein würde, schon ein Lokal für die Gesellschaft am Øster-
gade 58 vermietet hatte, wo er das Bureau eingerichtet hatte.
Obergerichtsanwalt Faurschou legte einen Entwurf der Sta-
tuten der Gesellschaft vor, welcher Entwurf einstimmig als
Statuten der Gesellschaft angenommen wurde und in dieses
Protokoll unter dem Siegel des Herrn Faurschou eingeheftet
wurde.
Als erster Aufsichtsrat der Gesellschaft wurde gewählt:
Herrn Dr. phil. Alexander Helphand,

Director Georg Sklarz
und Jacob Fürstenberg.

Der erstgenannte Herr wurde als Vorsitzender, der letztge-
nannte als geschäftsführendes Mitglied des Aufsichtsrats mit
Bezug aus § 17 der Statuten gewählt. Die Generalversamm-
lung beschloss danach, dass die Mitglieder des Aufsichtsra-
tes weder direct noch indirect Geschäfte mit der Gesellschaft
kontrahieren dürften.

Es wurde beschlossen, das von Herrn Helphand gemietete
Lokal Østergade 58 mit dem dort beruhenden Inventar zu
übernehmen und sich mit Director Helphand darüber abzu-
finden.

Die Aktionäre zahlten die gezeichneten Beträge, für welche
der Aufsichtsrat Interimsscheine ausstellte.

Es wurde beschlossen, die Gesellschaft sofort an das Fir-
maregister anzumelden.

Hierbei beruht es.

In bezug auf Textformulierungen – von dem unbeholfenen
Deutsch abgesehen –, Höhe der Geldeinlagen und Beziehungen der Aktionäre zueinander ist aus dem Dokument nichts
Außergewöhnliches herauszulesen. Und so wird diese Aktiengesellschaft wie viele andere vorschriftsmäßig und ohne die
geringsten Verdachtsmomente ins dänische Handelsregister
eingetragen. Welche der zuständigen Amtsstellen sollte auch
Bedenken haben, scheint doch alles vollkommen korrekt zu
laufen?

Wer in Kopenhagen kann indes wissen, welch umtriebiger
Geschäftsmann der Dr. phil. Alexander Helphand schon in
Konstantinopel gewesen ist? Und wer kann ahnen, daß dieser Dr. Helphand, weil er zuviel über die geheime Verschwörung zwischen höchsten kaiserlichen Stellen und Bolschewiki weiß, in nur wenigen Jahren von deutsch-nationalen Offizieren mittels eines Handgranaten-Attentats aus dem
Wege geräumt werden soll?

Wer von den braven dänischen Kanzleibeamten kann wissen, daß Direktor Georg Sklarz Herrn Dr. Helphand auf Weisung höchster politischer Stellen in Berlin zur Seite gestellt

ist? Wer kann ahnen, daß jener Direktor Georg Sklarz sich drei Jahre später mittels hohen Eigenkapitals zusammen mit dem deutschen Sozialdemokraten Philipp Scheidemann an der ausgeschriebenen Belohnung zum Mordaufruf gegen die deutschen Sozialisten Liebknecht und Luxemburg beteiligen wird?

Wer kann wissen, daß der Kaufmann Jacob Fürstenberg unter dem Namen Hanecki-Fürstenberg, in deutsch Ganetzki-Fürstenberg, gemeinsam mit Lenin zwei Jahre lang in Poronio bei Krakow in Polen im politischen Untergrund weilte und sich in dieser Zeit als Transportspezialist und Schmuggler konspirativer Nachrichten besonders bewährt hat? Und daß Lenin sein absolutes Vertrauen in diesen verschwiegenen und wagemutigen polnischen Revolutionär setzt und ihn darum als seinen Mann nach Kopenhagen und Stockholm dirigiert, ein bißchen auch als Aufpasser an der Seite des sehr wendigen und sehr windigen Helphand? Und wer kann ahnen, daß Lenin den Jacob Ganetzki-Fürstenberg als mittlerweile erprobten und verläßlichen Finanzexperten nach vollzogener Revolution zum Stellvertretenden Direktor der bolschewistischen Staatsbank machen wird? Und daß Stalin nach Lenins Tod eben auch darum dessen treuen Kampfgefährten eiskalt umbringen läßt, als einen der letzten noch lebenden Zeugen jener Millionen-Geldgeschichten mit dem deutschen Kaiserreich zur Finanzierung der Revolution von 1917?

Das alles können die dänischen Kanzleimitarbeiter bei der offiziellen Registrierung der kleinen und keineswegs auffällig kapitalkräftigen Firma weder wissen noch ahnen. So unterschreiben Dr. Helphand und sein Direktor Georg Sklarz am 29. April 1916 auf dem Geschäftsbriefbogen ihrer Firma Handels- og Exportkompagniet auch die Kapitalaufteilung der Einlagen:

Unterfertigte erklären hiermit, dass die Aktien der Fa. Handels- og Exportkompagniet Aktieselskab in Kopenhagen pr. Kronen achtzigtausend, von denen die Hälfte (Kr. 40.000.-) auf Namen des Hr. Dr. phil. Alexander Helphand, die zweite Hälfte (Kr. 40.000.-) auf Namen des Herrn Director Georg

Lenins Aufpasser in Kopenhagen: der polnische Sozialdemokrat und Bolschewik, Jacob Ganetzki-Fürstenberg. Er wird zielgerichtet als Geschäftsführer in Helphands Firmenimperium ein gesetzt.

Sklarz ausgestellt ist, zu gleichen Teilen den Unterfertigten angehören.

Obige Aktien wurden bei Hr. Dr. Alexander Helphand deponiert.

Kopenhagen, den 29. April 1916.

Die Geschäfte gehen von Anfang an gut, wie Mengen, Preisfestlegungen und Auftragsbestätigungen auf einem Schreiben vom 23. Oktober 1915 mit Helphands handschriftlichem Vermerk bestätigen:

Ihrem telegraphisch geäusserten Wunsch entsprechend, wiederhole ich Ihnen die Liste der Metalle, über deren Preise, Marken, Lieferanten loco London ich von Ihnen dringend Auskunft verlangt habe.

Wir bekommen einen festen Auftrag für:

1.000 Tonnen Kupfer zu 17 Rubel Gold per Pud

2.000 Tonnen Zinn zu 23

Grössere Mengen Aluminium zu 29 Rubel Gold per Pud

Die ist perfekter Abschluss.

Ausserdem erhalten wir Aufträge für:

Zink in Barren und Platten

Blei in Barren

Antimonium Regulas

Nickel

Kautschuck [sic!]

Ferrochrom

Ferromolibden

Ferrosilicium 75% und 45%

Ob die Russen die Ladung nach Archangelsk oder nach Alexandrowsk oder über bez. Norwegen nach einem baltischen Hafen werden dirigieren lassen, wissen wir zur Stunde noch nicht. Wir müssen auf alle Fälle gerüstet sein. Sie telegraphierten, dass Sie die Sache »mit Energie« betreiben. Bitte auch noch etwas Sachkenntnis und zuverlässige Informationen hinzuzufügen, dann werden wir unser Ziel erreichen. Bisher haben die Herren, die mir in dieser Angelegenheit vom Admiral-, Generalstab empfohlen wurden, leider mehr Ener-

gie als Umsicht gezeigt. Ich wiederhole auch, dass die Sache mit der Bank *ins Reine gebracht werden muss.*

Um ein Haar wäre das Trio, ehe die Geschäfte noch richtig begannen, zum Duo geschrumpft und hätte den Direktor Sklarz schon wieder verloren. Der erhielt unter seiner Berliner Adresse einen Einberufungsbefehl für die kaiserliche Armee. Routinemäßig. Helphand muß ganz schnell beim kaiserlichen Gesandten vorstellig werden, damit die so groß angelegte geheime Sache durchgeführt werden kann. Wer sollte sonst an Sklarz' Stelle vom Generalstab vertraulich ausgesucht und schnell eingearbeitet werden?

Eile ist geboten, und der Gesandte in Kopenhagen, Graf Brockdorff Rantzau, telegraphiert am 20. November 1915:

Der K. Gesandte an Auswärtiges Amt.
Entzifferung.
Dringend geheim!
Sklarz, der gegenwärtig in Kopenhagen, ist unerwartet zum Militär eingezogen, soll sich bereits Dienstag stellen. Helphand erklärt Genannten aus Euerer Exzellenz bekannten geheimen Gründen für gegenwärtig durchaus unentbehrlich. Erbitte tunlichste Befreiung Sklarz.
Rantzau.

Der Mann wird natürlich »von oben her« vom Militärdienst befreit. Schließlich hat der Generalstab mit Sklarz Größeres vor. Er bleibt im Unternehmen Helphand stationiert. Auf Sonderposten.

Ein Vorhaben, für das es notwendig ist, Güter in derartigen Mengen hin- und herzuschieben, braucht viel Transportraum. Also müssen Frachtdampfer angeschafft werden. Wieder springt die Regierung in Berlin ein:
Auf Grund unserer heutigen Besprechung im Hotel Esplanade sind sich die anwesenden Gruppen dahin einig geworden, dass die Durchführung des Geschäftes nur dann möglich ist, wenn die folgenden Punkte ihre Erledigung finden:
1.) Für das erforderliche Schiff von ca. 4.000 Tonnen muss

die deutsche Regierung die Garantie gegen jeglichen Verlust übernehmen.

Das hierzu erforderliche Kapital beträgt inkl. Ausrüstung ca. 1 ½ Millionen Mark und verpflichtet sich der hierbei beteiligte Reeder, welcher den Kapitän und die Mannschaft zu stellen hat, dass er das Schiff nach Beendigung unseres Geschäftes resp. eines der Regierung genehmen Termins zu einem von Fachleuten festgesetzten Marktpreis übernimmt. Für den Ankauf des Schiffes hätte die Regierung die erforderlichen Mittel gegenüber der mit der Finanzierung beauftragten Bank zu garantieren.

2.) Als Verkaufspreis der Ladung nach Russland gelten die Londoner Tagespreise plus 25% Zuschlag für Fracht, Versicherungen (und Verdienst) bei Abladung in Russland, da bei der grossen Schwankung und der voraussichtlichen weiteren Steigerung der Rohmaterialien auf längere Fristen keine festen Geschäfte abgeschlossen werden können. Es ist hierbei umsomehr in Betracht zu ziehen, dass sich die Börsenpreise bei grösserer Nachfrage und Ankauf sofort automatisch erhöhen.

Zu der gestrigen Bankbesprechung tritt nun noch hinzu, dass sich der Reeder, Herr Dahlström, verpflichten will, gleichfalls an dem noch eventl. vorhandenen Risiko teilzunehmen.

Helphand verschafft sich zwischendurch eine Gewinnübersicht und notiert mit Bleistift auf einem Bogen Schreibpapier:

Zinn Erlös in Russland
2.000 t (Tonnen) à 62 Pud = 124.000 Pud à 25 Rb (Rubel) Gold = 5.952. 000 DK (Dänische Kronen)
Einkauf
Preis Angebot der Kriegs Metall A.G.
2.000 t à 153 £ (englische Pfund) = 5.285.600 DK (dänische Kronen)
(noch andere Posten)
Einkauf
2.000 t à 159 £ (englische Pfund) = 5.596.800 DK (dänische Kronen)

Erlös: 5.952.000
Einkauf: 5.385.600
Brutto Nutzen: 566.400 DK (Dänische Kronen)

Auf einem anderen Bogen sind die Erlöse und Selbstkosten bei Kupfer notiert:

Erlös in Russland: 2.023.680 DK (Dänische Kronen)
(folgen div. Kostenaufrechnungen)
Brutto Nutzen: 536.480 DK (Dänische Kronen)

Beim »Aluminium«-Bogen summiert der Geschäftsmann unterm Strich am Blattende nach der Erlös-Ziffer in Höhe von 4.166.400 DK und dem Kostenabzug von 3.256.000 DK den Brutto-Nutzen von fast 1 Million: 910.400 DK.

Und so geht es weiter, Blatt um Blatt. Millionen- und halbe Millionenbeträge reihen sich aneinander. Die Handschrift zeigt ein klares, gleichmäßiges Schriftbild. Der Notierende und Rechnende scheint – wie seine Bilanzen – vollkommen ausgeglichen zu sein.

Allerdings findet sich auch ein Zettel in den Unterlagen, auf dem die Worte sehr hastig notiert sind. Durchgestrichenes, Eingefügtes, Überschriebenes. Helphand gibt eine eilige Anweisung:

Binnen 24 Stunden wiederholt verlangte Bank angeben. Käufer wollen sofort Rembours [Zahlung durch Bankvermittlung], mehrere Millionen, verlangen auch Garantiestellung... Wenn Bank nicht sofort angegeben wird, zerschlägt sich das Geschäft. Erwarte unbedingt sämtliche Herren morgen hier.
Helphand

Den Überblick zu behalten, die Dinge am Laufen zu halten und auf Gewinn zu achten, fordert angesichts der Mengen und Summen den ganzen Mann. Helphand fühlt sich dazu imstande, aber auch Sklarz und Ganetzki-Fürstenberg haben harte Arbeit zu leisten.

So bietet die Direktion der Kriegsmetall Aktiengesellschaft

Berlin Sklarz zum Beispiel große Mengen strategisch wichtiger Edelmetalle zur Abnahme an: ca. 500 Tonnen Nickel, 100 Tonnen Ferro-Wolfram, 1.000 Tonnen Ferro-Chrom, 500 Tonnen Elektrolyt-Kupfer, 500 Tonnen Straits-Zinn und ca. 1.000 Tonnen Weichblei. Das sieht nach einem Bombengeschäft aus. Oder genauer nach einem Granaten-Metallgeschäft. Aber die Herren von der Kriegsmetall-Gesellschaft in der Potsdamer Straße zu Berlin müssen den Adressaten, Herrn Sklarz, heftig drängen. Im zweiten Kriegsjahr sind bereits so viele Millionen Granaten und Patronen verschossen, daß die Nachfrage, die Rüstungsnachfrage, das Rüstungsangebot zu übersteigen droht. Nebenbei scheint außerdem gerade eine Art Friedensschluß-Gespräche mit England bevorzustehen, die das lukrative Rüstungsgeschäft verderben könnten. Wieder ist unter den Gleichinteressierten Eile geboten. Das liest sich im Schreiben der Kriegsmetall-Gesellschaft folgendermaßen:

für Herrn Sklarc, Berlin.
    Lieferzeit:
    Der Dampfer muss bis spätestens 15. Dezember 1915 im deutschen Hafen eingetroffen sein. Falls durch unvorhergesehene Umstände der Dampfer, dessen Ankunft Sie uns sofort zu melden haben, erst später eintrifft, so haben wir das Optionsrecht, uns zu entscheiden, ob wir die Metalle zu den obengenannten Preisen übernehmen oder nicht.
    Zahlung:
    Die Zahlung erfolgt nach Landung der Ware und Richtigbefund.
    Falls bis zum Tage der Abreise des Dampfers aus England ein Friedensschluss mit England oder ein Waffenstillstand mit England, oder ein die gegenwärtige Absperrung Deutschlands von der See wesentlich änderndes Ereignis eintritt, so haben wir das Recht, von dem Vertrage zurückzutreten, doch haben wir die von Ihnen bereits inzwischen eingekauften Mengen zu dem nachweisbaren Abschlusspreis zuzüglich einer Kommission von 10% auf den Wert dieser Waren zu übernehmen. Falls Sie zwecks Ausführung dieses Auftrages einen Dampfer fest gekauft haben sollten, so sind wir bereit, auch

dieses Schiff zu den effektiv nachweisbaren Selbstkosten, aber ausschliesslich irgendwelcher Kommissionen für Sie und Ihre Konsorten zu übernehmen.
Wir bitten um ausdrückliche Bestätigung der obigen Bedingungen und zeichnen
hochachtungsvoll
[zwei Unterschriften]

Schnelle Kriegsgeschäfte versprechen hohe Gewinne, sie erfordern allerdings auch hohe Risikobereitschaft. Helphand muß sich auf seinen Mitarbeiter verlassen können, wenn er ihm freie Hand gibt. In einem Telegramm aus Kopenhagen an Sklarz im Berliner Esplanade-Hotel teilt Helphand mit: »Telegramm erhalten, überlasse Ihnen Verantwortung, wenn Geschäft scheitert.«

Wenn in Helphands Handelshauptquartier in der Østergade 58 Telegramme wie dieses übermittelt werden: »Für Dr. Helphand. Herr Direktor Guttemann trifft als Bevollmächtigter des Bankhauses Bleichröder am Sonnabend abend mit mir in Kopenhagen ein. Sklarz.«, ist Helphand beruhigt. Er weiß: Sklarz arbeitet in Berlin nur mit führenden Herren der Großfinanz und also mit guten, solventen Kreditgebern.

Im Großen Krieg werden auch unvorstellbare Mengen an Uniformen gebraucht. Die Kleidung der Hunderttausende toter, zerfetzter und verbluteter Soldaten ist selten weiter benutzbar. Für neue Uniformen werden riesige Mengen an Wolle gebraucht. Helphand kann helfen, hat er doch die besten Verbindungen noch von den Balkankriegsgeschäften her, als er seine erste Million verdiente. Er braucht nur zu ordern, und schon avisiert am 13. Oktober 1915 die Firma B. aus Constantinopel:

20 Waggons Anatolische Wolle, franco bulgarische Grenze, M(ark) 4.10 per Kilo an Herrn Sklarz in Berlin, zur Zeit Jägerstr. 20

Die Geschäfte Helphands können nicht besser gehen.

Große Kriege verbrauchen auch große Mengen an Medikamenten. Helphand kann über ein schnell installiertes Kompagnon-Unternehmen, die Firma Fabian Klingsland in Warschau, die in St. Petersburg ein Tochterunternehmen unterhält, auch auf diesem Gebiet unauffällig so manches Geschäft abwickeln. Jacob Ganetzki-Fürstenberg aus Kopenhagen schließt mit Klingsland einen Vertrag ab:

Vertrag

Zwischen der Firma Fabian Klingsland in Warschau und Herrn Jakob Fürstenberg in Kopenhagen.

1.) Herr J. Fürstenberg überträgt der Firma Fabian Klingsland in Kommission den ausschliesslichen Verkauf der von ihm zu liefernden Medicamente auf dem ganzen Gebiete des Russischen Reiches mit Ausnahme der Landstriche, die occupiert sind oder später occupiert sein sollten. Die Firma Klingsland hat kein Recht, in Russland Medicamente anders als durch Vermittlung der Firma Fürstenberg zu beziehen oder zu verkaufen.

2.) Die von der Firma Klingsland zu beziehende Kommission beträgt fünf Prozent von den Summen, die sie aus dem Verkauf der erwähnten Medikamente erlösen wird.

3.) Die Ausgaben der Firma Klingsland für Telegramme und Postsendungen in ihren Verkehr mit der Firma J. Fürstenberg sowie die Ausgaben, die mit dem Bezug der respektiven Waren von der Grenze verbunden sein werden, kommen auf die Rechnung der Firma J. Fürstenberg. Sollten ausserordentliche Ausgaben benötigt sein, so muss die Firma Klingsland die Zustimmung dazu [von] der Firma J. Fürstenberg erlangen.

4.) Die Waren werden in Russland auf Rechnung der Firma Fürstenberg verkauft, wobei die Firma Klingsland sich verpflichtet, unmittelbar nach dem Verkauf der Firma Fürstenberg Kopien der Rechnungen beziehungsweise der Originalabschlüsse über die erfolgten Verkäufe zuzustellen. Die Firma Klingsland verpflichtet sich, den Bevollmächtigten der Firma J. Fürstenberg ihre Mitwirkung in vollem Masse zuteil werden zu lassen und ihnen alle einschlägigen Dokumente und Rechnungen vorzulegen, um sie mit den Verkäufen und der Führung des Geschäftes vertraut zu machen.

5.) Alle Gelder, die aus dem Verkauf auf Rechnung der Firma

J. Fürstenberg bei der Firma Klingsland einlaufen, müssen von dieser am gleichen Tage oder spätestens am nächstfolgenden Tage einer Bank in Petrograd auf Rechnung der Firma J. Fürstenberg oder eines Dritten nach Angabe der letzteren deponiert werden.

6.) Die Firma Klingsland verpflichtet sich, alle Anweisungen der Firma J. Fürstenberg bezüglich der Preise getreulich zu befolgen.

7.) Sollte sich bei der Übernahme der Waren durch die Firma Klingsland ein Manko herausstellen oder Waren verdorben sein, so kommt das auf die Rechnung der Firma J. Fürstenberg. Von dem Augenblick der Übernahme der Ware trägt die Firma Klingsland die Verantwortung für Quantität und Qualität.

8.) Die Abrechnung über Ausgaben und Kommission erfolgt alle drei Monate. Der Bericht über die Ausgaben wird monatlich gegeben.

9.) Der gegenwärtige Vertrag gilt bis zum Abschluss eines Waffenstillstandes zwischen Russland und Deutschland. Wenn jedoch der monatliche Umsatz weniger als 50 Tausend Rubel betragen sollte, so hat die Firma Klingsland das Recht, den Vertrag zu lösen und ist in diesem Falle verpflichtet, alle Waren der Firma J. Fürstenberg, die sie auf Lager hat oder die sich unterwegs befinden, einem Beauftragten der Firma J. Fürstenberg zu übergeben.

10.) Die Firma Klingsland hat kein Recht, die Waren unter dem Preis zu verkaufen, der ihr angegeben sein wird. Bei Abschlüssen, die mehr als fünf Tausend Rubel im einzelnen Fall betragen, muss in jedem besonderen Fall die Einwilligung der Firma J. Fürstenberg eingeholt werden.

11.) Die Firma J. Fürstenberg hat das Recht, den gegenwärtigen Vertrag zu lösen, wenn es sich herausstellen sollte, dass die Firma Klingsland die Ware unter den herrschenden Tagespreisen verkauft.

12.) Im Streitfalle gilt die dänische Gerichtsbarkeit und die Zuständigkeit der Gerichte in Kopenhagen.

In der Firma Klingsland bringt Ganetzki-Fürstenberg eine

Verwandte unter, die Kusine Ewgenia Sumenson, die noch eine wichtige Rolle bei den heimlichen Geldüberweisungen aus deutschen Quellen zur entscheidenden Weitergabe an Lenins Vertrauten und »Chefkassierer« Dr. Koslowski spielen wird.

Der Große Krieg breitet sich immer weiter aus und wird bald Weltkrieg genannt. Auch Helphand muß weiter expandieren, will er die gebotenen Chancen nutzen, immer größere Warenmengen müssen auf immer weiteren Wegen hin- und herbewegt werden. So wird die Gründung einer »Amerikansk Skandinavisk Russisk Aktiengesellschaft – A.S.R.A.« ins Auge gefaßt. Unter Position 1 wird einleitend erläutert, worum es dabei geht. Es wird deutlich, daß man bereits über die Kriegszeit hinausdenkt:

Vorschlag
A.S.R.A – Amerikansk Skandinavisk Russisk Aktiengesell-
schaft.
Pos.1 Wie der Name sagt, wird diese A/G. gebildet, um vorzugsweise ein Handelswarengeschäft Import & Export auf und durch obige Länder zu treiben, um die Chancen, die jetzt und nach dem Kriege sind und sein werden, auszunützen. Wo es zweckmässig ist, können selbstfolglich auch Geschäfte von und mit anderen Ländern gemacht werden als die in den Namen genannten.
Pos.2 Das Aktienkapital wird vorläufig Kr. 100.000,- betragen (davon 66,666, 2/3 Preferenceaktien). […]

Es folgt eine Vielzahl von Positionen, in denen der Geldtransfer geregelt wird. Aber auch Personalfragen werden behandelt, und Helphand achtet insbesondere darauf, daß Ganetzki-Fürstenberg, Lenins Verbindungsmann, in seinem Auftrag und als Vertreter seiner Interessen in der Aktiengesellschaft angemessen plaziert wird:

Um die Chancen auszunützen, welche die veränderten Handelsverhältnisse nach dem Kriege mit sich bringen werden und zum Theil schon jetzt bestehen, haben Direktor Gemeinderath

Carl Smith und Fabrikant Paul Johansen in diesem Frühjahr den Start einer Handelsgesellschaft angefangen, um Export und Import speciell mit Export, Transit und weiteren Handel mit Russland vor Augen, zu treiben.

In dieser Veranlassung hat Direktor Carl Smith eine drei-monatliche Reise nach Amerika und später nach Russland gemacht, Verbindungen angeknüpft und Muster und anderes, was sich für diesen Zweck eignet, mitgebracht.

Das Aktienkomitee besteht aus höchstens 3 Personen. Hr. Carl Smith verpflichtet sich, die tägliche Leitung zu über-nehmen und eventuelle nothwendige Reisen vorzunehmen. Es wird weiter ein Kontorchef angesetzt (Herr Fürstenberg), und weiter werden 2 Kontrollierende gewählt.

Helphand bespricht sich auch mit dem Geschäftsmann E. Hallager, der ihm im Juni 1915 mitteilt, daß »mir für meine Russisch-Amerikanischen Leute in New York verschiedene Dampfer angeboten worden« sind, damit es Helphand leichter fällt, das immer wieder neue Problem des Warentransportes effektiver zu lösen. Die Nachricht vom 21. Juni 1916 liest sich wie jenes Kapitel in Brechts »Dreigroschenroman«, in dem die Geldgeber der spekulativen Transportschiffegesellschaft im Wannenbad des Londoner Battersea-Viertels zu ihren Gewinn- und Verlustberatungen zusammenkommen:

Auf unsere heutige Besprechung höfl. bezugnehmend, erlaube ich mir hiermit über die besprochene Angelegenheit folgende Aufklärungen zu geben.

Mein erster Vorschlag ist, dass Herr Dahlström einen Dampfer – entweder holländisch oder norwegisch – kaufen soll.

Da sowohl in Norwegen als auch in Holland Schwierigkeiten bestehen, um ein Schiff nach dem Auslande zu verkaufen, lässt man den betreff. Dampfer anscheinend deswegen in den alten Händen bleiben, während in Wirklichkeit Herr D. der rechtsmässige Besitzer ist. – Das Geld kann durch eine Kristiania [Oslo] Firma dem Besitzer ausbezahlt werden und ihm sind die Transfer Schwierigkeiten genügend Grund, den Dampfer in seinem Namen zu halten.

Ich lasse ihn dann meinen Leuten in Nyork depeschieren, dass Dampfer so und so zu dem und dem Preise für Charter von dort (Ny) nach Archangelsk oder Kola offen ist. – Er verchartert ihn dann an einen Makler in Nyork (William & Wichters oder H.L. Stewart Corp.), und der Betreffende, mit dem ich in sehr intimer Beziehung stehe, nimmt dann hauptsächlich solche Fracht, wie wir sie in Deutschland am meisten nötig haben. – Dies lässt sich durch den Frachtagenten gut regulieren und die Waren werden von russischen Firmen bezahlt und bona fide nach Russland versandt. Ich habe einen Kapitän, der seit 4 Monaten auf diese Chance wartet – mit Ausnahme von ihm und dem Obermaschinisten, der sein Vetter ist, weiss niemand von der Sache Bescheid. – Der Dampfer verlässt also Ny. mit reinen Papieren, wird mit seiner russischen Ladung nirgends von den Engländern aufgehalten, geht ausserdem ganz nördlich und kommt schliesslich entweder wegen Maschinenschaden oder Kohlenmangel an die Norwegische Küste. – Er kann dann innerhalb der 3 Meilen Grenze südwärts laufen. – Er könnte dann eventl. irgendwo auf vorher verabredeter Stelle durch ein deutsches U-Boot aufgenommen werden – die wahre Sachlage würde dann nie herauskommen. – Der Wert einer 8.000 Tons Ladung würde sich leicht auf 2 ½ Millionen Dollar belaufen. – Sagen wir, Herr D. zahlt für den Dampfer $ 1.000.000.- Wenn er den Dampfer wirklich chartert, bekommt er für die Reise ungefähr $ 400.000.- wenn er davon Versicherung, Kriegsversicherung des Dampfers, Kommissionen etc. zahlt, bleiben immerhin einige hundert tausend Dollar übrig und – setzen wir den schlimmsten Fall, dass der Dampfer von den Briten genommen oder torpediert wird – dann bekommt er von der Versicherung sein Geld zurück, hat sogar noch etwas verdient. – Geht die Sache aber gut, dann hat er das Schiff und eine volle Ladung, die die deutsche Admiralität als Kontrabande – für Russland – natürlich als Prise mit Beschlag belegt. – Das Weitere ist dann zwischen Herrn D. und der Regierung. – Noch besser er chartert den Dampfer bloss im Namen an Skwort Corp. – in Wirklichkeit zahlt er den Leuten 5%, um als Charterer zu fungieren, und er bekommt dann 65/70 Dollar *per ton oder statt $ 400.000 ca. $ 520.000/$ 560.000 was für ihn ein Mehrverdienst von annähernd 1 Million Mark ausmacht.*

Da ich mich auf meine Leute unbedingt verlassen kann, ist die Sache ausführbar, und Herr D. kann, wie die Sache auch geht, nie etwas verlieren. – Wir haben augenblicklich an Hand einen Norweger von gut 8.000 tons d.w. und einen ganz neuen Holländer von 10.000 tons. – Beide können zum beinah vollen Wert versichert werden.

Falls D. vorziehen sollte, den Dampfer nicht zu kaufen, dann lassen wir durch Skwort Corp. in Ny. einen solchen chartern; für solche Güter, die D. dann kaufen will, bin ich imstande, Affidavite und alle nötigen Bescheinigungen von der Russischen Regierung und proforma Käufer zu verschaffen. – Der erste Weg scheint mir jedoch der einfachste und derjenige, wobei am meisten zu verdienen ist, zumal wir von den Russen eine volle Ladung geschenkt bekommen. – Und sollte in dem Falle irgend eine Ware sein, die nicht gerade in Ny. von den Russen gekauft ist und die D. absolut mit haben will, dann kann er sie kaufen lassen, und ich werde russische Dokumente zu dem Zwecke produieren.

Falls Herr D. sich für die Sache interessiert, würde ich sofort nach Hamburg zur Besprechung reisen, und ich kann D. bezüglich Referenzen etc. in Deutschland leicht zufrieden stellen.

Seinerzeit habe ich lange mit Geheimrat Albert und Hauptmann v. Papen über die Sache unterhandelt. – Unterhandlungen mit einer Regierung gehen jedoch sehr langsam, weshalb ich auch nach hier reise, um die Sache zu beschleunigen.

Schade, dass ich Herrn D. nicht neulich in Hamburg traf. Sie wissen jedoch, dass mein Pass am 13. ablief, und da Ihre Briefe mir im Reichshof nicht ausgeliefert wurden, wusste ich ja nicht, wo ich stand, ja nicht einmal, ob Sie überhaupt mit Dahlström gesprochen hatten, weshalb ich nicht wagte, nach seiner Privatwohnung zu telephonieren.

Ihren Nachrichten entgegensehend, verbleibe ich
hochachtungsvoll   gez. E. Hallager

Dieses Dokument ist im Geheimen Staatsarchiv Preußischer Kulturbesitz nach mehreren »Reinigungen« des Helphand-Nachlasses durch unterschiedlichste Interessenvertreter bis heute erhalten geblieben. Das amüsante und äußerst lehrreiche Schriftstück über illegale und halbillegale Handelspraktiken zwischen im Kriege verfeindeten Großmächten veranschaulicht, wie hochbegabt Helphand sein beinahe unübersehbares und undurchschaubares Handels-, Transport-, Geldwechsel- und Geldtransfersystem aufgebaut hat. Alle seine Aktionen sind via Gesandtschaft Kopenhagen in der kaiserlichen Reichshauptstadt Berlin mehr oder weniger bekannt. – Und gewünscht. Helphand hat sich bestens qualifiziert, um die Finanzierung der immer dringender werdenden antizaristischen Revolution in Rußland voranzutreiben. Das wissen das Auswärtige Amt, der Generalstab und die Reichsführung. Seine Majestät Kaiser Wilhelm II. wird natürlich nicht mit Einzelheiten inkommodiert, von ihm wird nur ab und zu die Verlängerung seiner generellen Zustimmung erbeten: Der Millionen wegen, die er immer wieder zur Bezahlung seines Revolutionsplans für Rußland genehmigen muß.

Nachtrag zur Personalakte Helphand:

Ist Helphand auch ein Witzbold oder nichts als ein geldgieriger Steuerhinterzieher? Bei den dänischen Steuerbehörden gibt der Millionen-Jongleur für das Jahr 1916 ein Einkommen von sage und schreibe nicht mehr als 41.200 Kronen an. Geradezu peinlich ist dem Obergerichtsanwalt und Steuerberater Aage Faurschou, daß er seinen millionenschweren Klienten Dr. Helphand wiederholt geziemend drängen muß, doch bitte endlich seine Mahnung zur Zahlung von Hundesteuer in Höhe von 12 Kronen zu begleichen: Es würde bei den Behörden einen besseren Eindruck machen.

KAVIAR UND KANONEN

Wenn im Oktober des zweiten Kriegsjahres dem Großein- und -wiederverkäufer Dr. Helphand der »Hoflieferant Sr. Majestät des Kaisers und Königs Sr. Kaiserl. und Königl. Hoheit des Kronprinzen, A. Micha«, Krebse, Austern, Hummer, Kronenhummer und Kaviar anbietet, ist darin nichts Verfängliches zu sehen. Unter der Telegramm-Adresse »Krebsmicha Berlin« offeriert der Delikatessenhändler dem Helphand-Direktor Sklarz, der im feinen Hotel Esplanade, Zimmer 236, logiert, ein lukratives Kaviargeschäft mit dem branchenbekannten Herrn Schelechoff und ermutigt zum Handeln: »Der Umstand, daß russische und deutsche Zeitungen berichtet haben, in Deutschland ist der Consum in Caviar sehr zurückgegangen, was ja auch den Tatsachen entspricht, wird uns. gemeinsamen Bemühungen zweifellos unterstützen«, schreibt der Händler.

Wer sollte gegen den Delikatessenhandel ernsthaft Einwände haben? Es ist alte Erfahrung: Kriegszeiten sind Notzeiten, Notzeiten gebären Mangel, Mangelhandel verspricht höhere Gewinne. Doch Helphands notorische Gewinnsucht spricht sich angesichts des ausufernden Umfangs seiner Tätigkeiten bald herum und schafft Neider. Es sind in seine Kungeleien zu viele Personen involviert, als daß man alles geheimhalten könnte. Bei Kaviar, Kohlen und Kondomen treibt es keinen aus der Branche auf die vielzitierten Barrikaden. Beim Durchbrechen des politischen und vor allem waffenpolitischen Boykotts und Embargos mit strategisch hochwertigen Edelmetallen für die jeweilige Rüstungsindustrie einer kriegführenden Großmacht sieht es jedoch schon anders aus. Wenn Helphands Handelsgesellschaft auf neutralem dänischem und schwedischem Boden strategische Rohstoffe aus England nach Deutschland schleust, die, zu Granathülsen verarbeitet, britische Soldaten an der Westfront töten, kann das entsprechende Stellen in Deutschland freuen. Wenn aber deutsche Energiestoffe über das neutrale Dänemark und Schweden in die zaristische Rüstungsindustrie fließen und russische Granaten deutsche Soldaten an der Ostfront töten, kann kaum eine deutsche Dienststelle froh darüber sein. So werden vor allem in sozialdemokratischen Kreisen hinter vorgehaltener Hand bald sehr kritische Worte wie »Kriegsgewinnler« über Helphand geäußert. Das erfährt der solcherart Geschmähte natürlich auch. Er legt sich eine, wie ihm scheint, rechtfertigende Erklärung der simplen Art zurecht: »Der Zweck heiligt die Mittel.« Auf ihn angewandt, soll das heißen, daß für die Finanzierung der Revolution in Rußland alle Mittel, alle *Handelsmittel* recht sind. Doch beim massenhaften Tod in den Schützengräben und Granattrichtern der Schlachtfelder wird die abgegriffene Redewendung zum makabren Versuch einer Tötungsrechtfertigung.

Helphand will nicht wahrhaben, daß er sich mit seinen Handelsgewinnen beim Hin- und Herschieben strategischer Edelmetalle zwischen den kriegführenden Mächten gleichzeitig an dem massenhaften Tod der Menschen auf den Schlachtfeldern bereichert. Genauso wie zur gleichen Zeit auch Deutschlands Kanonenkönig Krupp. Der Intimfreund des deutschen Kaisers erhält immerhin auch während der Kriegsjahre vom englischen Rüstungskonzern Vickers für jede hergestellte Granate mit der Prägung »KPZ« (Krupp Patent Zeitzünder) die ihm handelsvertraglich zustehende Lizenzgebühr ausgezahlt. Auf diese Weise verdient der deutsche Rüstungsmagnat Krupp an jeder englischen »KPZ«-Granate, die auf deutsche Soldaten abgeschossen wird. Kritiker aus sozialdemokratischen Kreisen nennen diese Anhäufung von Krupp-Kapital anklagend »Blutgeld«.

Nun gerät der revolutionäre Theoretiker der Sozialdemokratie, der Jahre zuvor noch so vehement betont hatte, daß die deutsche Sozialdemokratie seine »neue Heimat« sei, unter zunehmende Kritik aus seinen eigenen Reihen. Bei aller Gier nach Geschäftsgewinnen berühren Helphand die kritischen Gedanken seiner deutschen Gesinnungsgenossen doch sehr unangenehm. Er merkt, daß ihm jetzt ein paar Dinge etwas durcheinanderlaufen. Für die einen will er das Deutsche betonen, für die anderen das Sozialdemokratische und für die dritten das Handelspolitische. Und das wiederum nochmals unterschiedlich betont nach Krieg oder Frieden, nach Siegfrieden oder Revolution. Dieser Polit-Spagat liest sich natürlich ein wenig eigenartig, wenn Helphand am 11. Februar 1916 mit der Adresse im vornehmen Tiergartenviertel, Berlin W 10, Tiergartenstraße 9, erneut an das Auswärtige Amt ein Gesuch schreibt, um als Deutscher, als Preuße, eingebürgert zu werden:

»Ich stelle hiermit an die Königlich Preussische Regierung das Gesuch um Gewährung des Preussischen Staatsbürgerrechtes, und bitte um Befürwortung und Weitergabe dieses Gesuches an das Königl. Preussische Ministerium des Innern. [...] Schon 1896 bemühte ich mich um den Erwerb der deutschen Staatsbürgerschaft. Beim Ausbruch des Krieges trat ich mit der grössten Entschiedenheit auf den Boden der von der deutschen Sozialdemokratie gefassten Beschlüsse, den Krieg siegreich durchzuführen. Durch mein öffentliches Auftreten in diesem Sinne zog ich mir die erbitterte Feindschaft der offiziellen und patriotischen Kreise Russlands und dessen Verbündeten zu, die mich zum Landesverräter erklärten und gegen mich in der Presse Europas und Amerikas einen Feldzug voll schmählichster Verleumdungen eröffnet haben, und noch immer fortsetzen. Die einzige Grundlage dieser Angriffe ist die Tatsache, dass ich in Russland geboren bin und bis jetzt das Deutsche Bürgerrecht noch nicht besitze, obwohl ich durch Erziehung, Gesinnung und meine Lebenstätigkeit während nahezu eines Menschenalters zu Deutschland gehöre.

Wenn ich jetzt mein Gesuch um die Gewährung des deutschen Bürgerrechtes erneuere, tue ich das sowohl aus persönlichen Gründen, weil ich ein Verlangen danach habe, dass das geistige Band, das mich mit dem deutschen Volke verbindet, auch formell anerkannt werde, wie auch besonders aus politischen Gründen. Es ist wichtig, dass in dem grossen Völkerringen, das der Krieg entfesselt hat, jedermann mit seiner vollen Kraft zur Geltung kommt. In meinem Fall ist das nur möglich, wenn ich als vollberechtigter deutscher Staatsbürger mich werde betätigen können.«

Um aus der Schußlinie seiner sozialdemokratischen Genossen herauszukommen, versucht Helphand eine Rechtfertigung für seinen Reichtum zu formulieren, und verweist dabei, mit dem Finger auf andere zeigend, auf historische fortschrittliche Persönlichkeiten, die auch nicht arm waren:

»Ein weiteres Moment, welches die Verleumder immer wieder vorbringen, ist der Umstand, daß ich mir ein Vermögen erworben habe. Darauf muß ich etwas ausführlicher eingehen.

Reiche Leute und Großhändler hat es in der sozialistischen Bewegung nicht wenig gegeben. *St. Simon* hat sich durch Kriegslieferungen ein Vermögen erworben, *Fourier* war Kaufmann, *R. Owen* war Fabrikbesitzer, *Fr. Engels* war gleichfalls Fabrikbesitzer und großer Kapitalist, ohne sein Geld wäre es *Karl Marx* sehr schlecht ergangen. In der deutschen Partei ist das bekannteste Beispiel *P. Singer*, der Fabrikbesitzer und ein sehr reicher Mann war.«

Damit er vom Makel des »Kriegsgewinnlers« loskommt, versucht Helphand in einer im April 1918 in Stockholm verfertigten umfangreichen Rechtfertigungsschrift unter dem programmatischen Titel »Im Kampf um die Wahrheit« seine vielfältigen Unternehmungen nachträglich moralisch zu begründen:

»Um nicht mit unbegründeten Worten herumzuwerfen, möchte ich die von mir in Kopenhagen gegründete ›Fracht- und Transportgesellschaft‹ als Beispiel anführen, auf welche man sich in den Zeitungen berufen hat. Die Gesellschaft ist der Aufgabe, einen regulären Kohlentransport während des Krieges zu unterhalten, gerecht geworden. Wer mit dem Frachtwesen einigermaßen vertraut ist, wird zugeben, daß dies eine außerordentlich komplizierte Sache war. Und obendrein hat unsere Gesellschaft einen noch nie dagewesenen Rabatt von den Seefrachtsätzen erzielt. [...]

Ich könnte eine ganze Reihe von Unternehmungen nennen, in denen ich neue Ideen in der einen oder andern Form zur Anwendung gebracht habe. Dies alles ist aber von geringer

Bedeutung. Es liegt mir fern, den kapitalistischen Gewinn durch persönliche Eigenschaften rechtfertigen zu wollen. Ich sehe aber nicht ein, weshalb ich einen Teil des von der kapitalistischen Klasse angehäuften Mehrwertes nicht auf meine Seite hinüberziehen sollte.«

Der Revolutions-Geldbeschaffer und Geldvermittler will den Kritikern auch weismachen, daß sein in Kriegszeiten angesammelter persönlicher Reichtum sozialen Zwecken dient:

»Mein Reichtum, dessen Dimensionen durch Klatsch und Tratsch übrigens ungeheuer übertrieben worden sind, beschwert mich in keiner Weise. Er hat mir nur die Möglichkeit gegeben, meine soziale Tätigkeit zu erweitern.«

Der Geldbeschaffer: Revolutionär und politischer Geschäftsmann in Permanenz, Sozialdemokrat und Millionär Alexander Helphand-Parvus.

Das ist eine groteske Lüge. Kaum vorstellbar, was sich nur drei Monate nach Veröffentlichung der Helphandschen »Wahrheits«-Schrift in Berlin abspielt. Helphand kommt zu Wirtschaftsverhandlungen mit den Genossen der sowjetrussischen Botschaft in Berlin zusammen, die nun nach der Oktoberrevolution als erste offizielle Vertreter der Leninschen Sowjetmacht im noch existierenden deutschen Kaiserreich auftreten. Petrograd braucht dringend Kohlen die Kriegsfolgen sind furchtbar. Da springt der Handelsrevolutionär Helphand sofort ein und bietet die Lieferung von 100.000 Tonnen Kohle an. Allerdings verlangt Helphand von seinen Petrograder Genossen fünf Prozent Maklergebühr. Bei der beträchtlichen Menge an Energierohstoffen käme dabei eine beachtliche Summe auf sein persönliches Konto. Die Petrograder Genossen verstehen den Revolutionär Helphand nicht. Wo ist dessen Revolutions-Ethos geblieben? Doch der Händler Helphand läßt nicht mit sich handeln, er gibt nicht nach. Bei Geld hört bei ihm offensichtlich die langjährige Revolutionsfreundschaft auf.

Die Genossen aus Petrograd lassen sich von Helphand nicht erpressen, also läßt er seine Kämpfer »eiskalt« sitzen. – Gerade drei Monate ist es her, daß er so bitter geklagt hatte, wieviel Papier beschrieben, wieviel Tinte und Galle verspritzt, wieviel Schmutz zusammengetragen worden sei, um ihn anzuschwärzen.

Seine Geschäftspapiere – soweit vorhanden – und seine Gesinnung – soweit durch ihn selbst deklamiert – schwärzen ihn hinreichend an, und er scheint es schon nicht einmal mehr zu bemerken. Hat er komplett verdrängt oder tatsächlich vergessen, welch großes Angstgefühl ihn im frühen Herbst 1915 überkam, als er Informationen darüber erhielt, daß gewisse Generalstäbler in deutschen Militärkreisen an der Ostfront »kurzen Prozeß« machen und die Angriffsspitzen der kaiserlichen Ostarmee direkt auf Petrograd richten wollten, um die russische Hauptstadt kurzerhand zu besetzen. Damit wären seine geheimen Revolutionsunternehmungen und -finanzierungen schlagartig überflüssig geworden, und er hätte sich dann auch nicht mehr auf des Kaisers Revolutionierungsprogramm berufen können.

Wenn die zaristische Hauptstadt erst einmal »gefallen«, besiegt und militärisch besetzt ist, zerfällt das ganze System von innen und zerbröckelt gleichzeitig unaufhaltsam vom Rande her. Die separatistischen Kräfte in den Randstaaten fühlen sich von allein ermutigt, ihre nationale Unabhängigkeit vom Kernland Rußland zu erklären und durchzusetzen. Damit wäre die für den deutschen Generalstab, das Auswärtige Amt und die Reichsführung jetzt so wichtige Zentralfigur Helphand als Kriegs-Konspirateur nutzlos und somit überflüssig geworden.

Helphand begreift die für ihn bedenkliche Lage sofort und sucht nach einem Ausweg, um seine Wichtigkeit und Unersetzbarkeit zu retten. Er spricht am 7. September 1915 beim deutschen Gesandten von Brockdorff Rantzau in der Kopenhagener Amaliengade Nr. 3 dringend vor. In aller gebotenen und von Helphand eingeübten diplomatischen Zurückhaltung gibt er dem kaiserlichen Gesandten eine Art militärpolitischen Lagebericht aus seiner Sicht. Helphand erläutert anschaulich, daß eine militärische Besetzung Petrograds die bereits beginnende Revolution zum Stillstand bringen und sich die Stimmung der hauptstädtischen Bevölkerung dahingehend neu entwickeln würde, sich mit einer immerhin feindlichen Besatzungsmacht zu arrangieren. Niemand könne mit Sicherheit sagen, in welche Richtung das führe. Außerdem legt Helphand dar, daß es strategisch klüger wäre, eine wenn überhaupt vorhandene militärische Übermacht gegen die Zarenstreitkräfte nach Südrußland zu verlegen und in die »Getreidekammer« der Ukraine, in die eisen- und kohlereichen Gebiete des Donezbeckens vorzustoßen. Zumal für diese riesigen Gebiete doch im Memorandum der deutschen Industrie und der Banken von 1914 bereits sehr detaillierte »Kriegsziele« präzise formuliert vorlägen.

Aus den vorhandenen Akten ist nicht ersichtlich, inwieweit Helphands »Notbremse«, »seine« Revolution in Petrograd nicht zu gefährden, bei maßgeblichen Stellen mit eindeutigem Bezug auf Helphands Empfehlung Berücksichtigung findet. Es ist aber in den Akten der Gesandtschaft Kopenhagen belegt, daß Brockdorff Rantzau über das Gespräch mit Helphand unverzüglich an das Auswärtige Amt Berlin telegraphisch berichtet.

Helphand verfolgt im nächsten Vierteljahr sehr aufmerksam alle Informationen, die die Vorbereitung eines militärischen Angriffs der deutschen Armee in Richtung Petrograd andeuten können. Er hält sich für die nächsten drei Monate mit der Kontaktsuche zum deutschen Gesandten zurück und taucht erst wieder am 21. November bei Brockdorff Rantzau auf. Nun beruft er sich auch auf neueste Informationen, die er von seinem kürzlich aus Petrograd zurückgekehrten Vertrauten erhalten haben will. Die revolutionäre Stimmung in der Zarenarmee, selbst im Offizierskorps, werde immer prekärer, und zusätzlich sei in Petrograd und Moskau für den herannahenden Winter eine Hungersnot zu erwarten. Auch diese Neuigkeit teilt Brockdorff Rantzau pflichtgemäß dem Auswärtigen Amt mit.

Die deutsche kaiserliche Armee erobert Petrograd nicht, und Helphand kann an seinem Revolutionsprogramm geschäftig weiterarbeiten.

KLEINGELD UND PISTOLEN

Deutsche Gesandtschaft in Stockholm: Absendeort der Geheimte-legramme über Pistolen und Sprengstoffe für die Bolschewiki.

Ein Amtskollege des Grafen Brockdorff, sein Diplomaten-Nachbar im Schwedischen, der Kaiserliche Gesandte Freiherr Lucius von Stoedten in Stockholm, muß sich um die gleiche Zeit mit ähnlichen diplomatischen Angelegenheiten befassen. Von Stoedten hat zwar den Vorteil, die ewigen Gelddrängeleien des Handelsrevolutionärs, oder besser gesagt: des Revolutionshändlers Helphand nicht ertragen zu müssen, aber auch auf dem Arbeitstisch des höchsten deutschen Diplomaten im Königreich Schweden werden sehr eigenartige Schriftstücke verfertigt: Meldungen, Anweisungen, Analysen, Berichte, viel Chiffriertes, das oft nur mit dem energischen Namenszug »Lucius« unterzeichnet ist.

Aus dem trutzigen Bau der Botschaft an der parkähnlichen Kungsträdgardsgatan mit dem schönen Blick hinüber zur Königlichen Oper am Norrström und zum königlichen Schloß wird zum Beispiel ein Schreiben des Botschafters direkt an »Seine Exzellenz, den Reichskanzler Herrn von Bethmann Hollweg« gerichtet, dessen Kanzlei es zur Information und Koordination in Kopie unverzüglich an den Generalstab weiterreicht.

Der Text wirkt geradezu kurios und liest sich wie ein Stück aus einem Boulevard-Krimi:

Kaiserliche Deutsche Botschaft, A.I. Nr. 2807.
Geheim.
Die heute eingetroffene Mauserpistole sowie die neuntausend Rubel sind dem Russen Lbow ausgehändigt worden. Er reist heute abend nach Petersburg ab.
[handschriftlich:] Lucius.

Was hat der Russe Lbow in Petrograd Geheimnisvolles vor, daß sogar der deutsche Reichskanzler über die Aushändigung einer Mauserpistole an ihn informiert werden muß?

Ein anderes Dokument, eine Sabotage-Vereinbarung, von Rudolf Nadolny am 21. November 1915 im Generalstab aufgenommen und auf drei Bogen Papier handschriftlich niedergeschrieben, gibt die simple Antwort:

[Gestempelt]: Geheim

Zwischen den deutschen Behörden und Herrn Lbow ist folgendes vereinbart worden:

1. Es werden Herrn Lbow 10.000 Rbl. baar [sic!] ausgezahlt, davon bei Abschluß dieser Vereinbarung 1.000 und am 23. November bei der deutschen Gesandtschaft in Stockholm weitere 9.000 Rbl.

2. Herr Lbow übernimmt die Sprengung der Brücke der sibirischen Eisenbahn über die Wolga bei ... [im Original unleserlich] binnen 1 Monats von morgen. Es muß mindestens 1 Bogen der Brücke ... [im Original unleserlich] vollständig durchgesprengt sein, und zwar 1 über dem Wasser befindlicher Bogen. Der Tag der Sprengung ist vorher durch folgendes Telegramm nach Stockholm anzukündigen:

Herrn Runge

Firma Dalstroem i. Co. Stockholm

Contrad sera conclu (Datum der Sprengung) Loboff

[...]

3. Alsdann, d.h. innerhalb zweier Wochen nach der Sprengung sind von den deutschen Behörden zu liefern:

1.500 automatische Pistolen oder Revolver neuer Konstruktion mit Kolben [?] mit 375.000 Patronen sowie 5 ... [im Original unleserlich] mit russischen ... [im Original unleserlich].

Die Einzelheiten der Lieferungen werden von einem Abgesandten Lbow angegeben, der sich in Stockholm bei Baron Frayss unter Nennung des Namens Lbow und der Worte »Krasny Swet« [Rotes Licht] melden wird. Die Waffen und Munition müssen in Kisten von nicht mehr als 80 kg gut verpackt sein.

4. Zugleich hat Lbow mit seinen Genossen in den Zentralgouvernements seine revolutionäre Bewegung zu beginnen. Dabei hat er, falls möglich, in erster Linie auf die Lahmlegung der Kohlenproduktion im Donezgebiet hinzuwirken.

Sobald er letzteres nachweislich erreicht hat, werden ihm weiter geliefert:

3.500 Pistolen oder Revolver wie oben

nebst 875.000 Patronen sowie

2.000 Gewehre nebst 500.000 Patronen
außerdem 1 Million Mark in russischer Währung.

Gelingt ihm die Außerbetriebsetzung der Donezgruben nicht, kriegt er jedoch durch die Bewegung mindestens 1 Kreis in vollständigen Aufruhr, so werden ihm die genannten Waffen und an Geld 1/2 Million Mark geliefert.

5. Bringt er nachweislich ein ganzes Gouvernement in die Hand der Bewegung, so werden ihm weitere 2 Millionen Mark gezahlt.

6. ... [im Original unleserlich] weitere gegenseitige Leistungen sind alsdann weitere Abmachungen zu treffen.

7. Herr Lbow wird in Stockholm einen Vertrauensmann unterhalten, der sich bei Baron Frayss (Prayssi) melden wird. Die Gesandtschaft wird alsdann in den einzelnen Phasen nach Rücksprache mit diesem bestimmen, ob die Zahlungen und sonstigen Lieferungen von den deutschen Behörden zu leisten sind oder nicht.

Berlin, den 21. November 1915
Aufgenommen: Nadolny 21/11.

10.000 Rubel für die Zerstörung einer wichtigen Eisenbahnbrücke in Feindesland und die darauf folgenden katastrophalen Transportschwierigkeiten für Soldaten und Kriegsmaterial – Kanonen und Granaten – kann in diesen Kriegszeiten im weiten Rahmen der Millioneninvestitionen für die »Insurgierungspolitik in Rußland« als normal kalkuliert gelten.

Und der deutsche Botschafter in Stockholm zahlt weisungsgemäß.

Von Stoedten muß auch Sorge für die richtige Zustellung der in deutsche Markbeträge »umgerubelten« schwedischen Kronen tragen, wenn es sich um Tausende Gewehre, Säbel und Patronen handelt, die den Revolutionierungskräften irgendwie zugestellt werden sollen. Auch das teilt er dem deutschen Reichskanzler, Herrn von Bethmann Hollweg, im Schreiben vom 29. Juni 1915 aus der Kaiserlichen Deutschen Gesandtschaft in Stockholm unter dem Zeichen A.I. Nr. 1758, Nr. 294 mit:

Kaiserlicher Gesandter im Königreich Schweden: Freiherr Lucius von Stoedten.

Geheim!

Soweit aus den von Herrn von Festenberg zurückgelasse-
nen Notizen ersichtlich, hat er 4.272 Gewehre und 335 Säbel
mit Scheide eingekauft. Von diesen liegen 3.810 Gewehre und
335 Säbel auf dem hiesigen Lager zur Verfügung des Herrn
von Oppell. Der bezahlte Preis beträgt 15 Kr. per Stück für
die Gewehre und 10 Kr. per Stück für die Säbel, in Summa Kr.
64.080 bezw. Kr. 3.350. Patronen sind bei einer hiesigen Firma
Ekman bestellt und für vorbereitende Arbeiten, Fabrikerwei-
terungen und Anschaffung von Material Kr. 34.750 bezahlt
worden, eine Lieferung ist jedoch nicht erfolgt. Ob sonst noch
Gewehre eingekauft worden sind und etwa auf anderen Plät-
zen verteilt liegen, ließ sich mangels irgendwelcher Unterla-
gen nicht feststellen. Darüber dürfte nur Herr von Festenberg
Auskunft erteilen können.

In einem Nachsatz werden dem deutschen Reichskanzler
noch zwei lächerliche Beträge gemeldet, eine lästige Abrechnung aus der politischen Portokasse des Großunternehmens:

Aus dem finischen Fonds sind bis jetzt an Dr. Gummerus 2.000
Kr. für Nachrichtendienste und an den Esthländer Kesküla Kr.
1.560 = 1.000 Rubel zu Propagandazwecken ausgehändigt
worden.
[Handschriftlich gezeichnet] Lucius

Sogar Attentate sind in der Angebotsliste der Insurgierungs-
kräfte zu finden, die aus dem neutralen Königreich Schweden heraus operieren wollen. Öfter taucht in vertraulichen
Dokumenten der Name eines Fürsten Matschabelli auf, eines
beeindruckenden antizaristischen Haudegens. Am 19. April
1915 wird der Stellvertretende Generalstab in Berlin wie folgt
informiert:

Fürst G. Matschabelli hat mitgeteilt, er sei in der Lage, von
Schweden aus zuverlässige Leute nach Russland mit Aufträ-
gen zu senden. Auch glaubt er, Demonstrationen, Attentate
pp. in Russland veranlassen zu können, da unter den Geor-

giern zahlreiche Sozialisten mit Beziehungen in revolu-
tionären Kreisen seien.

Auch ein Fürst braucht Geld, wenn er etwas gegen das
Zarenregime unternehmen will. Im Schreiben vom 8. Mai
1916 an den Legationsrat Dr. von Bergen im Auswärtigen Amt
Berlin erwähnt Steinwachs den Fürsten im Zusammenhang
mit einigen von Schweden aus agierenden Konfidenten:

Zuletzt wurden noch im Einverständnis mit Ew. Hochwohl-
geboren der Sektion Politik des Generalstabs des Feldheeres
2.000 Rbl. und 1.500 Schweizer Franken für das Unterneh-
men des Fürsten Matschabelli bereitgestellt.

Diese drei Beispiele belegen anschaulich, daß sich große
Weltpolitik im praktischen Tagesablauf oft wie eine Provinz-
Posse abspielt. Der Aufführungsort Stockholm unterscheidet
sich dabei von Kopenhagen nur insofern, als Kopenhagen im
Kreise der Sozialisten als Drehscheibe der Handelsaktivitä-
ten angesehen wird, während Stockholm mehr als eine Art
»geistiges Zentrum« innerhalb des skandinavischen Aktions-
feldes bewertet wird. Vielleicht liegt das historisch in der
größeren Grenznähe Stockholms zum Zarenreich begründet,
das sich Schwedens Nachbarland Finnland immer mal wieder einverleibt hat.

DIE HAPARANDA-ROUTE

Die Rote Route: Schwedische Grenzposten an der Handolinska bron in Haparanda, der Holzbrücke nach Russisch-Finnland. Passage für Revolutionäre, Saboteure und Spione, Geld und Politbroschüren.

Der Torneälv (finn.: Torniojoki), Grenzfluß im nordschwedischen Norbotten, bildet die Grenze zu Finnland und markiert gleichzeitig die schwedisch-russische Trennungslinie, wann immer Rußland sich Finnland einverleibt hat. Das hat auch seine besondere Bedeutung für die politische Nachschublinie von Stockholm zu den antizaristischen Revolutionären in St. Petersburg, das seit 1914 Petrograd heißt. Von der königlichen Residenz- und Hauptstadt an der schwedischen Mälarbucht zieht sich die Eisenbahntrasse, die strategische »Nachschublinie«, entlang der stark zerklüfteten Ostsee-Küstenlinie und, immer am Bottnischen Meerbusen entlang, tausend Kilometer bis kurz unter den nördlichen Polarkreis, hin zum Grenz-Doppelstädtchen Haparanda/Torneå. Dann geht es auf der anderen Seite noch mal fast genauso weit wieder nach Süden hinunter durch Finnland-Rußland bis nach Petrograd. Das ist der Hauptpfad, auf dem sich alle diejenigen entlangbewegen, die in der zaristischen Hauptstadt für die Revolution arbeiten wollen: Sozialrevolutionäre, Anarchisten, Bolschewisten, Abenteurer, Bombenwerfer, Arbeiter, Bauern, Eisenbahner, Lehrer, Professoren, Parteifunktionäre, Agenten, Kaufleute, Spione, Saboteure, Geheimdienstler und Kuriere. Auf diesem Weg wird transportiert, was nötig ist, um loszuschlagen: Druckschriften, Bücher, Broschüren, Flugblätter, Zeitungen – Gedanken. Aber auch Waffen und Sprengstoff. Und nicht zuletzt natürlich Geld, das für diese Revolution ohne Unterbrechung notwendig ist.

Die Schmuggelgeschichten von Haparanda und Torneå stehen den wilden Storys der Goldrausch-Barackenstädte von Klondike und Dawson-City im Norden Amerikas in nichts nach. Und jene, die sich da in Haparanda-»City« in ihren Pelzen neben den struppigen, ausdauernden Pferden oder den Rentierlastschlitten stolz von den gerade in Mode kommenden Photographen für die Nachwelt auf die Glasplatte bannen lassen, blicken genauso verwegen drein wie die Goldsuchergesellen fast auf dem gleichen Breitengrad im hohen Norden Amerikas. Ein paar wenige Lichtbilder aus dieser Zeit sind erhalten, im Stadtarchiv des Städtchens werden sie liebevoll aufbewahrt. Haparanda, das ist eine Schmugglerstadt mit Zollbaracke und Holzschuppen der »Stockholms Handelsbank« mit der hohen Holztafel auf dem Dach und dem Hinweis in deutschen Worten »Geldwechsel zum Tageskurse«. Haparanda ist ein Eldorado für Holz- und Fellhändler, auch deutscher Nationalität, auf der traditionellen Handelsroute zwischen Eismeer und Zentraleuropa.

Entlang des Torniojoki nach Norden, hoch bis zu den Kokkola-Stromschnellen – ein idealer Fangplatz für Lachs – wird seit Menschengedenken geschmuggelt, mit Pferden und Fellen, mit Holz und Butter, mit Hanf und allem, was »auf der anderen Seite« gerade billiger zu haben ist oder teurer bezahlt wird. Zu Kriegszeiten gehen die Grenzgeschäfte auf beiden Seiten stets besonders gut. In dieser rauhen Schmugglergegend gilt die traditionelle Redewendung: »Wenn es anderen schlecht geht, geht's uns gut.« – Gebräuchliches Grenzlandidiom überall auf der Welt.

Durch dieses nördliche Nadelöhr für Menschenschmuggel und illegalen Warentransport schleust der schwedische Sozialist, Verleger und später Gesundheitsminister seines Landes, Gustav Möller in einem speziell präparierten Schuh einen Brief von Lenin aus der Schweiz, der auf diesem eisigen Umweg im kalten Februar 1915 nach Petrograd gelangen soll. Die Instruktion, die Möller von dem Bolschewiken Alexander Schlapnikow, Deckname »Belenin«, in Stockholm erhält, ist einfach: Die geheime Nachricht des Genossen Lenin ist an einen gewissen Isidor Sachs im Petrograd weiterzugeben.

Möller macht sich auf den weiten Weg nach Haparanda. Er weiß, die Nachricht, die er über die Grenze bringen muß, ist wichtig. Der Grenzübertritt gelingt ihm ohne Komplikationen. Die russischen und finnischen Zöllner auf der »feindlichen Seite« finden nichts Verdächtiges bei seinen Sachen. Möller atmet auf und steigt auf dem finnischen Bahnhof in Torneå in den Zug nach Petrograd. Dort empfängt ihn der Fabrikant Sachs in seiner Korsettfabrik. Sachs bleibt sehr förmlich und weigert sich entschieden, das saubergeputzte Paar Schuhe entgegenzunehmen. Möller ist sehr verunsichert und verabschiedet sich unverrichteterdinge.

Holzschuppen als Bankhaus: Geldwechsel auch für deutsche Händler zum Tageskurs. In Haparanda läßt sich gutes Geld verdienen.

Grenzlandidiom: »Wenn es anderen schlecht geht, geht's uns gut«. Der Schmuggel blüht besonders in Kriegs- und Notzeiten.

Er geht zum schwedischen Buchladen von Petrograd, der ist ihm für den Notfall als Kontaktadresse angegeben, und beginnt ein Geschäftsgespräch. Irgendwie faßt er Mut und entschließt sich, am folgenden Tag nochmals in der Korsettfabrik vorzusprechen. Diesmal empfängt ihn der inzwischen offensichtlich informierte Sachs außerordentlich herzlich, nimmt ihm die Schuhe ab und entschuldigt sich für das konspirative Mißverständnis vom Vortag.

Des Rätsels Lösung ist ganz einfach: Man hatte Möller in Stockholm einen falschen Vornamen von Sachs genannt.

Jetzt erzählt Sachs freimütig, er müsse sehr vorsichtig sein, da er erst seit kurzem zu drei Jahren Gefängnis verurteilt worden wäre und sich nur deshalb noch auf freiem Fuß befände, weil seine Petition noch bearbeitet werde. Und so könne er derzeit nichts riskieren.

Nachdem Möller den Sachs verlassen hat, bemerkt er, daß er beschattet wird. Bevor er nach Stockholm zurückfährt, muß er deshalb ein paar »Wartetage« einlegen. Dann macht er sich mit dem für seinen Dienst erhaltenen Geld auf den Rückweg. Außerdem hat er ein Buch dabei, in das Sachs mit unsichtbarer Tinte zwischen die Druckzeilen eine Warnung an Schlapnikow geschrieben hat, vorläufig keine Nachrichten mehr an ihn zu schicken. Möller zuckt noch einmal zusammen, als ihn die Grenzbeamten in Torneå-Haparanda, die keine gründliche Zollkontrolle durchführen, darauf hinweisen, daß Bücher normalerweise jetzt beschlagnahmt werden. Diesmal kann er das Buch aber noch mitnehmen.

Möller wird erst wieder ruhig, als er auf der schwedischen Seite, auf dem kleinen Bahnhof von Haparanda mit dem verschneiten, idyllisch anzusehenden Holzgebäude steht und dann in den Eisenbahnwaggon nach Stockholm einsteigen kann. Endlich. Anderthalb Tage ruhige Rückfahrt nach Stockholm liegen jetzt vor ihm. Das Buch mit der unsichtbaren Tintennachricht hat er bei sich.

Auf der langen Fahrt durch die Wälder überdenkt Möller nochmals, ob es richtig gewesen war, einen schriftlichen Großauftrag über mehrere hunderttausend Kondome, den ihm Sachs als eine Art geschäftlicher Tarnung und Grund für die

Wiedereinreise nach Schweden mitgegeben hatte, schon vor der Grenze kurzerhand zu zerreißen und zu beseitigen. Ein derartiges Papier würde ihn, einen schwedischen Buchverleger, bei den russischen Zöllnern eher verdächtigen, als daß es ihm Sicherheit gäbe. Und obendrein erscheint es ihm auch eigenartig, daß ausgerechnet ein Korsettfabrikant mit Kondomen in diesen Mengen handelt.

Möller wird sich zwei Jahre später, im Sommer 1917, wieder an den »Auftrag« erinnern, als er in der Zeitung liest, daß sich die Geheimpolizei der Kerenski-Regierung in ihrer sensationellen Anklage gegen Lenins Geld- und Warengeschäfte auch über angeblich fingierte Handelstelegramme zwischen Petrograd und Stockholm per Adresse von Ganetzkis Frau Gisela in der Privatvilla im Vorort Saltsjöbaden informiert zeigt, in denen – wie angenommen zur Tarnung – große Mengen Kondome erwähnt werden. Sind damit nicht vielmehr Karabiner und Patronen gemeint, fragt sich der zu Recht mißtrauische Kerenski-Geheimdienst?

In der Stockholmer Villa in Saltsjöbaden: Ganetzki-Fürstenberg (zweiter von rechts) und Frau Gisela (links) mit den schwedischen Sozialisten Höglund und Ström und anderen Gästen.

Haparanda-Torneå, die ideale Nachrichten- und Agentenschleuse, hat als »Nadelöhr« für Kaufleute und Kuriere aber auch einen großen Nachteil. Für Zöllner und Polizei wird es zu einem engmaschigen Sieb, mit dem man die gesuchten politischen Schmuggler ziemlich leicht heraussieben kann.

Als der Bolschewik Schlapnikow im Februar 1916 von Petrograd zurück zur Zentrale in Stockholm will, wird er das Gefühl nicht los, die russische Geheimpolizei sei ihm direkt auf den Fersen. Im Zug zur Grenze verunsichern ihn bestimmte Gestalten unter den Mitreisenden. Deshalb verläßt er zusammen mit einigen anderen Reisenden in Oulu, dem letzten größeren Ort knapp hundert Kilometer vor der Grenze, den Zug. Dort helfen ihm finnische Genossen mit einem Pferdeschlitten aus, mit dem er, an Torneå vorbei, bis nördlich von Karungi durch die tief verschneite Landschaft an den Torniojoki fährt und dort an menschenleerer Stelle ohne Zollkontrolle und Visitation auf schwedisches Gebiet überwechselt. Schlapnikow hat recht getan: Als er sich bis zur Bahnstation Haparanda durchgeschlagen hat, erfährt er von der Verhaftung eines Kuriers in Torneå. Daraufhin sind dort die Kontrollen wieder verschärft worden.

Wer von den Revolutionären jetzt in der Nähe von Haparanda-Torneå über die Grenze gelangen will und deshalb in abgelegenen und verschneiten Siedlungen Hilfe braucht, um den sichersten Weg gewiesen zu bekommen, muß die vereinbarte Losung kennen: »Ich bringe Grüße von Olga«.

Wenn es in Haparanda-Torneå für die Revolutionäre zu »heiß« wird, versuchen sie auch, von der etwa dreißig Kilometer südwestlich von Haparanda gelegenen schwedischen Insel Seskarö aus mit Skiern über den zugefrorenen Bottnischen Meerbusen an die finnische Küste, in die Gegend von Kemi zu kommen. Auf der schwedischen Insel gibt es so manchen Sägewerksarbeiter, der oft »Grüße von Olga« erhält. Und immer sind ein Paar Skier vorhanden, oder es ist im Sommer ein kleines Fischerboot einsatzbereit, wenn es gilt, die Überbringer der »Grüße von Olga« hinüber ins Finnisch-Russische zu geleiten, damit sie ihre Grußbotschaft weiter nach Petrograd bringen können.

Wie es in Haparanda heißt, »ob Muschik oder Millionär«, alle müssen über die Handolinska bron, die gezimmerte Holzbrücke, einzige Verbindung zwischen den Eisenbahn-Endstationen in Haparanda und Torneå.

Wie oft muß nach schwerem, winterlichem Eisdruck des Tornioflusses die Handolinska bron erneuert werden, wie oft ziehen deshalb die Hin- und Herreisenden auch einfach in Pferdeschlitten über den zugefrorenen Grenzfluß.

Sogar die mit allen Wassern gewaschenen Kuriere geraten angesichts der halben Stunde Romantik ins Schwärmen, die sich ihnen und ihren Gesinnungsgenossen bei den riskanten Grenzüberschreitungen bietet.

Alexandra Kollontai, die später weltbekannte Revolutionärin, Tochter eines wohlhabenden zaristischen Generals aus der Ukraine und einer finnischen Mutter, hat ihre Kindheit in Russisch-Finnland verbracht und sich später den russischen Revolutionären, zunächst der Gruppe der Menschewiki, angeschlossen.

Dann zieht es sie zu den Radikaleren, den Bolschewiki, und sie verschreibt sich ihnen und ihren Zielen vom gewaltsamen Sturz des Zarenregimes »mit Haut und Haaren«. Nach der Revolution wird sie erste Sozialkommissarin, einer Ministerin vergleichbar, und später erste sowjetische Botschafterin in Stockholm.

Das Erstaunlichste aber ist: Als einzige Zeitzeugin aus Lenins allerengster Geldbeschaffungsriege wird sie später von Stalin nicht umgebracht.

Über ihre Grenzpassagen bei Haparanda in der Vorrevolutionszeit schreibt sie in ihren Memoiren: »Im März 1917 herrschte strenger Winter. Die weiße Schneedecke verbarg das öde Aussehen der Polarsümpfe. Und es war lustig, das Grenzflüßchen Torniojoki mit Schellengeläut auf dem Schlitten zu überqueren. Mir war froh zumute, alles war frisch und belebend wie die frostige Schneeluft am Grenzflüßchen. Zum Klang der Glöckchen eilten meine beschwingten Gedanken voraus ...«

An anderer Stelle in ihren Aufzeichnungen schimmert ein Anflug von Melancholie durch: »Juli. Tornio, Bahnstation an der Grenze zwischen Finnland und Schweden. Der Ort liegt so weit nördlich, daß die Sonne im Sommer überhaupt nicht untergeht. Seit dem Krieg führt hier die einzige Rußland offenstehende Transitbahnlinie nach Europa entlang. Eine trostlose Station. Amtsgebäude im Kasernenstil. Sumpf. Die Zwergbirken des Nordens. Kurz zuvor Schwedens Grenzstation Haparanda. Öde Polarnatur, doch blitzblanke ländliche Bauten und schmucke Baracken, für Flüchtlinge und zur Repatriierung vorgesehene Kriegsgefangene von und nach Rußland.«

Die ebenso charmante wie mutige Frau berichtet natürlich nur sehr zurückhaltend über das, was sie als Kurierfracht bei sich hat und heimlich über die Grenze bringen soll. An einer Stelle schreibt sie allerdings ziemlich offenherzig und sogar leicht belustigt: »An der nordschwedischen Grenzstation Haparanda wird mein Gepäck durchsucht. Außerdem wird ein weiblicher Beamter herbeigeholt, um eine Leibesvisitation vorzunehmen. Lenins Brief habe ich vorsorglich ins Korsett gesteckt, doch die Angestellte interessiert sich mehr für meine üppige Frisur und weist mich an, alle Haarnadeln herauszunehmen. Natürlich findet sie nichts.

Die Kontrolle in Haparanda ist vorbei. Ich besteige einen der flachen finnischen Schlitten, vor den ein Fuchs gespannt ist.«

Der erwähnte und auf diese Art geschmuggelte politische Kassiber enthält die ersten beiden »Briefe aus der Ferne«, die der ungeduldig im Schweizer Exil ausharrende Lenin am 7. (20.) und 9.(22.) März für die Revolutionäre in Petrograd geschrieben hat.

Auf verschärfte Grenzkontrollen bei Torneå reagieren auch die »Orangenschalen-Strategen« vom Auswärtigen Amt in Berlin. Sie sind bestrebt, einen regelmäßigen, unverdächtigen und durch Zensurbehörden nicht störbaren Postnachrichtendienst aufzubauen. In den Dokumenten des Auswärtigen Amtes steht der dringende Auftrag festgeschrieben:

[...] Abteilung für geheime Postverbindung.
Aufgabe: Organisation einer von der russischen Zensur

unabhängigen, geheimen Postverbindung mit Finnland und Russland.

In Torneå zuverlässige Personen, die Post über die Grenze schaffen. Order an Vertreter Dr. Donner aus Finnland, regelmäßige Postverbindung mit Finnland, Rußland und den Ostseeprovinzen zustande zu bringen.

Die antizaristische Stimmung in Petrograd wächst immer schneller, und so müssen Zeitverlust und Kurierpannen vermieden, möglichst ganz ausgeschaltet werden. Schon fließen wieder Gelder an die Agenten des Auswärtigen Amtes, so auch an den Agenten Litschew in Stockholm. Steinwachs bittet im Schreiben vom 8. Mai 1916 an Legationsrat von Bergen im Auswärtigen Amt:

[...] Zweitens: Litcheff hat nunmehr alle Vorarbeiten eingeleitet (Büro in Stockholm, wie in Haparanda) und mit der Sammlung der in verschiedenen Städten Skandinaviens lebenden russischen Revolutionäre zwecks Ausnützung ihrer besonderen Fähigkeiten begonnen. Er hat mehrere sehr wirksame Pamphlete in Stockholm drucken lassen und auf sicherem Wege nach Rußland gebracht. – Ich bitte ganz ergebenst, ihm für die nächsten 3 Monate je M 6.000 auszahlen zu dürfen.

Steinwachs rechnet in einer Gesamtaufstellung, die dem gleichen Schreiben beigefügt ist, »Litcheff April, [gestrichen] Mai, Juni, Juli M 18.000« zusammen. Am 27. Juli meldet er dem Auswärtigen Amt den ordnungsgemäßen Vollzug der Geldüberweisung an Litscheff:

Euer Hochwohlgeboren erlaube ich mir, beifolgend über die mit Licheff [sic!] getroffene Abmachung Bericht zu erstatten und gleichzeitig die Empfangsbestätigung desselben über die ihm ausgezahlten M 50.000,– in Worten: Fünfzigtausend Mark zu überreichen.

Die deutsche Transportlinie für alles Illegale und Umstürzlerische an Mensch und Material von Stockholm über Haparanda nach Petrograd erhält intern die Bezeichnung »Haparanda-Route«. Entlang dieser Route postiert Berlin über die Gesandtschaft in Stockholm seine Streckenläufer, damit auch alles sicher und wunschgemäß seinen Weg nimmt. Selbst winzigste Beobachtungen und Dienstleistungen sind im Berliner Blickfeld. Auch unbedeutende Geldsummen werden mit Akribie verteilt. So erhält ein gewisser Klein als »Streckenposten« auf dem Stockholmer Hauptbahnhof ein monatliches Aufpaß-Geld von dreihundert Mark. Auch darüber muß Steinwachs an Legationsrat von Bergen im Auswärtigen Amt berichten: »Klein hat ebenfalls mit Erfolg zahlreiche wichtige Nachrichten und kleine Pamphlete nach Rußland hineingeschafft und einen Bahnhofsdienst in Stockholm eingerichtet ...«

Dreihundert Mark monatlich für einen »Bahnhofsdienst«, 6.000 Mark an den russischen Agenten Litschew zur Einrichtung und Unterhaltung eines Büros an der finnischen Grenze bei Haparanda, »Einflußgelder« von 100.000 Mark an einen finnischen Staatsrat, der sich für die Abtrennung Finnlands von Rußland einsetzen soll, die Skala der Finanzierung einer angestrebten, von Petrograd ausgehenden Revolution in Rußland ist umfassend.

Das sorgfältig aufgebaute Stadtarchiv der »Haparanda Kommun« ist eine Fundgrube für Geschichten, die jeden Abenteuerschriftsteller neidisch machen könnten. Heute verweisen Touristenprospekte auf jene illustre Gesellschaft, die sich in den Kriegsjahren bis zur russischen Oktoberrevolution im berühmt-berüchtigten Stadthotel einquartiert und dort konspiriert hat. In Haparanda logieren zeitweilig bis zu zweihundert Spione, Diener verschiedenster Herren, und das »Haparanda Stadshotell« am Torget, eines der wenigen steinernen Gebäude inmitten der Holzhaus- und Barackenstadt mit ihren Zollschuppen und Stapelplätzen für alle möglichen Waren, beherbergt gern, was sich hier in den chaotischen Kriegsjahren tummelt: Revolutionäre, Anarchisten, Sägemühlenbarone, Grafen und Geheimdienstoffiziere, Advokaten und Diplomaten, Bankdirektoren und Bordelldamen, Holz- und Fellhändler, Agenten und Kuriere. Gäste aus aller

Herren Länder übernachten hier: Deutsche, Russen, Schweden, Finnen, Dänen, Franzosen, Engländer ...

Bei Wodka, Whisky und Kaviar, bei feinstem Elchbraten und delikatem Rentiergoulasch parlieren und politisieren sie im Großen Ballsaal des erstklassigen Hotels, in den intimeren Kabinetten oder auch im bevorzugten »Kafe Goulashbaronen« zu Wiener Walzer, Polka, Zigeunermusik oder zu Franz Lehárs beim Publikum besonders beliebter »Petersburger Schlittenfahrt«.

Steinerne Feste: Das Stadthotel Haparanda, exquisiter Treffpunkt für Revolutionäre, Geschäftemacher, Geheimdienstoffiziere, Kuriere und Kurtisanen in den chaotischen Kriegsjahren.

Hier, im Stadthotel, logiert auch Ganetzki, Helphands »Bürovorsteher« aus Kopenhagen, auf der Durchreise nach Petrograd. In der Stadt-Chronik ist Ganetzki als tüchtiger »Affairsmannen« eingestuft.

Dort finden sich auch der finnische Generalgouverneur Seyn, Prinz Carl von Schweden, General Schuwalow, der schwedische Sozialist und spätere Premierminister Hjalmar Branting, die als »Engel von Sibirien« von deutschen Kriegsgefangenen verehrte und geliebte Rot-Kreuz-Schwester Elsa Brandström, der serbische Kronprinz Alexander, Premierminister Päsik, Vizekonsul Verbisky, Alexandra Kollontai, Fürst Krapotkin ... Namen über Namen.

Andere möchten dagegen lieber unerkannt im Hintergrund bleiben, sie legen keinen Wert darauf, in den Straßen gesehen und im Prominenten-Hotel registriert zu werden. Zu ihnen gehören Schlapnikow, Koslowski, Radek und andere prominente Mitverschworene des großen Revolutionsunternehmens. Aber der agile Hauptorganisator der »Haparanda-Route«, Alexander Schlapnikow, wird dennoch im Hoteltratsch und Stadtklatsch zumindest als der zehn Jahre jüngere Geliebte der Kollontai gehandelt. Über den schweigsamen und bescheidenen polnischen Rechtsanwalt Dr. Mieczyslaw Koslowski wird getuschelt, daß er mit der leichtlebigen Finnin Ewgenia Sumenson, die von der Kollontai als unpolitische und darum unverdächtige Bankkonteninhaberin in Petrograd für die »Geldkette« der Genossen als sehr geeignet empfohlen wird, ein intimes Verhältnis habe. Von Koslowski und Sumenson ahnt niemand, daß sie sehr bald das letzte, wichtigste Glied in eben dieser »Geldkette« sein werden, die sich vom Auswärtigen Amt in Berlin und den hauptstädtischen deutschen Banken über Skandinavien bis nach Rußland zu Lenin, zur großen Parteikasse spannt. Koslowski zählt – ganz im Gegensatz zu Helphand, dem gegenüber Lenin Widerwillen empfindet – ebenso wie Fürstenberg-Ganetzki zum Kreis der engsten Vertrauten des Revolutionsführers. Koslowski wird Lenins Buchhalter für die deutsch-russischen Revolutionsgeschäfte. In einem ominösen Eckhaus in der Baskowgasse in Petrograd wird man ihnen allen vorübergehend auf die große Geldspur aus Berlin kommen. Nach der erfolgreichen Revolution setzt Lenin den studierten Juristen als Volkskommissar der Justiz ein. Er arbeitet an den ersten Gesetzesentwürfen des neuen Staates mit und übernimmt leitende Funktionen beim Aufbau des Sicherheitsdienstes Tscheka (russ. Kurzwort für »Außerordentliche Kommission zum Kampf gegen Konterrevolution und Sabotage«, gegründet im Dezember 1917).

In Haparanda wird noch heute stolz darüber berichtet, daß sich Lenin nach seiner berühmtgewordenen Deutschland-

Durchfahrt hier im April 1917, auf der vorletzten Station seiner Rückkehr nach St. Petersburg, mit dem einheimischen Sozialisten Axel Rönnmark trifft, bevor er vom anderen Ufer, in Torneå, zur letzten Etappe seiner dreitausend Kilometer langen Fahrt aus dem Schweizer Asyl aufbricht und die Eisenbahn in Richtung Revolutionsstadt Petrograd besteigt.

Während der Kriegsjahre ändert sich das Stadtbild von Haparanda immer mal wieder: Auch hier werden die negativen Folgen des Krieges sichtbar. Bis 1918 ziehen 75.000, meist verwundete Kriegsgefangene beider Seiten durch die Stadt und werden ausgetauscht. Die Stadtbevölkerung nimmt großen Anteil an den »Invalidtrafiken«, den Verwundetentransporten, um die sich Elsa Brandström kümmert.

Haparanda wird während des Ersten Weltkriegs auch zur größten internationalen Brief- und Paketstation Europas. Der Postverkehr zwischen den kriegführenden Ländern nimmt über diese neutrale schwedische Postschleuse dermaßen zu, daß dafür eigens eine auf hohe Holzmasten gestützte Postseilbahn errichtet werden muß. In den unentwegt hin- und herpendelnden Postbehältergondeln werden bis Ende 1918 mehr als siebenundzwanzig Millionen Postsendungen transportiert, zwanzig Meter hoch über den starkströmenden oder tiefgefrorenen Grenzfluß. Via Rußland gehen die Sendungen sogar bis Persien, Indien, China und Japan weiter. Eine solche Menge kann keine Zollbehörde, keine Geheimpolizei lückenlos kontrollieren, weder in Haparanda noch in Torneå.

»Ans andere Ufer« zu kommen ist hier das Ziel aller, die Reise geht von West nach Ost und genauso in umgekehrter Richtung. Ironie der Geschichte: An der gleichen Stelle, an der Lenin im April 1917 russisch-finnischen Boden betreten hatte, um nach Petrograd weiterzufahren und die Welt mit seiner Jahrhundert-Revolution zu erschüttern, erreicht Edgar Sisson, von Petrograd kommend, mit seinen sensationellen Dokumenten genau ein Jahr später, im April 1918, nach abenteuerlicher Flucht über die finnische Seenplatte »die andere Seite«. Nach einer endlich wieder komfortablen Nacht im »Haparanda Stadshotell« fährt er auf der gleichen Bahnstrecke, die Lenin von Stockholm aus benutzte, in umgekehrter Richtung, zurück in die europäische »Zivilisation« und weiter nach Amerika, um – wie er hofft – mit seinen Dokumenten die Welt zu erschüttern: Daß die Deutschen die russische Revolution komplett bezahlt haben und diese Revolution ohne die gewaltigen Millionenbeträge aus der deutschen Kriegskasse überhaupt nicht denkbar gewesen und schon im ersten Ansatz steckengeblieben wäre.

DER DEUTSCHLAND-REISENDE

Passage nach Petrograd: Lenin (mit Regenschirm) und seine Revo-
lutionäre in Stockholm. Heimkehr aus dem Schweizer Exil mit
Risiko: »Entweder sind wir in sechs Monaten Minister, oder wir
hängen.«

Ist es eine Art Menetekel, ein schlimmes Omen, als Rasputins Leiche am ersten Tag des neuen Jahres 1917 in Petrograd aus der eiskalten Newa gefischt wird? Die einen sehen ein großes Heil darin, daß dem einflußreichen Scharlatan und Berater des Zaren, dem bösen Einflüsterer, dem trivial-teuflischen Günstling der Zarin endlich und für alle Ewigkeit das Handwerk gelegt ist. Andere ahnen ein großes Unheil voraus, welches mit dem Tod des fanatischen Mönchs über sie kommen wird. Zwei Tage zuvor haben Fürst Jussupow und der Duma-Abgeordnete Wladimir Purischkewitsch Hand an das Ungeheuer gelegt. Die haßerfüllten Mörder wollen ihren Protest gegen die Politik des Zaren auf diese radikale Art ausdrücken, ein Zeichen setzen. Und sie werden straffrei ausgehen. Die Stimmung in Petrograd ist gegen das Zarenregime aufgeheizt, die allgemeine Unzufriedenheit nimmt zu.

Das Jahr 1917 entwickelt sich zu einem noch blutigeren Weltkriegsjahr, als es die drei vorangegangenen waren. Hunger, Not, Elend und Trauer über die unzähligen Toten an den Fronten breiten sich unter den Menschen aus, besonders in Rußland. Es ereignen sich Dinge, die die Welt tief erschüttern und einen ungeahnten Einfluß auf das ganze Jahrhundert ausüben werden. Das Jahr 1917 wird das Kommende wie in einem Brennglas konzentrieren, Althergebrachtes wird sich in Rauch und Flammen auflösen, Neues wird entstehen und wieder vergehen. Propheten und Pharisäer werden aufsteigen, die Völker werden sie erdulden oder beseitigen.

Doch keine Geschichte beginnt mit ihrem Anfang, sagt ein altes orientalisches Sprichwort, die Wurzeln des Baumes sind dem Auge verborgen, aber sie reichen hin bis zu den Wassern.

Die Sprache des politischen Alltags ist für die Menschen im ersten Viertel des Jahres 1917 weit nüchterner, prosaischer. Die Sprache des Kalenders vermittelt einfache Übersichten von Tatsachen, die für die Betroffenen alles andere als erfreulich sind.

Zu Beginn des Jahres verzeichnet das Kriegskalendarium zehn direkt mit- und gegeneinander Krieg führende Hauptländer, die sich in zwei Blöcken zusammengeschlossen haben. Auf der einen Seite die sogenannten »Mittelmächte« mit dem

Deutschen Reich und Österreich-Ungarn in Mitteleuropa und dem großen Osmanischen Reich (mit dem Stammgebiet Türkei), das bis zum Vorderen Orient reicht, dazu Bulgarien. Auf der anderen Seite gruppiert sich die sogenannte »Entente« mit dem großen Zarenreich Rußland, mit Frankreich, Großbritannien, Italien und Rumänien. Japan hält sich noch aus großen militärischen Kriegshandlungen auf den Hauptkriegsschauplätzen heraus, steht aber auf seiten der Entente, besetzt das deutsche Kolonialgebiet Tsingtau in Asien. Der Entente verbündet sind Kanada, Australien, deren Truppen an der Seite der Engländer kämpfen, auch Militäreinheiten aus den britischen Kolonialgebieten wie Indien und den Ländern Britisch- und Französisch-Afrikas sind am Krieg beteiligt. Die USA sympatisieren 1917 eindeutig mit der Entente.

Der Krieg an der europäischen Westfront hat sich aus einem beweglichen Angriffskrieg zu einem erbarmungslosen Stellungskrieg gewandelt und »festgefahren«. In gewaltigen Materialschlachten »planieren« wahre »Feuerwalzen« die jeweils gegnerischen Stellungen. In den weitverzweigten Schützengraben-Systemen, die großflächige Granattrichter-Landschaften durchziehen, verbluten Millionen Menschen. Ein Vor und Zurück scheint es nicht mehr zu geben. Jede Seite sucht nach neuen Schlachterfolgen, will Geländegewinne um jeden Preis für sich verbuchen. In der Botschaft zum Jahreswechsel ruft der deutsche Kaiser, sich als Patriot gebend, dazu auf, den Krieg jetzt erst recht bis zum siegreichen Ende zu führen und für die »gerechte Sache auch fernerhin jedes Opfer zu bringen«. Die Herrscher der anderen Staaten tun das gleiche.

Da erfährt die Weltöffentlichkeit am 22. Januar 1917 von der großen Friedensrede des US-amerikanischen Präsidenten Woodrow Wilson vor dem Kongreß in Washington. Wilson richtet einen Friedensappell an die kriegführenden Länder und schlägt einen »Frieden ohne Sieg« vor, die sofortige Beendigung des furchtbaren Mordens in Europa – ohne einen »Sieger«. Vor dem Senat sagt er: »Nur ein ruhiges Europa kann ein dauerhaftes Europa sein. Nicht Gleichgewicht der Kräfte, sondern Gemeinsamkeit der Mächte ist notwendig.«

Gerade diese Äußerung mobilisiert die noch nicht Kriegsmüden auf beiden Seiten, genau das Gegenteil zu tun. Nun erst recht, lautet überall in den Regierungen und Herrscherhäusern die Losung für das Jahr.

Der deutsche Kaiser und sein Generalstab antworten gleich am 1. Februar mit dem Beginn des uneingeschränkten deutschen U-Boot-Krieges besonders provokativ auf Wilsons Friedensforderung. Ab sofort dürfen deutsche U-Boote alle neutralen Handelsschiffe, die die von Deutschland willkürlich zu »Sperrgebieten« erklärten Meere befahren, ohne vorherige Warnung torpedieren. Diese selbstherrliche Regelung soll insbesondere den Nordatlantik um England herum, die Nordsee, das nördliche Eismeer und das Mittelmeer treffen. Und sie trifft auch automatisch alle bis jetzt neutralen amerikanischen Fracht- und Passagierschiffe. – Der US-Präsident gibt zwei Tage später den Abbruch der diplomatischen Beziehungen zum Deutschen Reich bekannt. Der Krieg wird sich nun noch mehr ausweiten.

Nur eine einzige Meldung aus Berlin überrascht inmitten all des Sterbens ringsum: Die Sozialdemokratische Arbeitsgemeinschaft SAG fordert im preußischen Abgeordnetenhaus, einem Aufruf zum »Gebärstreik« zuzustimmen, damit die deutschen Frauen bis auf weiteres keine Soldaten mehr als Kanonenfutter zur Welt bringen!

In Deutschland werden auf Befehl der Reichsregierung alle Fünf-Pfennig-Stücke aus Kupfer zur Granaten- und Patronenherstellung eingezogen und durch Aluminiummünzen ersetzt.

Im Berliner Rathaus und in anderen Sammelstellen im ganzen Kaiserreich stapeln sich kupferne Kochtöpfe, Tiegel und Pfannen. Wegen Holz- und Kohlenmangel werden die Berliner Schulen geschlossen, und die Verwendung von Viehfutterrüben für die Brotherstellung wird erlaubt und dann sogar befohlen.

Die deutsche Oberste Heeresleitung macht sich darüber Gedanken, daß dem Soldaten »das Sterben fürs Vaterland nicht leichter wird, wenn er weiß, daß seine Lieben zu Hause mit Sorgen zu kämpfen haben«, und beginnt eine breitangelegte Kampagne gegen »Jammerbriefe« aus der Heimat, damit die Kampfmoral der Frontsoldaten nicht noch weiter sinke.

Während all das und viele andere kleine Alltags-Ereignisse sich zu einem großen, trostlosen Mosaik von Kriegsnot und Kriegsmüdigkeit zusammensetzen, treffen sich am 25. Februar 1917 im Berliner Nobel-Hotel »Adlon«, in dem auch Helphand gern absteigt, an die vierzig Herren der Großindustrie mit den zuständigen Politikern, um eine nochmals härtere politische und militärische Gangart zu diskutieren und zu beschließen, damit die bereits zu Kriegsbeginn formulierten »Kriegsziele« der deutschen Industrie endlich erreicht werden können. Um die Annexionen der Industriegebiete in West und Ost durchzusetzen, scheint den in der »Adlon-Runde« versammelten Herren selbst der Reichskanzler Bethmann Hollweg zu lasch, und sie würden ihn gern durch den Chef des Generalstabes des deutschen Heeres, General von Hindenburg, ersetzen. Die deutsche Großindustrie wird nach zweieinhalb Kriegsjahren nun doch schon ungeduldig, wann sie endlich ihre Kriegsbeute abkassieren kann. Es braucht einen forscheren Mann in der Reichsführung, meinen die Herren. Auch sie sind, gleich dem Kaiser, verständlicherweise für einen »Siegfrieden«. Also richten sie ihre begehrlichen Blicke nach Osten, was aus »ihrer« Ukraine, dem Donez-Becken, dem Kaukasus mit dem riesigen Ölfeld um Baku wird. Wann endlich wird das Zarensystem zusammenbrechen?

In Petrograd haben die allgemeinen Unruhen für eine Beendigung des Krieges an der deutsch-russischen Front immer mehr zugenommen. Unablässig gibt es neue Streiks. Für den gesamten Militärbezirk Petrograd erhält die Militärverwaltung weitreichendere Sondervollmachten zur schärferen Bekämpfung dieser Streikbewegung. Doch nichts hilft gegen den allgemeinen Unwillen der Bevölkerung. Die Streikbewegung weitet sich zu einem Generalstreik aus.

Die Ereignisse, die später als »Februar-Revolution« bezeichnet werden, nehmen ihren Anfang, als zarentreue Militäreinheiten am 10. März auf ausdrücklichen Befehl des Zaren Nikolaus II. das Feuer auf die Demonstranten eröffnen. Erschossene Zivilisten liegen auf den Straßen der Stadt.

Newski-Prospekt: Hauptgeschäftsstraße von St. Petersburg.

Am nächsten Tag weigern sich die Abgeordneten der Duma, der vom Zaren verfügten Auflösung des Parlaments Folge zu leisten. Am gleichen Tag meutern auch die Soldaten der Petrograder Garnison und verbünden sich vielerorts mit den streikenden Arbeitern. Die Duma bildet ein Exekutivkomitee, dem die Mitglieder aller größeren Parteien angehören, auch die der Mehrheitssozialisten, der Bolschewiki.

Nun überstürzen sich die Ereignisse. Am 15. März 1917 proklamiert das Duma-Komitee die Bildung einer Provisorischen Regierung unter dem Fürsten Lwow, Justizminister der neuen Regierung wird Alexander F. Kerenski. Der Zar wird am gleichen Tag gezwungen, seine Abdankungsurkunde zu unterschreiben. Damit endet die Herrschaft der seit 1613 regierenden Dynastie der Romanows. Sechs Tage später läßt die neue Regierung den Ex-Zaren samt seiner Familie mit dem Kronprinzen Alexis und seinen vier Schwestern verhaften und in der Nähe von Petrograd, in Zarskoje Selo, internieren. Drei Jahrhunderte Alleinherrschaft einer Familie, die mit der Heirat des Zaren Iwan IV., »des Schrecklichen«, und der Anastasia Romanowa begonnen hatte, sind zu Ende. Wie wird es mit Rußland weitergehen, fragen sich alle voller Ungewißheit. Das Riesenreich ohne starke Hand – »ohne Knute«? Meutereien in der miserabel verpflegten und schlecht ausgerüsteten russischen Armee greifen um sich.

Der in den turbulenten Tagen des Februar gebildete Vereinigte Rat der Arbeiter- und Soldatendeputierten von Petrograd gibt am 14. März den »Prikas Nr. 1« (Befehl Nr. 1) an die Truppen des Militärbezirks der russischen Hauptstadt bekannt, um wenigstens ein Mindestmaß an neuer Befehlsordnung und Übersicht zu erläutern, damit Soldaten und Matrosen wissen, wer jetzt das Sagen hat.

Das ist nun die Stunde, in der die Bolschewiki aktiv werden müssen, wenn sie die Mehrheit im Parlament, in den Soldatenräten und in der Bevölkerung für sich gewinnen wollen. Jetzt braucht die Partei einen Revolutionsführer am Ort der gesellschaftlichen Veränderungen. Jetzt muß einer der großen Köpfe aus Exil und Emigration her. Einer der Fähigsten und Radikalsten zugleich ist Lenin in der Schweiz.

Das ist auch für die deutsche Reichsführung, für den Generalstab, für das Auswärtige Amt die Stunde der entschlossenen Taten.

Es beginnt die Hochsaison für die Herren Botschafter in der Schweiz, Lenins Exilland, in Dänemark und Schweden, den neutralen Nordländern, über deren Territorien der russische Revolutionär mit seinem Troß nach Petrograd eingeschleust werden muß. Die Herren von Romberg, von Brockdorff Rantzau und von Stoedten müssen jetzt Lenins Passage nach Petrograd mit ihren hochbezahlten Konfidenten und über ihre Geheimkanäle schnellstens absichern.

Generalauftrag und Genehmigung muß selbstverständlich von Seiner Majestät dem Kaiser persönlich gegeben werden. Und er gibt. Zwar ist die monarchische Macht des großen Imperators zu dieser Zeit bereits merklich angekratzt, und Generalstab und Auswärtiges Amt setzen ihre Vorstellungen immer selbstbewußter durch, doch diese inzwischen immer stärker hervortretenden Machtzentren warten noch immer, wenn auch eher der Form halber, auf das kaiserliche Plazet. Danach nehmen sie das jeweilige Unternehmen »weisungsgerecht« in die Hand und wickeln es stabsmäßig ab.

Über Lenins dreitausend Kilometer lange Fahrt von Zürich bis Petrograd – durch das »feindliche« Deutschland im exterritorialen Eisenbahnwaggon, unter schützender und jeden Neugierigen abwehrender deutscher Offizierseskorte – ist so unglaublich viel und so Unterschiedliches geschrieben, gedruckt und erzählt worden, daß nur auf einige interessante, meist nicht erwähnte Begebenheiten hingewiesen werden soll.

Trotzki teilt in seinen Memoiren mit, daß Lenin, »im Züricher Käfig nach einem Ausweg suchend«, ruhelos und angespannt wie ein Tiger herumläuft.

Helphand beschreibt die Situation ähnlich: Lenin, »von Rußland fast völlig abgeschnitten, eingepfropft wie in einer Flasche«, wartet darauf, daß er endlich raus und nach Rußland kann. Wer läßt den unruhigen, höchst explosiven Geist aus der Flasche heraus?

Helphand, Ganetzki, Sklarz – die Experten von der Kopenhagener Ex- und Importgesellschaft – werden aktiv. Lenin weiß nicht, wie exakt seine Reise nach Rußland im deutschen Generalstab ausgearbeitet wird. Er vermutet nur, daß er russischen Heimatboden irgendwie über das neutrale Schweden wird betreten können. Darum schreibt er dringend an den Mann, dem er vertraut, an Ganetzki: »Ich muß unbedingt sofort nach Rußland. Mein Plan ist folgender: Finden Sie einen Schweden, der mir ähnlich sieht, nach Möglichkeit einen Taubstummen, da ich des Schwedischen nicht mächtig bin. Für alle Fälle lege ich eine Photographie bei.«

Was immer Lenin vorhat, Ganetzki bemüht sich intensiv, einen taubstummen Schweden ausfindig zu machen, der dem Revolutionsführer ähnlich sieht. Die Sache ist nicht leicht. Auf jeden Fall schickt Ganetzki über seine Kontakte an Lenin erst einmal fünfhundert Rubel als eine Art »Reisegeld«. Lenin, obwohl ruhelos und von der Ungeduld getrieben, seinen »Verbannungsort« endlich verlassen zu können, macht sich große Sorgen. Seiner Freundin Inessa Armand, der er doch kurz vor Kriegsbeginn so hoffnungsvoll nach Paris geschrieben hatte, daß der kommende Krieg die Massen radikalisieren und zur Revolution treiben würde, teilt er nun doch sehr deprimiert mit: »Nach Rußland werden wir allem Anschein nach *nicht* gelangen!! England *läßt uns nicht durch.* Durch Deutschland geht es nicht.«

Aber da irrt der rastlose Revolutionär und große Denker, denn er weiß noch nicht, wie konzentriert sich die deutschen »Orangenschalen-Strategen« schon um seine Heimkehr nach Rußland bemühen.

Lenins Stimmungstief hält nicht lange an. In seinen »Briefen aus der Ferne« teilt er den Genossen in Petrograd kurz danach siegessehnsüchtig mit: »Wir müssen fahren, und wenn es durch die Hölle geht.«

Eine Höllenfahrt wird es nicht, was nun, Anfang April, beginnt. Alles ist bestens organisiert. Die Schweizer Behörden kooperieren zuverlässig und diskret mit den deutschen Stellen. Vielleicht sind sie ganz zufrieden, daß diese größere Gruppe von offensichtlich einflußreichen Emigranten das Land nun verläßt.

Zwei Waggons Dritter Klasse werden für die Reisegesellschaft reserviert. Irgend etwas sickert natürlich doch durch, und als Lenin und seine einunddreißig Personen Reisebegleitung am 9. April um 14.30 Uhr die Bahnhofshalle in Zürich betreten, stehen schon ein paar feindselig gestimmte russische Landsleute bereit, um die »Verräter« zu beschimpfen.

Die Situation ist etwas konfus, und Lenins intelligenter Mitstreiter, der hochbegabte Publizist Karl Radek, der in Stockholm in einem noch einzurichtenden »bolschewistischen Zentrum« für Auslandspropaganda auch bei der Leugnung der deutschen Geldüberweisungen sehr nützlich werden wird, witzelt ungewollt prophetisch: »Entweder sind wir in sechs Monaten Minister, oder wir hängen!«

Die lange Fahrt vom Bodensee in Süddeutschland bis hoch zur Ostseeküste, in ganzer Länge durch das »Feindgebiet Deutschland« hindurch, verläuft ohne nennenswerte Zwischenfälle. Ab der deutschen Grenze bei Gottmadingen übernimmt die Abteilung IIIb des Generalstabs das Kommando für die Transittour und stellt zwei Offiziere ab, die sich äußerst korrekt und zurückhaltend zeigen. Für den fahrplanmäßigen Schnellzug nach Stuttgart ist ein Extra-D-Zugwagen bereitgestellt. Der Wagen wird als der berühmte exterritoriale »plombierte Waggon« in unzähligen Geschichten immer wieder auftauchen.

Der Transit durch Deutschland muß lautlos, reibungslos vonstatten gehen. Die Abteilung IIIb organisiert zusammen mit den zuständigen Stellen der Bahn, daß dieser »wichtige Diplomaten-Transport«, wie es in den Instruktionen heißt, überall Vorfahrt erhält. Es soll möglichst keinerlei Aufenthalte geben, und niemand von außen darf Kontakt zu dieser inkognito reisenden Gesellschaft aufnehmen können. Alles soll so geheim wie möglich bleiben. Während der Transitpassage müssen die Fenstervorhänge in den Wagenabteilen zugezogen sein. Auch Lenin will es so.

Kurioserweise muß selbst der deutsche Kronprinz mit seinem Sonderzug in Halle an der Saale fast zwei Stunden warten, bis Lenins Zug vorbei ist. Der hat die Vorfahrt, auf allerhöchsten Befehl. Erst dann ist die Strecke für den Kronprinzen wieder frei.

Lenin ist zufrieden, als er am 12. April im schwedischen Fährhafen Trelleborg mit seinen Leuten wieder neutrales Land betritt. Hier begrüßt ihn auch sein alter Kampfgefährte Jacob Ganetzki-Fürstenberg. – Ohne taubstummen Schweden. Die generalstabsmäßige Organisation der Deutschen von Berlin aus, deren Botschafter und auch Helphand mit seinen Gesprächen im politischen Hintergrund haben bewirkt, daß die Schweden eine offizielle Durchreise-Genehmigung erteilten. Der Taubstumme hat sich erübrigt.

Ganetzki begleitet den Trupp der Ankömmlinge auf der Eisenbahnfahrt bis Stockholm, wo man im Hotel »Regina« Quartier nimmt. Lenin ist erfreut, daß der Bürgermeister der schwedischen Hauptstadt, Carl Lindhagen, ihn und seine Begleiter offiziell und herzlich willkommen heißt. Lindhagen zählt zum linken Flügel der Schwedischen Sozialistischen Partei, ebenso wie Frederik Ström, der es sich ebenfalls nicht nehmen läßt, zur Begrüßung zu erscheinen. Lindhagen stellt seine Begrüßungsansprache unter das schmeichelnde Motto »Ex oriente lux« (Aus dem Osten kommt das Licht). Am nächsten Vormittag entsteht ein Photo von Lenin, das später um die Welt geht. Es zeigt den künftigen Revolutionsführer mit Regenschirm beim eiligen Gang durch Stockholms Straßen, begleitet von seinen Leuten. Ström erinnert sich später, daß Lenin mit seinem abgetragenen Anzug »wie ein Arbeiter beim Sonntagsspaziergang bei unfreundlichem Wetter« ausgesehen habe. Man drängt Lenin eine neue Hose auf. Der nimmt das Kleidungsstück nur widerstrebend an.

Eine Angelegenheit verärgert Lenin in Stockholm allerdings: Ganetzki muß Lenin mit der dringenden Bitte Helphands konfrontieren, daß ihn der Hauptgeldbeschaffer unbedingt sprechen möchte. Lenin lehnt brüsk und definitiv ab. Natürlich hat er von Ganetzki erfahren, daß Helphand wesentlich an der Vorbereitung der ganzen Fahrtaktion beteiligt war, auch, daß Helphand bei seinem Gespräch im Auswärtigen Amt in Berlin sozusagen »die Weichen gestellt« und die Finanzierung des Unternehmens übernommen hat, weil Lenin darauf bestanden hatte, daß »die Reise keinesfalls von Deutschen finanziert« werden dürfe. Das hätte ihn, den Revolutionär, international kompromittieren können. Die Deutschen wollen von sich aus auch nicht zahlen. Aus denselben Gründen. Sie wollen nicht, daß es vor der Weltöffentlichkeit so aussieht, als hätten sie einen »russischen Verräter« gekauft. Sie finden es deshalb ideal, daß der bewährte Großhändler Helphand zunächst die Kosten übernimmt. Was später geschieht, wird sich finden. So macht eine Redewendung über die Reise die Runde: Helphand zahlt, und Radek kauft die Fahrkarten.

Obwohl Lenin durch Ganetzki auch darüber genauestens informiert ist, wie groß Helphands Verdienste beim Aufbau und bei der effektiven Abwicklung aller Aktionen im Zusammenhang mit der Geldbeschaffung für die Partei, für die ganze Organisation ist, will Lenin um keinen Preis mit Helphand zusammenkommen. Er wird später sogar sagen, daß es für die Partei schädlich ist, mit solchen Leuten in Verbindung gebracht zu werden. Lenin bleibt dabei: Sein Verbindungsmann in Stockholm und Kopenhagen ist Ganetzki. Und der soll natürlich auch weiterhin die Verbindung zu Helphand halten. Denn Geld wird jetzt erst recht gebraucht.

Noch am Abend des 13. April begibt sich die Gesellschaft per Eisenbahn auf den tausend Kilometer langen Weg zum Grenzort Haparanda. Karl Radek muß in Stockholm bleiben, Lenin will den Begabten und Gewieften als verläßlichen Mitstreiter in Schweden für die Auslandspropaganda lassen, die jetzt verstärkt für die Sache der Revolution werben muß. Besonders in den Entente-Ländern Frankreich und England und in den USA, die gerade eben, vor einer Woche, am 6. April, dem Deutschen Reich offiziell den Krieg erklärt haben. Von einem Sonderfrieden an der Ostfront wollen diese Gegner der Deutschen natürlich nichts wissen, sondern vielmehr zusammen mit ihren übrigen Verbündeten Deutschland ein für allemal besiegen.

Lenin will den hochintelligenten Karl Sobelsohn, der sich das Pseudonym Radek nach einer polnischen Romanfigur zugelegt hat, aus einem weiteren Grund in Stockholm lassen.

Er befürchtet, daß Radek als gebürtiger Galizier bei den russischen Stellen vielleicht mit besonderer Aufmerksamkeit bedacht wird und als formeller österreichisch-ungarischer Staatsbürger, also als Angehöriger eines der »feindlichen« Mittelmächte-Staaten, politisch schikaniert und sogar interniert werden könnte. Lenin scheint es jedenfalls klüger, seinen erstklassigen Mann nicht über die schwedisch-russische Grenze mitzunehmen.

Während Lenin und seine ihn begleitenden Revolutionäre Stockholm verlassen haben und endlich ins Revolutionszentrum Petrograd drängen, ist dort der Major des Secret Intelligence Service an der Britischen Botschaft, Stephen Alley, tätig geworden. Er ist wütend, weil es die drei Entente-Botschafter in Stockholm kürzlich auf ihrem eilig einberufenen Geheimtreff nicht geschafft haben, die schwedische Regierung zu veranlassen, Lenin und seinen Leuten die Ein- oder Durchreise durch Schweden zu verweigern. Nun arbeitet der Geheimdienst-Major auf eigene Faust weiter und spricht beim Abwehrchef der Provisorischen Regierung in Petrograd vor. Er versucht sein Gegenüber, den russischen Geheimdienst-Oberst Boris Nikitin, dazu zu bewegen, dem russischen Grenzkommandanten in Torneå zu befehlen, Lenin nicht über die Grenze zu lassen.

Aber der russische Geheimdienst-Oberst erweist sich als ziemlich machtlos: Das zaristische Geheimdienst-System, die gefürchtete Ochrana, ist durch die neue provisorische Regierung aufgelöst worden, und die neue Organisation muß erst aufgebaut werden. Oberst Nikitin ist gezwungen, mit sehr unerfahrenen Leuten zu arbeiten und kann von Petrograd aus in Torneå-Haparanda nichts durchsetzen. Enttäuscht und wütend wirft der britische Geheimdienstoffizier dem russischen Obristen vor, daß »mit der Lenin-Party am hellichten Tag eine ganze Horde deutscher Spione in Rußland einreist«.

Nikitin versucht nun seinerseits beim General Kornilow, also an höchster militärischer Regierungsstelle, in dieser Angelegenheit vorstellig zu werden. Doch da stellt sich das mitregierende Exekutivkomitee des Petrograder Sowjets dagegen und verhindert ein offizielles, regierungsamtliches

Einreiseverbot gegen Lenin. Fast wäre die von deutscher Seite so exakt geplante Aktion »Rußland-Reise« allerdings doch noch im letzten Moment geplatzt.

Genau an jenem Sonnabend, dem 14. April 1917, an dem Lenin und seine Genossen in Rußland einreisen, um sofort weiter nach Petrograd zu dampfen, bildet die Regierung der USA in Washington in einer Weekend Session das »Committee on Public Information«, die erste regierungsamtliche Informations- und Propagandabehörde zur Verbreitung und Erläuterung der USA-Politik. Dort plant der Chef der neuen Behörde, George Creel, ein guter Freund des Präsidenten Wilson und von diesem auch für den Job vorgeschlagen, den erfolgreichen und ehrgeizigen Publizisten Edgar Sisson für den heiklen und vorrangigen Außenposten in Petrograd zu engagieren. Von jenem Moment an wird dieser Mann untrennbar mit dem Komplott einer »deutsch-bolschewistischen Verschwörung« verbunden bleiben.

Warum wird so viel Aufhebens um die Reise des bis dahin international noch relativ unbekannten Revolutions-Theoretikers Uljanow-Lenin nach Rußland gemacht?

Auch Lenins Reisegeschichte hat ihre Vorgeschichte. Deren Wurzeln reichen auf der einen Seite hin bis zur »Orangenschalen-Strategie« der Deutschen. Die ist verwurzelt in den deutschen Revolutionierungs- und Insurgierungsprogrammen. Und die sind wiederum eingebettet in das ganz große allübergreifende Flechtwerk der Kriegszielpolitik der deutschen Großindustriellen, Großbankiers, Großagrarier. Und natürlich der führenden Militärs im Großen Generalstab. Auf einer Ebene sind sich schon vor Kriegsbeginn, trotz heftiger Konzern-Konkurrenz, alle völlig einig: Der kommende Krieg muß Beute bringen.

Um diese Beute zu machen, müssen die feindlichen Gebiete erobert und besetzt werden. Um sie militärisch zu erobern, müssen diese Länder vorher jeden militärischen Widerstand aufgeben, und das geschieht um so schneller, je nachhaltiger sie »von innen« her aufgeweicht werden. Um Rußland aufzuweichen, haben die Deutschen ihren antizaristischen Revolutionierungsplan, die Insurgierungsprogramme, aufgestellt.

Allen Prüfungen und Erkundigungen seitens der Deutschen zufolge scheint die radikalste der antizaristischen Gruppierungen diejenige um Lenin zu sein. Sie zu unterstützen verspricht bei der Durchsetzung des Revolutionierungsprogramms den größten Erfolg. Das ist der Grund dafür, weshalb gerade die Bolschewiki um Lenin in jeder Weise – auch mit viel Geld – unterstützt werden. Der Radikalste und damit für die deutschen Strategen eben Wichtigste und Nützlichste ist – nach Ansicht des Auswärtigen Amtes, des Generalstabs und seines Geheimdienstes IIIb und der Reichsführung – Lenin.

Für einen »kurzen Augenblick« addieren sich historisch gleiche Interessen zweier politisch völlig entgegengesetzter Kräfte: Beide sind aus absolut unterschiedlichen Gründen gleichermaßen daran interessiert, das Zarenregime zu stürzen.

Zwar mußte der Zar schon in der Februar-Revolution abdanken, die Provisorische Regierung in Petrograd ist aber auf dem Wege, die Lage im Lande wieder zu konsolidieren. Sie ist fest entschlossen, den Krieg gegen Deutschland fortzusetzen, und es ist anzunehmen, daß ihr das innerhalb eines bestimmten Zeitrahmens zunehmend besser gelingen wird. Damit sind die deutschen Kriegsziele gefährdet, und es wird für die Deutschen höchste Zeit, die Karte »Lenin« endlich zu ziehen. Nur an Ort und Stelle können er und seine Leute die Macht übernehmen, den Krieg gegen die Deutschen so schnell wie möglich beenden und einen Sonderfrieden abschließen.

Der deutsche Kaiser und seine Strategen sind natürlich nichts weniger als Friedensfreunde oder gar Freunde des russischen Revolutionärs Uljanow-Lenin. Sie brauchen lediglich den »Sonderfrieden« im Osten, damit sie alle Kräfte für ihren »Siegfrieden« im Westen einsetzen können. Die Revolution im Osten bleibt nur strategisches Mittel für den großen Gewinn im Westen, an den die Deutschen nach drei zermürbenden Kriegsjahren immer noch nicht herangekommen sind. – Und es sieht schlecht aus an der Westfront, schlechter denn je, niemand weiß noch, ob militärisch überhaupt etwas zu erreichen sein wird.

Aus diesem Blickwinkel gesehen, steht der Reiseplan für

die russischen Revolutionäre von 1917 in unmittelbarem Zusammenhang mit dem großen offiziellen Kriegszieleprogramm des deutschen Kanzlers Bethmann Hollweg vom 9. September 1914 – dem Lieblingsprogramm des deutschen Kaisers.

Auch der 1917 allmächtige Erste Generalquartiermeister und eigentliche Chefstratege, die »Graue Eminenz« im deutschen Generalstab, General Erich Ludendorff, gibt auf telephonische Anfrage seine Zustimmung zum politischen Transit der russischen Revolutionäre durch Deutschland. Später, in seinen Memoiren, wird er fast amüsiert preisgeben, daß zumindest er zu diesem Zeitpunkt gar nicht richtig wußte, wer dieser Uljanow-Lenin eigentlich sei. Er konnte sich in bezug auf die ausgewählten Personen eben ganz und gar auf die Tüchtigkeit seiner Abteilung IIIb im Generalstab verlassen, deren Beamte den Lenin-Vorschlag eingereicht hatten.

Rußland muß fallen: Generalstabschef Erich Ludendorff (links), der Hauptstratege des Kaisers, im großen Hauptquartier in Bad Kreuznach.

Der Coup scheint in den zuständigen Bereichen des Auswärtigen Amtes und in dessen Auslandsstellen gut vorbereitet worden zu sein, die Dinge verlaufen planmäßig. Bereits am 17. April, einen Tag nach Lenins Ankunft in Petrograd, heißt es in einer von der Obersten Heeresleitung weitergegebenen Meldung des Stellvertretenden Generalstabs in Berlin: »Lenins Eintritt in Rußland geglückt. Er arbeitet völlig nach Wunsch.«

Lenin erweist sich für die Deutschen als »richtig ausgesucht«. Als eine Art Bestätigung ihrer Wahl sehen sie bereits am 31. Dezember 1917, nur zwei Monate nach der Oktoberrevolution und der Machtergreifung durch die Bolschewiki, daß Lenin eine erste »Orangenschale« – Finnland – offiziell in die nationale Selbständigkeit entläßt.

Das ist nun keineswegs als Dank der Revolutionäre für bereits erhaltene Millionen und Vorleistung an die Deutschen für weitere Geldsummen zu verstehen. Zwar nimmt Lenin als gewiefter und mit allen Wassern gewaschener Revolutionär die Gelder der Deutschen, aber er wird – einmal an der Macht – natürlich seine eigene Politik und die der Bolschewiki betreiben.

Finnland aufzugeben ist deshalb vielmehr Ausdruck einer neuen Politik zur Wiedererlangung der nationalen Souveränität einzelner Völker. Dieser erste außenpolitische Schritt drückt das Grundprinzip späterer Nationalitätenpolitik der Bolschewiki aus: Sie wollen den von der großrussischen imperialen Expansionspolitik unterdrückten Völkern und nationalen Minderheiten im Vielvölkerstaat Rußland ihre nationale Selbständigkeit zurückgeben, um ihnen zugleich eine lockere Angliederung oder auch Eingliederung – auf freiwilliger Basis – in eine später zu gründende größere Union der Völker anzubieten.

Stalin stößt nach Lenins Tod und im Laufe der kommenden Jahre genau dieses Konzept um. Er verwandelt das ehemalige zaristische Völkergefängnis in einen einzigen riesigen GULAG, in dem ganze Völkergruppen hin- und hergeschoben, dezimiert und vernichtet werden. Die direkte Umkehrung einer ursprünglich auf der Basis von Freiwilligkeit konzipierten Unionspolitik wird so zur furchtbaren Perversion ihrer selbst.

Während Lenin ganz am Ende seines Lebens noch darauf hinweist, beim Umgang mit den islamischen und den Turk-Völkern im Süden ganz besonders sorgsam und geduldig vorzugehen und deren Religion und Traditionen zu respektieren, handelt Stalin gerade diesen Völkern gegenüber besonders brutal.

Von deutscher Seite aus wird die »Orangenschale« Finnland auch weiterhin »insurgiert« und – mit natürlich ganz anderen Motiven als den Leninschen – auf die »Abschälung« vom russischen Kernland vorbereitet. Wiederum mit Millionen, die als Bestechungsgelder für hohe finnische Politiker wie den Staatsrat Hjeldt oder für die Ausbildung militärischer Einheiten wie das finnische »Jägerbataillon« im Schleswig-Holsteinischen Geheimlager Lockstedt fließen.

Man schickt 1918 sogar, wenn auch zögernd, deutsche Truppen an die finnische Küste. Da geht es dann aber schon um die Unterstützung der »weißen«, der nationalen und nationalistischen Kräfte in Finnland gegen die finnischen revolutionären Roten Garden, die ihrerseits von Petrograd unterstützt werden. Praktisch zahlen die Deutschen zeitweilig doppelt: an die finnischen »Weißen« gegen die »Roten«, die ihrerseits aus der großen Kasse in Petrograd unterstützt werden, in die auch weiterhin in großen Mengen deutsches Geld fließt.

»Revolutionierung« und »Insurgierung« durchdringen sich gegenseitig in immer stärkerem Maße in diesem politischen Pokerspiel vom Polarkreis bis tief in den Süden, hin zu den persischen Grenzwüsten.

Wie in Finnland wird auch »in der Mitte«, in der Ukraine, insurgiert. Die Deutschen stellen freiwillige ukrainische, aus russischen Gefangenen bestehende Militäreinheiten auf, Infiltrations- und Propagandatrupps, die die russische Armee zersetzen, aufweichen und bekämpfen sollen. Und auch im Süden, in Georgien, im Kaukasus wird insurgiert.

Natürlich läßt sich nirgends mit Bestimmtheit vorhersagen, welcher Einsatz, welche Unterstützung sich auch wirklich auszahlen werden. Überall winken Gewinne und lauern Verluste gleichermaßen. Die deutsche Rußlandpolitik wird zum Hasardspiel, im wahrsten Sinne zum Russisch Roulette.

Diese Unsicherheit läßt sich nicht nur aus zahlreichen Dokumenten des Auswärtigen Amtes oder des Generalstabs ablesen, auch die Deutsche Bank erinnert 1995 in einer Festschrift dezent an diesen Umstand: »Die Deutsche Bank hatte ihren maßgeblichen Anteil an jenen ostpolitischen Bestrebungen Deutschlands gehabt, die auf den Zerfall des Russischen Reiches hingezielt hatten, und sie war maßgeblich in den Industrie- und Bankenkonsortien vertreten, die gebildet worden waren, um die harten wirtschaftlichen Vertragsklauseln des Friedens von Brest-Litowsk umzusetzen und die Nachfolgestaaten des Zarenreichs wirtschaftlich zu durchdringen. In der neugegründeten Republik Georgien zum Beispiel war die Bank nicht nur an Finanzierungsplänen für die Ausbeutung von Manganvorkommen und anderen lokalen Bodenschätzen beteiligt, sondern auch an der Errichtung einer Staatsbank, die eine auf der Mark basierende neue Landeswährung, genannt ›Markschi‹, ausgeben sollte.«

Gelegentlich scheint der Zusammenhang von Sonderfrieden, Separatfrieden, Siegfrieden, Kriegszielepolitik, Randstaatenpolitik, Insurgierungs- und Abtrennungsstrategie, Revolutionierungsprogramm verwirrend. Doch die Beamten in Berlin – im Auswärtigen Amt, in der Reichsführung und im Generalstab – haben die Übersicht und halten die politischen Fäden straff in der Hand. Ihr oberstes Ziel ist es, beim Gegner Rußland Chaos zu schaffen, um zur Revolution und dann zum Sonderfrieden zu kommen.

Von Brockdorff Rantzau empfiehlt in einem Vorschlag an die Reichsleitung, »in Rußland ein größtmögliches Chaos zu schaffen« und besonders die extremen Elemente zu begünstigen, »weil dadurch gründliche Arbeit besorgt und ein schneller Abschluß herbeigeführt wird«.

Auch auf der anderen Seite, bei den Entente-Mächten, gibt es nach der Februar-Revolution und dem Sturz des Zaren Überlegungen, schnellstens die »eigenen« Emigrations-Russen zurück in die Heimat zu transportieren – im Grunde genau wie die Deutschen es mit »ihrem« Lenin tun. Die Entente-Mächte bringen den »menschewistischen« Revolutionstheoretiker Plechanow und vierzig seiner Anhänger mit einem Panzerschiff an Ort und Stelle.

In dieser historisch so kurzen Kalenderzeit widersprechen sich Ideen und Vorgänge ebenso, wie sich kurzfristig die opportunistischen Zielen und Methoden, die Taktiken und Strategien ergänzen oder scheinbar identisch zeigen. Trotzki faßt das in seinen Memoiren anschaulich zusammen: Lenin bediene sich des Kaisers, um seine Revolution in Rußland zu verwirklichen, als Voraussetzung für seine visionäre Weltrevolution – und der Kaiser und Ludendorff ließen ihn gewähren.

Selbst bei Lenins auch von ihnen gewünschtem politischem Sieg über das russische Regime bleiben die deutschen Strategen natürlich der festen Überzeugung, daß sich die Bolschewiki nicht lange halten werden. Irgendwann kommt die große Stunde der deutschen Kriegszielepolitik, glauben sie – dann wird end-gesiegt, neu-geordnet und große Kriegsbeute gemacht.

Natürlich begreifen die deutschen Strategen einerseits die Notwendigkeit und die Dringlichkeit, den »Hauptrevolutionär« Lenin schnellstens nach Rußland zu »entsenden«, sie sehen aber gleichzeitig auch den politischen Doppelcharakter der Geheimaktion. Ludendorff bekennt in seinen Memoiren: »Durch die Entsendung Lenins nach Rußland hatte unsere Regierung auch eine besondere Verantwortung auf sich genommen. Militärisch war die Reise gerechtfertigt, Rußland mußte fallen. Unsere Regierung aber hatte darauf zu achten, daß nicht auch wir fielen.«

So betrachtet, wird Lenin in gewisser Weise auch durch die deutsche imperiale Politik zu einer Persönlichkeit der Weltgeschichte.

DAS GESTÄNDNIS DER GELDMARIE

Konspirative Geldadresse: Petrograder Baskow-Gasse. Umschlag-platz in der langen »Geldkette« des Kaisers. Hier logieren Rechts-anwalt Dr. Mieczyslaw Koslowski und Ewgenia Sumenson.

Auf halbem Wege zwischen dem Winterpalais, der ehemaligen Residenz der russischen Zaren, und dem Smolny, dem »Institut für höhere Töchter«, steht in der St. Petersburger Baskow-Gasse ein wenig beachtetes Eckhaus.

Das Winterpalais, ein großer Barockbau aus dem 18. Jahrhundert, wird weltberühmt, als bewaffnete Revolutionäre in der Nacht vom 25. zum 26. Oktober 1917 (nach dem Gregorianischen Kalender ist es die Nacht zum 7. November) das Gebäude stürmen. In ihm tagt die Provisorische Regierung. Deren Minister werden kampflos entwaffnet. Diese unblutige Besetzung des Palastes wird für die folgenden Jahrzehnte »Oktoberrevolution« heißen und später, nachdem Stalin das Geschehen historisch neu bewertet hat, als »Große Sozialistische Oktoberrevolution« Jahr für Jahr festlich begangen. Der Sturm auf die ehemalige Zarenresidenz gilt als ein weltverändernder Vorgang – und der war es auch.

Das Smolny-Institut, das auf dem Gelände des früheren »Teerhofes« der russischen Holzschiff-Flotte – »smola« bedeutet Teer – zu Beginn des vorigen Jahrhunderts im klassizistischen Stil gebaut wurde, wird ebenfalls weltberühmt. Hier richten die Revolutionäre vom ersten Revolutionstag an ihr Hauptquartier ein. Es ist Lenins Befehlsstelle für 124 Tage, bis alle nach Moskau, in die neue Hauptstadt der siegreichen Sowjetmacht, umziehen, um von da an für ein dreiviertel Jahrhundert im dortigen Kreml zu regieren.

Beide großen Gebäude in Petrograd werden für die nächsten acht Jahrzehnte in den Geschichtsbüchern immer wieder ausführlich beschrieben. Auf allen Stadtplänen und in jedem Reiseführer werden sie ganz besonders hervorgehoben.

Das »kleine« Haus in der Baskow-Gasse/Ecke Sergiewskaja findet dagegen nirgendwo Erwähnung – völlig zu Unrecht: Das vierstöckige, äußerlich unauffällige Mietshaus im weiten Newa-Bogen steht in wichtiger Beziehung zu den beiden anderen, den weltbekannten Gebäuden. In diesem Haus nahe der Preobrashenski-Kirche und dem Kasernenareal des Preobrashensker Leibregiments des Zaren endet die lange deutsch-russische Geldlinie von Berlin nach Petrograd.

Hier in der Baskow-Gasse im Petrograder IX., dem Litaneij-Stadtteil, residiert fast unbemerkt Lenins engster Vertrauter, der polnische Rechtsanwalt Dr. Mieczyslaw Koslowski. Bei ihm fließen alle deutschen Gelder zur Finanzierung von Lenins geplanter Revolution zusammen.

Das Eckhaus hat Ein- und Ausgänge in der benachbarten Straße. Das ist sehr günstig, denn zur einen Haustür geht jemand hinein – was immer er auch bei sich hat –, und aus der anderen Tür, »um die Ecke«, kommt eine andere Person heraus, was immer nun die fortträgt. Das Eckhaus Baskow-Gasse ist für die Geldkuriere geradezu ideal. Alles geht sehr undramatisch zu und fällt den Straßenpassanten dieses ruhigen, auch »Adelsbezirk« genannten Stadtteils nicht auf.

Natürlich wäre es für Lenins »Hauptkassierer« Koslowski viel einfacher, wenn er das Viertelstündchen Fußweg vom Eckhaus in die Kaiserliche Deutsche Botschaft nahe der Admiralität gemütlich hinüberspazieren könnte, um »des Kaisers Millionen« dort persönlich in bar oder per Bankakkreditiv abzuholen. So einfach aber geht es eben nicht. Deshalb sind große Umwege und verwirrende Tarnversuche notwendig, muß das deutsche Geld für die Parteikasse der Bolschewiki so oft wie möglich »reingewaschen« werden, ehe es das Petrograder Eckhaus erreicht.

Zu den wichtigsten Geldkurieren gehört Ewgenia Mawrikiewna Sumenson. Die modisch gekleidete junge Frau arbeitet als Buchhalterin im Petrograder Kontor der skandinavischen Handelsfirma »Fabian Klingsland A/S«, durch die verschiedene Waren für Rußland importiert und ins Landesinnere weiterbefördert werden. Die Firma fungiert für Helphand als eine Art Tochterunternehmen und gehört zu seinem umfangreichen Netz von An- und Verkaufseinrichtungen. Sie ist offiziell registriert und betreibt vor allem Handel mit Waren, die in diesen Kriegsjahren in Rußland dringend benötigt werden. Dazu gehören medizinische Geräte, Medikamente, Textilien.

Ewgenia Sumenson, eine Verwandte Ganetzkis, ist durch ihn, in Absprache mit Helphand, in Petrograd eingesetzt. Auf sie ist Verlaß. Auch Alexandra Kollontai stimmt dieser personellen Entscheidung zu, ist doch die lebenslustige und vollkommen »unpolitische« junge Frau für die unerfahrene neue russische Geheimpolizei völlig unverdächtig. – Allerdings ändert sich das gründlich, wie sich bald zeigen wird.

Chefbuchhalter mit Melone: Dr. Mieczyslaw Koslowski an der Kremlmauer bei einer Parade der Roten Armee, seitlich hinter Lenin.

Ewgenia Sumenson hat für die Firma Klingsland in Petrograd Prokura, sie kennt und kontrolliert auf Anweisung von Ganetzki aus Stockholm alle Kontenbewegungen. Das betrifft vor allem die Geschäftskonten bei der Sibirischen Bank in Petrograd, auch als »Russisch-Asiatische Bank« geführt. Das Großunternehmen Helphand - Ganetzki richtet der unverdächtigen jungen Frau auch einige Privatkonten ein. Dorthin überweisen Helphand und Ganetzki Geldbeträge, die ihre Kopenhagener »Handels- und Eksportkompagniet« zum Absender haben. Die Transfers laufen über das schwedische Bankunternehmen »Nya Banken« in Stockholm und über »Nya Banken« Kopenhagen sowohl auf die Klingsland-Konten als auch auf Sumensons Privatkonten bei der Sibirischen Bank in Petrograd. Von dort hebt die Sumenson in bar oder per Scheck ab und bringt die Scheine oder Schecks zu Koslowski ins Eckhaus. Koslowski befördert das Geld dann direkt in die »Parteikasse« der Revolutionäre. Zur Verschleierung werden als normaler Verkaufserlös für die importierten Waren auch Geldbeträge von Petrograd nach Stockholm oder Kopenhagen überwiesen und dann, umdeklariert, wieder über die beiden Banken von Stockholm und Kopenhagen aus nach Petrograd zurücktransferiert. Auf diese Weise »gewaschen«, wirken die neuen Überweisungsquellen in den neutralen skandinavischen Haupt- und Hafenstädten als rein kommerzielle Absender.

Es kommt das interne Gerücht auf, daß die Sumenson nicht nur zum Zweck der Geldabgabe bei Koslowski im Eckhaus erscheint, sondern beide hier auch »unter einem Dach« ein gemeinsames Quartier haben. Das behindert die Arbeit auf der »Geldlinie Helphand - Ganetzki - Sumenson - Koslowski« jedoch in keiner Weise. Die Geheimpolizei der Provisorischen Regierung schöpft keinen Verdacht, und Oberst Boris Nikitin, der Chef der Geheimpolizei, verfügt, jedenfalls zu dieser Zeit, über keinerlei konkrete Informationen. Es macht ihn, wie seinen neuernannten Ministerpräsidenten Kerenski und den Justizminister Perewersew auch, wütend, daß er immer wieder von den deutschen Geldern hört, die aus Berlin in die Kasse der Bolschewiki fließen. Er glaubt zwar fest an diesen Geldtransfer, bekommt aber niemanden zu fassen, der ihn zu handfesten Beweisen führen könnte. – Sein Geheimdienst-Apparat funktioniert längst nicht effektiv genug.

Oberst Nikitin weiß natürlich, daß die meisten der Kuriere über die Haparanda-Torneå-Schleuse kommen müssen. Er schärft dem Chef der Grenzstation Torneå, Leutnant Borissow, deshalb ein, endlich Beweispersonen »herauszufischen«, entdeckt zwei geheime Stellen in der Nähe von Torneå, wo Personen illegal die Grenze überschreiten, aber es sind nur kommerzielle Grenzschmuggler, die erwischt werden. »Politische« Grenzgänger und Kuriere, auf die der Oberst in Petrograd so scharf ist, gehen nicht ins Netz.

Auf einer Konferenz des Justizministers Perewersew kommt Oberst Nikitin mit seinem finnischen Amtskollegen in engeren Kontakt. Der Chef des Finnischen Nationalen Abwehrbüros gibt Nikitin den vertraulichen Tip, daß zwei Landhäuser im russisch-finnischen Grenzbezirk Vyborg als Kontaktstellen für viele Reisende zwischen Haparanda-Torneå und Petrograd benutzt werden. Auch Alexandra Kollontai ist öfter dort gesehen worden. Nikitin geht dem Hinweis nach und reagiert sofort.

»Ich habe einen hochtrainierten und effizienten Anwalt S. für diese Arbeit ausgewählt, da er ein bemerkenswertes Gespür und Intuition für solche Sachen hat«, berichtet Nikitin. Der Agent und juristische Berufsprofi observiert die beiden Landhäuser mehrmals, aber auch er kann keine Geldkuriere entdecken und festnehmen. Ist man so naiv anzunehmen, des »Kaisers Millionen« würden, in Kleinsummen aufgeteilt, ins Jackenfutter eines Kuriers eingenäht, nach Petrograd geschmuggelt?

Der simple, wenn auch zeit- und organisationsaufwendige Trick, den die Deutschen und Helphand ausgetüftelt haben, funktioniert ungehindert weiter.

Da erhält Oberst Nikitin von ganz anderer Seite unerwartete Hilfe. Auch Engländer und Franzosen haben natürlich längst bemerkt, daß die Deutschen die Bolschewiki heimlich unterstützen, damit die bei siegreicher Revolution und einer eventuellen Machtübernahme sehr schnell einen Sonderfrieden mit den Deutschen schließen und der Verbündete Rußland dadurch aus der Entente-Front herausbrechen würde. Auch Engländer und Franzosen wissen um das heikle »Nadelöhr« bei Haparanda-Torneå. Sie schicken ihre »Beobachtungsoffiziere« genannten Chargierten an die Grenzstation und greifen ungeniert und mit Kenntnis des Obersten Nikitin sogar in Personenkontrollen an der Grenze mit ein.

Die britischen und französischen Geheimdienstoffiziere bemerken mit wachsender Sorge, wie wenig der Geheimdienst der Provisorischen Kerenski-Regierung in der Lage ist, seine Aufgaben zu erfüllen. Nikitin selbst ist als ehemaliger Truppenoffizier erst nach der Februar-Revolution direkt von der Front nach Petrograd abkommandiert und mit dieser wichtigen Aufgabe betraut worden.

Da meldet sich der französische Abwehroffizier Capitaine Pierre Laurant und bietet Oberst Nikitin sozusagen als Entente-Verbündeter die Telegramm-Kopien einiger mysteriös erscheinender Handelsinformationen zwischen Polen, Russen, Schweden und Finnen an. Ob sie die Telephonleitungen irgendwo abgehört, sie gar im Petrograder Telegraphenamt »angezapft« haben oder einen Mann an der richtigen Stelle eingekauft haben, erläutert Monsieur Laurant nicht näher. Dem Franzosen scheinen der rege Telegrammverkehr zwischen der dänischen Handels- og Eksportkompagniet in Kopenhagen, ihrer Vertretung in Stockholm, der Firma Fabian Klingsland in Dänemark und ihrer Niederlassung in Petrograd, und die Kontenbewegungen zwischen der skandinavischen Nya Banken und der Russisch-Sibirischen Bank in Petrograd insofern verdächtig, als auch immer wieder mal der Name der Revolutionärin Alexandra Kollontai und der Name des Polen Dr. Koslowski auftauchen, von denen der französische Geheimdienst weiß, daß beide der Bewegung um Lenin nahestehen.

Über Ewgenia Sumenson hingegen, jene gebürtige Finnin aus bürgerlicher Familie, war bisher nichts Näheres in Erfahrung zu bringen. Aber verdächtig erscheint immerhin, daß die Sumenson dem Händler Fürstenberg in Stockholm mehrmals in Telegrammen abgeraten hat, jetzt nach Petrograd zu kommen. Einerseits werden telegraphisch Order über Hunderttausende Rubel oder Kronen übermittelt, andererseits geht es in den Telegrammen während dieser düsteren Kriegstage um lächerliche Damenstrümpfe oder Bleistifte. Daß in dieser Hungerzeit dringend nach Mehl des Schweizer Unternehmens Nestlé gefragt wird, erscheint verständlich, aber mitten zwischen den Gebrauchtwarenartikeln tauchen dringende Telegramme auf, die, mit den Namen Uljanow und Sinowjew gezeichnet, an Fürstenberg nach Stockholm, und zwar an dessen Privatadresse in Salsjöbaden, dem besseren Vorort, abgesandt werden und in denen auch von Sonderdelegierten für eine internationale Sozialistenkonferenz in Stockholm die Rede ist. Das alles erscheint höchst verdächtig.

Oberst Nikitin bedankt sich bei dem Capitaine aus Frankreich und nimmt sich der höchst merkwürdigen Sache an. Je tiefer er in die Materie der von dem französischen Offizier ausgewählten 29 Telegramme eindringt, desto mehr wächst die Vermutung in ihm, bei diesen ominösen Bleistiften und Damenstrümpfen handele es sich um Tarnbezeichnungen für ganz andere Waren. Vielleicht geht es viel eher um Gewehre oder Patronen oder Geldsummen, die nach Rußland eingeschmuggelt werden sollen? Warum teilt die Sumenson dem im Stockholmer Grandhotel residierenden Fürstenberg etwas von Kurierbriefen mit und bittet ihn außerdem, ihrem Schwiegervater ganz privat die lächerliche Summe von 200 Rubeln zukommen zu lassen?

Der Oberst wird aktiv. Er findet sich besonders motiviert, weil der neue Justizminister Perewersew, der wiederum von Kerenski persönlich gedrängt wird, deutliche Ermittlungserfolge sehen möchte. Man will Beweise gegen die Bolschewiki und ihre deutschen Geldgeber in die Hand bekommen.

Daß für die Revolutionäre um Lenin Geld kein Problem zu sein scheint, ist am schnellen Ausbau ihrer Organisation, der Druckerei mit ihrer Parteizeitung »Prawda« und anderen Aktivitäten immer deutlicher zu spüren. Anfang Juli hat sich die Auflage der »Prawda«, die sich bis dahin eher kümmerlich am Leben hielt, auf 90.000 Exemplare hochgedrückt. Deutsche Gelder müssen offensichtlich reichlich fließen, wenn die Partei plötzlich immerhin 41 Zeitungen mit einer für diese Zeiten erstaunlich hohen Gesamtauflage von 320.000 Exemplaren herausgibt. Viele dieser Zeitungen werden in Lettisch, Polnisch, Georgisch, Tatarisch gedruckt und emsig vertrieben.

Am 15. April kommt die erste Nummer einer Soldatenzeitung heraus, die »Soldatskaja Prawda«, mit einer Auflage bis zu 70.000 Exemplaren. Für Matrosen erscheint die »Golos Prawdy« und eine weitere, speziell für die Fronttruppen, die »Okopnaja Prawda«.

Die Bolschewiki vertreiben täglich rund 100.000 Zeitungen an Soldaten und versorgen so nahezu jede Kompanie der russischen Armee mit einer bolschewistischen Tageszeitung. Im Juli spucken die Zeitungspressen der Bolschewiki täglich insgesamt 3.200.000 Zeitungen aus. Nur Monate zuvor, im Februar des Jahres, hatten die Bolschewiki noch nicht einmal über eine eigene Presse verfügt. Nun kommen dazu noch Hunderttausende von Flugblättern.

Der Einfluß der Bolschewiki auf die Bevölkerung wächst besonders in Petrograd. Die Menschewiki und die mit ihnen zusammengehenden Gruppierungen um Kerenski argwöhnen, daß die Bolschewiki in Kürze die gesamte Macht mittels eines Putsches an sich reißen wollen. Das muß natürlich aufgedeckt und international publik gemacht werden.

Nikitin läßt den Polen Dr. Koslowski, der in einem der Telegramme genannt wird, intensiver observieren. Daß die Sumenson eine so wichtige Person auf der geheimen Geldtransferlinie der Deutschen und der Bolschewiki sein soll, überrascht ihn. Natürlich verwirrt ihn auch, daß aus den 29 Telegrammen ersichtlich wird, wie Geld nicht nur von Stockholm nach Petrograd fließt, sondern auch in umgekehrter Richtung. Ob es sich bei dem Ganzen nicht doch nur um rein kommerzielle Waren- und Geldbewegungen handelt? Oberst Nikitin will sich in der Öffentlichkeit auf keinen Fall lächerlich machen. – Er wird das einzigartige Verwirrspiel Helphands, den Trick mit den diversen Tarnfirmen und den Geldhin-und-her-Überweisungen nie durchschauen. Er weiß nicht recht, wie er den Wortlaut der von dem französischen Offizier abgefangenen Telegramme deuten soll.

Zum Beispiel:

Salzebaden, 389/4 18 4/5 16.25
An: Sumenson. Nadgeschdinskajastraße 36, Petrograd.
Nummer 127. Habe mehr als einen Monat nichts von Ihnen gehört. Brauche dringend Geld. Neue Telegrammadresse: Salzebaden, Fürstenberg.

Nikitin registriert, wie schnell die Sumenson reagiert und Ganetzkis Anweisungen ausführt. Nur zwei Tage später meldet sie bereits an Ganetzki-Fürstenberg Vollzug der Geldanforderung:

Petrograd, 374 201, 20 10/II, 13.35
Fürstenberg. Stockholm, Salzebaden.
Nr. 86. Habe Ihr Telegramm Nr. 127 erhalten und verweise
auf meine eigenen Nr. 84/85. Heute habe ich wieder 20.000
eingezahlt, macht zusammen 70.000.
Sumenson.

Auch an Ganetzkis offizielle Büroadresse telegraphiert die
Sumenson, daß sie eine beträchtliche Summe auf die Russisch-Asiatische Bank in Petrograd eingezahlt hat:

Petrograd, 2801 12 14,2 12.22
Regat. Fürstenberg. Kungsgatan 55, Stockholm.
Nummer 74. Habe an die Russisch-Asiatische Bank 50.000
überwiesen.
Sumenson.

Nikitin schickt einen Mitarbeiter auf die Spur der Buchhalterin, der alles über sie herausfinden soll. Der Mann berichtet, daß die Sumenson nicht so »erstklassig« wie die Kollontai, sondern eher eine »Demi-Mondäne« sei.

Oberst Nikitin wählt nun den pfiffigen und erfahrenen jungen Geheimagenten Y. aus und setzt ihn auf die Frau an. Y.
wird nur allgemein instruiert, Näheres über bestimmte
Geschäftsbeziehungen von der Sumenson selbst in Erfahrung
zu bringen. Über die vermuteten politischen Verbindungen der
Frau sagt der Oberst dem Agenten Y. nichts.

Bereits am 11. Juli berichtet der junge Mann dem Obersten,
daß er es unauffällig bewerkstelligt habe, in der Datsche der
Sumenson in Pawlowsk, dreißig Kilometer vom Stadtzentrum
Petrograds entfernt, für eine Nacht ein Zimmer zu mieten. Die
Sache habe geklappt, berichtet der junge Mann und bedeutet
Nikitin, daß dessen Informationen über »Handelsgeschäfte,
die Dame betreffend«, offensichtlich nicht stimmen könnten.
Damit endet der Bericht.

Aus einer anderen Quelle erfährt der Oberst, daß die Sumenson in der Sibirischen Bank gesehen wurde. Nikitin schickt
seinen Mitarbeiter Alexandrow zusammen mit einem Finanz-

experten dorthin, um sich einen besseren Überblick über die finanziellen Verhältnisse der Sumenson zu verschaffen.

Die beiden Männer finden heraus, daß die Sumenson in dem knappen Zeitraum von April bis Juli 1917 annähernd 800.000 Rubel von ihrem Konto abgehoben hat und sich derzeit noch 180.000 Rubel auf ihm befinden. Das scheint Nikitin doch etwas zu viel: eine Million im Besitz einer kleinen, unscheinbaren Buchhalterin und Kontoführerin! Alexandrow erfährt, daß die Gelder von Ganetzki-Fürstenberg über die Nya Banken in Stockholm auf das Konto der Sumenson geflossen sind. Die Bankbelege und die von der Sumenson handschriftlich gegengezeichneten Auszahlungsquittungen, die Nikitins Leute zu sehen bekommen, sind eindeutig.

Aber noch immer wittern Nikitins Spürhunde nicht, wohin die Sumenson das abgehobene Geld getragen hat: ins Eckhaus in der Baskow-Gasse – zu Koslowski, dem »Hauptbuchhalter« der Bolschewiki.

Justizminister Perewersew erinnert nun Nikitin daran, daß er ihn bereits vor einiger Zeit aufgefordert hatte, »ein Auge auf den Koslowski zu werfen«. Sofort veranlaßt der Oberst das Nötige und meldet prompt einen Erfolg: »Unsere Agenten haben schnell entdeckt, daß er mehrere Banken am Vormittag aufgesucht, Geld abgehoben und neue Konten in anderen Banken eröffnet hat.« – Nach Ansicht von Oberst Nikitin und seinen Finanzexperten hat Koslowski damit »nur versucht, seine Spuren zu verwischen«.

Nun wird der Oberst das Eckhaus in der Baskow-Gasse immer intensiver observieren, und für die Bewohner Sumenson und Koslowski zieht sich die Schlinge allmählich enger zusammen, bis beide sich in einer wirklich bedrohlichen Lage befinden. Nikitin hingegen stellt mit Genugtuung fest, daß er endlich eine heiße Spur gefunden hat.

Von Nikitin angespornt und durch dessen Beweise aus der Sibirischen Bank »heiß« geworden, läßt Justizminister Perewersew die Sumenson am 8. Juli verhaften und unter Arrest stellen. Sie wird wegen landesverräterischer Finanzgeschäfte angeklagt. Deutschland ist Feindmacht, und deutsches Geld ist Feindgeld. Sofort beginnen die Verhöre. Oberst Nikitin läßt es sich nicht nehmen, die Sumenson persönlich zu befragen. Der Angeklagten werden einige der vom französischen Geheimdienstoffizier kopierten Telegramme und die von ihr unterschriebenen Empfangsquittungen bei der Sibirischen Bank vorgehalten.

Ewgenia Sumenson gesteht, was sie nun nicht mehr leugnen kann, daß eine – wie auch immer zusammengerechnete »Summe von 2.030.044,- Rubeln« durch Ganetzkis und ihre Hände gegangen ist. Die Anklage gegen die Sumenson lautet:

Das Feindgeld sollte zum Sturz der derzeitigen »Provisorischen Regierung« – in der legal auch Bolschewiki mitarbeiten – benutzt werden, damit die Bolschewiki die alleinige Macht erobern und mit den Deutschen einen Sonderfrieden schließen können. Für Perewersew ist dieser Tatbestand nach dem geltenden Gesetz Landesverrat.

»Die Sumenson legt ein umfassendes und freiwilliges Geständnis vor den Mitarbeitern des (Abwehr-)Büros ab, die sie in meiner Gegenwart befragen«, teilt Nikitin mit. »Sie sagt aus, daß sie von Ganetzki angewiesen wurde, an Koslowski jede Summe zu zahlen, die er anfordert, ohne jegliche Quittung. Die Gegenzeichnungen in den Scheckheften zeigen, daß diese (von Koslowski) nicht quittierten Summen jeweils bis zu 100.000 Rubel betragen.« Das Geld habe sie von Ganetzki-Fürstenberg über die Nya Banken Stockholm erhalten. Und dieses Geld käme aus deutschen Quellen, vermutet sie.

Diese Äußerungen der Sumenson veranlassen Nikitin, gegen führende Bolschewiki Anklage wegen Hochverrats zu erheben. Die Sumenson wird für Nikitin und vor allem für den Justizminister dafür gewissermaßen zur Kronzeugin, daß tatsächlich deutsches Geld an die Bolschewiki geflossen ist.

Sofort ranken sich wilde Gerüchte um das Geständnis der Sumenson. In diesen wirren Julitagen in Petrograd, wo alle unterschiedlich orientierten politischen Gruppierungen auf die verschiedenste Art und Weise gegeneinander auftreten, sich übel verleumden und bitter bekämpfen, kommt der Verdacht auf, daß die Sumenson nach althergebrachter Art der zaristischen Ochrana bei den Verhören geschlagen, zum Geständnis gezwungen, ja, sogar vergewaltigt worden sei. Nikitin bestreitet derartige Verhörmethoden allerdings noch ein Jahrzehnt später aus seiner englischen Emigration nachdrücklich.

Der Justizminister will jetzt sofort gegen Lenin und dessen Partei losschlagen. Aber genau in diesem Moment meldet ein Agent Nikitins, daß er aus zuverlässiger Quelle erfahren haben will, Ganetzki komme persönlich nach Petrograd und werde am 18. Juli die schwedisch-russische Grenze passieren. Mit äußerst wichtigem Material, einer Botschaft an Lenin oder vielleicht sogar mit Bargeld. Wenn man diesen wichtigen Geld- und Verbindungsmann an der Grenze schnappen könnte, hätte man schlagkräftige Beweise in der Hand. Nikitin drängt Perewersew, die geplante Verhaftung Lenins und der führenden Leute seiner Partei noch so lange hinauszuschieben, bis Ganetzki an der Grenze mit neuen, unwiderlegbaren Beweisen gefaßt wird. – Das große Warten auf Ganetzki beginnt.

Die Julitage in Petrograd sind von höchster Spannung gekennzeichnet. Die Vielzahl politischer Gruppierungen spaltet sich weiter auf. Alle treten gegen alle an. Bei den Menschwiki will die eine Fraktion gegen die immer mehr an Einfluß gewinnenden Bolschewiki sofort mit einem eigenen Putschplan losschlagen, die andere Fraktion will dagegen noch abwarten, um mehr öffentliche, vorzeigbare Beweise in die Hände zu bekommen, die die Bolschewiki noch stärker bloßstellen würden.

Bei den Bolschewiki wiederum fordert Lenin, jetzt die ganze Macht im Staat zu ergreifen, ehe sich die zerstrittenen Menschewiki einigen und geschlossen gegen die Bolschewiki vorgehen. Eine besonnenere Gruppe um Sinowjew will mit dem großen Schlag noch warten, weil die Situation nicht reif genug sei, um den totalen Umsturz zu riskieren und die Macht an sich reißen zu können.

Selbst im fernen Berlin teilen sich die »Orangenschalen«-Strategen in zwei Lager. Im Auswärtigen Amt, im Generalstab, in der Geheimabteilung IIIb und in der Reichsführung bauen sich jeweils zwei »Fronten« auf: Die einen beginnen fragend zu zweifeln, ob man auf Grund der gegenwärtig verworrenen und unklaren Situation im Kräftespiel zwischen Menschewiki und Bolschewiki noch weiterhin auf die Bolschewiki mit Lenin an der Spitze setzen – und das hieße, den Geldfluß »am Fließen« zu halten – oder ob man besser die nächsten Ereignisse aufmerksam abwarten solle. Die anderen, die »traditionellen Lenin-Akteure«, zu denen vor allem Brockdorff Rantzau gehört, wollen dagegen unbeirrt weiter auf die radikale Gruppe, die Bolschewiki, setzen, weil sie sich nur von diesen nach einer Machtübernahme einen sofortigen Sonderfrieden, den Separatfrieden mit Deutschland erhoffen. – Die Menschewiki um Kerenski erklären im Gegensatz dazu, als treue Entente-Partner den Krieg gegen Deutschland weiterführen zu wollen.

Der Entscheidungsdruck in Berlin nimmt schnell zu, denn es gilt, unverzüglich festzulegen, ob die finanziellen Unterstützungen für die Bolschewiki zunächst »auf Eis gelegt« werden und die Hauptmasse der »kaiserlichen Millionen« jetzt mehr und mehr den Menschewiki zugeschoben werden sollte. Je unübersichtlicher die Lage in Petrograd wird, desto riskanter erscheinen den Berliner Regierungsstellen grundsätzliche Änderungen. Auf welches Pferd in Petrograd soll man setzen? Im Moment sieht es so aus, als würde das Ganze zu einem wirklichen politischen Hasard-Spiel, zu einem Russisch Roulette mit sehr hohen Einsätzen. Niemand kann mit Sicherheit die Gewinnchancen voraussehen. Weder in Berlin noch in Petrograd.

Indessen überschlagen sich in der russischen Hauptstadt die Ereignisse. Die Ungeduldigen unter den radikalen Bolschewiki schlagen unvermittelt los und bekommen praktisch die halbe Stadt in ihre Hände. Lenin scheinen die eigenen Leute aus dem Ruder zu laufen.

Perewersew und Nikitin müssen sofort reagieren und das Warten auf den Material-Kurier Ganetzki beenden. Am Abend des 17. Juli erteilt der Justizminister dem Obersten Nikitin den Befehl, in den frühen Morgenstunden des folgenden Tages die auf seiner »schwarzen Liste« stehenden Führer der

Bolschewiki zu verhaften. Außerdem sollen in einer Ad-hoc-Aktion die Redaktionen der bolschewistischen Parteizeitungen und die Parteibüros durchsucht werden.

Doch Perewersews und Nikitins Jäger sind überrascht: Die meisten der »Listen-Leute« sind aus ihren Quartieren »ausgeflogen«. Sie müssen offensichtlich im allerletzten Moment Wind bekommen haben! Auch Lenin kann im angegebenen Quartier nicht gefaßt werden. Hat jemand die geheime Aktion verraten? – Der Hauptankläger am Petrograder Appellationsgericht, Karinski, hat von Perewersews und Nikitins geplanter Nacht-und-Nebel-Aktion erfahren, Lenin über dessen Vertrauten Bontsch-Brujewitsch warnen lassen und dem Führer der Bolschewiki dringend empfohlen, sich sofort zu verstecken und für einige Zeit unterzutauchen.

Die Lage hat sich jetzt wirklich zugespitzt, und so muß Lenin in diesen hektischen Tagen zweimal täglich das Versteck wechseln: Er wird wegen »Hochverrat und Vorbereitung eines bewaffneten Aufstands« gesucht. Das kann in diesen wirren Tagen glatt den Kopf kosten.

Nach Perewersews Liste geht es um elf Personen, die für die Hauptträdelsführer gehalten werden: Lenin, Sinowjew, Kollontai, Koslowski, Sumenson, Helphand, Ganetzki, Raskolnikow, Roschal, Semaschko und Lunatscharski. Trotzki steht nicht auf dieser Fahndungsliste der »Top Ten« der Bolschewiki, schließt er sich doch erst Ende Juli offiziell der Partei an. Die große Ehre, die der völlig »unpolitischen« Ewgenia Sumenson auf der Parteiprominenten-Liste zuteil wird, rührt daher, daß sie als »Geldmarie« für die bolschewistische Hauptkasse bereits gestanden hat.

Perewersew will die Stimmung gegen die revolutionären Bolschewiki und Lenin weiter anheizen. Als Justizminister lädt er ein paar ihm wohlgesonnene Journalisten und ein halbes Hundert der Regimentsvertreter der Petrograder Einheiten zu einer »äußerst wichtigen Informations-Konferenz« in seine Amtsräume ein. Hier legt er die heiße Geld-Geschichte zwischen den Deutschen und den Bolschewiki, soweit sie ihm bekannt ist, bloß.

Am nächsten Tag druckt das Massenblatt »Schiwoje slowo«

unter der riesig aufgemachten Balkenüberschrift »Lenin, Ganecki & Co. Spione« die sensationelle Story von der Geldlinie Ganetzki - Sumenson - Koslowski. An vielen Stellen in der Hauptstadt werden eilig gedruckte Plakate mit diesen Informationen angeschlagen.

Für die Handvoll zusammengetrommelter Journalisten und die halbe Hundertschaft militärischer Regimentsvertreter verfaßt der Justizminister eine Art Kommuniqué oder, genauer gesagt, eine »gedruckte Hilfestellung« fürs Schreiben und Reden. Darin heißt es: »Aufgrund soeben erhaltener Informationen« sei nunmehr bewiesen, »daß die bolschewistischen Organisatoren des Aufruhrs in Petrograd mit dem deutschen Feind in Verbindung stehen«. Denn: »Die militärische Zensur hat einen ununterbrochenen [...] Telegrammverkehr zwischen deutschen und bolschewistischen Agenten entdeckt.« Und an anderer Stelle dieser Verlautbarung des Justizministers heißt es: »Zu diesem Zweck und mit dem von den genannten Staaten (Deutschland und Österreich-Ungarn) erhaltenen Geld organisierten sie Propaganda unter der Zivilbevölkerung und in der Armee, in der sie dazu auffordern, sich unverzüglich einer Fortsetzung der militärischen Aktion gegen die Feindmächte zu widersetzen.«

Kerenski, der nach der Niederschlagung der Revolte der Bolschewiki am 20. Juli 1917 Ministerpräsident der neuen Provisorischen oder Übergangsregierung wird, erklärt außerdem ergänzend: »Die Provisorische Regierung hat eindeutig festgestellt, daß die Geldgeschäfte Ganetzkis mit Parvus (Helphand) bei der Petersburger Sibirischen Bank fortgesetzt wurden, wo auf die Namen Sumenson (eine Verwandte Ganetzkis) und Koslowski eine immense Summe deponiert war, die unter Vermittlung von Ganetzki persönlich von Berlin über Stockholm überwiesen wurde.«

Die Regimentsvertreter, die bei Perewersews Informationsrunde zugegen waren, berichten in ihren Einheiten, daß Lenin ein Verräter sei. Viele Soldaten sind verunsichert, einige ziehen zum Taurischen Palais, wo Mitglieder des Sowjets der Arbeiter- und Soldatendeputierten tagen. Es ist derselbe Ort, an dem Lenin am 4. (17.) April 1917 seine »Aprilthesen« über den Plan des Kampfes für den Übergang von der bürgerlich-demokratischen Februarrevolution zur sozialistischen Revolution verkündet hatte. Viele einfache Soldaten verstehen die Politik der Bolschewiki nicht mehr. Sie verlangen Aufklärung über die Anschuldigungen. Das allgemeine Aufbegehren gegen Krieg und Hunger, die Forderungen der hin und her wogenden Masse nach Frieden und Brot können die Bolschewiki nicht mehr ihren Vorstellungen entsprechend kanalisieren. Immer mehr Soldaten und Zivilisten ziehen zum Taurischen Palais. Zuerst tauchen Soldaten der Ismailow-Garden auf, dann folgen jene vom Preobrashenski- und vom Semenow-Regiment, die sogar eine Militärkapelle mitbringen. Auch Kosaken werden gesehen. Lenin und Co. – Verräter? Bezahlte deutsche Spione? Nicht vorstellbar! Lenins eigenartige Reise durch deutsches Feindesland wird erwähnt, das verwirrt noch mehr.

Ob Lenin sich in dieser für ihn heiklen Situation daran erinnert, daß Helphand ihm 1915 angeboten hatte, zu ihm nach Kopenhagen ins Exil zu kommen? Lenin hatte damals strikt abgelehnt, und so ist ihm die demütigende bewachte Transitreise durchs Feindesland Deutschland nicht erspart geblieben, die ihm jetzt wieder aufgetischt wird! Der Parteiführer kann sich momentan nirgends in der Öffentlichkeit blicken lassen.

Trotzki erinnert sich später, wie am Tag der Revolte um die Mittagszeit alle noch zusammen waren und die Ministerposten, die verantwortlichen Funktionen als Volkskommissare, für ihre neue Regierung verteilt haben, und daß sie schon sechs Stunden später wie gehetztes Wild auseinandergetrieben sind, jeder auf der Suche nach einem sicheren Unterschlupf. »Jetzt werden sie uns einen nach dem anderen erschießen«, sagt Lenin, »das ist für sie der geeignetste Augenblick.« Diese Worte klingen in Trotzkis Ohren noch lange nach, und der damals, am Beginn der Reise, auf dem Züricher Bahnhof von Radek so locker witzelnd hingeworfene Satz, daß sie entweder in sechs Monaten alle Minister sein oder aber hängen würden, bekommt nachträglich eine beklemmende Bedeutung.

Inmitten dieses politischen Durcheinanders im brodelnden

Petrograd spielt sich in der Öffentlichkeit eine makabre Szene ab: Auf dem breiten Newski-Prospekt, der berühmten und traditionsreichen Prachtstraße, inszeniert ein kleiner Trupp Studenten in einer Art spontaner »Straßentheater-Aufführung« das Gerichtsverfahren gegen »Lenin und die deutschen Spione«. – Eine theatralisch-visionäre Vorschau auf kommende Ereignisse?

DAS GELDTHEATER UND DIE KRIEGSLIST

Auf der Sitzung des Rates der Volkskommissare mit Lenin am 17. Oktober 1918 im Kreml: Koslowski (links, sich zurücklehnend), Radek (rechts am Tisch, mit Brille) und Leo Trotzki (hinten rechts).

Was nun tatsächlich folgt, artet mehr und mehr zu einem tragikomischen Politkabarett aus. Kerenski und Perewersew wollen das Stück von den bestochenen Bolschewiki mit einem Paukenschlag inszenieren. Als großes Moral-Theater spielen Kerenski & Co. die ehrlich Empörten und verschweigen natürlich, daß auch sie Gelder genommen haben – aber eben nur von der anderen Seite, von den Entente-Staaten.

Lenin und seine Leute treten nach selbstgegebener Regieanweisung mit verteilten Rollen auf: Alles abstreiten, lautet ihre simple Devise. Das muß zwangsläufig zur Politposse geraten. So erklärt der zusammen mit Swerdlow »untergetauchte« Lenin aus seinem Versteck heraus, niemals auch nur »eine einzige Kopeke« von den Deutschen genommen zu haben. Und das stimmt sogar, denn kein Deutscher hat ihm persönlich je irgendwelches Geld in die Hand gedrückt oder auf ein Privatkonto überwiesen. Lenin hat nicht einmal von Ganetzki oder Koslowski selbst etwas erhalten. Das schreibt Lenin in einem gemeinsamen Brief mit Kamenjew und Sinowjew an die Zeitung »Nowaja Schisn«. Lenin verteidigt sich in mehreren kurzen Artikeln gegen die »Anwürfe der Konterrevolution«, wie er es nennt. Er erklärt in diesem Zusammenhang auch, daß er sich nicht freiwillig einem Gericht stellen wird, da weder er noch Sinowjew mit einem fairen Prozeß rechnen könnten. Als obendrein Kamenjew verhaftet und fast gelyncht wird, fühlen sich Lenin und Sinowjew in ihrer Haltung bestätigt.

Lenin beurteilt die Lage als hoffnungslos und überlegt bereits, das Parteizentrum vorsichtshalber ins Ausland zu verlegen, am besten nach Finnland oder sogar nach Schweden, denn in Petrograd scheint der politische Mob »der anderen« die Oberhand zu gewinnen.

Die Anwürfe der Menschewiki, Lenin sei ein Agent des deutschen Kaisers, kann er verhältnismäßig leicht entkräften, und seine Argumente erscheinen glaubhaft. Dagegen bleibt der Geldvorwurf unwiderlegt in der Schwebe. Lenin rechnet, falls er gefaßt wird, sogar damit, daß dieser Vorwurf ihn in der momentanen Anti-Bolschewiki-Hysterie tatsächlich den Kopf kosten kann. Also muß er weiterhin unbeirrt alles abstreiten. Lenin kann nicht wissen, daß zum Beispiel der Inhalt seines Briefes vom 25. April an Radek und Ganetzki nach Stockholm bekannt geworden ist. Nach seiner damaligen schriftlichen Mahnung: »Bis jetzt haben wir von Ihnen nichts erhalten, absolut nichts – keine Briefe, keine Pakete, kein Geld« hatte Radek den in Stockholm befindlichen Koslowski eilig mit einem Rubelpaket nach Petrograd geschickt. Ein paar Tage später war Lenins korrekte Antwort nach Stockholm übermittelt worden: »Das Geld von Koslowski (zweitausend) erhalten«.

Zweitausend Rubel – ein eher bescheidenes Handgeld, verglichen mit den Millionensummen, die bis dahin schon in die Parteikasse geflossen waren. Aber gerade dieser lächerlich geringe Betrag wird noch monatelang von Lenins Gegnern immer wieder als Beweis dafür herangezogen, daß er persönlich Geld genommen hat. Lenin kann sich die immer wieder auftauchende »Geldanklage« nur schwer vom Hals schaffen. Zum Monatswechsel August/September schreibt er aus seinem inzwischen bezogenen finnischen Versteck an Radek und Ganetzki einen langen Brief mit detaillierten Hinweisen, besonders an Radek für dessen Auslandspropaganda, wie und mit welchen Argumenten die Geld-Verleumdungen entkräftet werden sollen.

So grotesk die Vorwürfe der Kerenski-Leute gegen Lenin auch sind, ebenso lächerlich erscheinen die »Verteidigungsversuche« Lenins. Es ist doch eine ausgesprochen sinnvolle Kriegslist, sich den Aufbau der eigenen Parteiorganisation, mit allem, was dazu gehört, ausgerechnet vom politischen Gegner in Berlin bezahlen zu lassen! Bis zur Revolution. Und, wie man sehen wird, auch noch lange und kräftig *nach* deren Sieg.

Ein so nichtssagender »Gegenbeweis«, daß Ganetzki und Koslowski deshalb nichts für die Bolschewiki getan hätten, weil beide Polen sind, kann nun wirklich niemanden überzeugen. Aber Lenin schreibt: »Weder Ganetzki noch Koslowski sind Mitglieder der Bolschewiki, vielmehr gehören beide der Sozialdemokratischen Partei Polens an [...] Die Bolschewiki haben weder von Ganetzki noch von Koslowski Geld erhalten. Derartige Behauptungen sind dreiste, gemeine Lügen.«

Auch mit dem Versuch, die Verbindungslinie von Helphand --Ganetzki zu ihm zu bestreiten, landet Lenin nicht gerade einen Treffer. In der »Rabotschaja gasjeta« läßt er eine nicht sehr überzeugende »Klarstellung« drucken: »Der Staatsanwalt beruft sich darauf, daß Parvus (Helphand) mit Ganetzki in Verbindung stand, und dieser wiederum mit Lenin! Das ist ein betrügerischer Fehlschluß. Alle Welt weiß zwar, daß Ganetzki mit Parvus in Geldgeschäfte verwickelt war, doch wir haben mit Ganetzki nicht das Geringste zu tun.«

Wer soll das glauben? Radek setzt sozusagen »flankierend« von neutralem Boden her, aus der »bolschewistischen Außenstelle« in Stockholm, für die Auslandspropaganda in seiner »Korrespondenz Prawda« noch eins drauf: »Von Parvus hat keiner der Bolschewiki [...] auch nur einen Groschen für irgendwelche politischen Zwecke bekommen. Parvus (Helphand) hat ihnen auch niemals derartige Angebote gemacht.« – Im Ausland, so hofft Radek, sind Einzelheiten über den Umfang und die »Geldwasch«-Methoden zwischen der deutschen und der bolschewistischen Seite weitgehend unbekannt.

Helphand schreibt in einer Zwanzig-Pfennig-Rechtfertigungsbroschüre unter dem vielversprechenden Titel »Meine Antwort an Kerenski & Co.«, erschienen im Verlag für Sozialwissenschaften Berlin am 8. August 1917, emphatisch: »Ihr Narren, was sucht ihr, ob ich Lenin Geld gegeben habe? Gerade Lenin und die anderen, die ihr namentlich aufführt, haben von mir, sei es als Geschenk oder als Darlehen, kein Geld verlangt oder erhalten. Aber ich habe ihnen und vielen anderen Schlimmeres als Geld oder Dynamit gegeben. Ich gehöre mit zu denjenigen, die den revolutionären Willen der russischen Proletarier geistig genährt haben, den ihr jetzt ausrotten möchtet und nicht könnt.«

Wer versucht hier nun wen zum Narren zu halten? Auf die Vorwürfe gegen sein verwirrend angelegtes »Geldwaschsystem«, seine weitverzweigten Ex- und Importgeschäfte, extemporiert Helphand noch und zeigt mit dem Finger auf

»die anderen« Gelder, die »von der anderen Seite«, der Entente, an die Kerenski-Putschisten geflossen sind: »Indessen ihr nach deutschem Gelde sucht und den Kaufmann, der in den Besitz einer deutschen Ware gelangt, zum politischen Verbrecher stempelt, merkt ihr nicht, oder wollt nicht merken, wie das englische, französische, amerikanische Geld den Staat korrumpiert, das Reich wirtschaftlich knechtet, politisch unterjocht.«

In einer nachgeschobenen Druckschrift mit dem wahrlich verblüffenden Titel »Im Kampf um die Wahrheit« will Helphand den reinen Geschäftsmann herauskehren, wenn er scheinbar naiv schreibt: »Mein Geldverkehr mit Fürstenberg (Ganetzki) war ein rein kommerzieller und fand in Kopenhagen statt, offen vor aller Augen.« Doch dann bricht Helphands alte Eitelkeit wieder durch, und er erläutert weitschweifig und selbstgefällig die Wichtigkeit seiner Person: »Die Regierung Kerenski führte gegen mich die Untersuchung mit großer Leidenschaft [...] Die Beobachtung meiner Person erstreckte sich auf ganz Europa: die russischen, rumänischen, englischen, französischen und italienischen Behörden waren daran beteiligt. Mein Haus in Kopenhagen war von Agenten mehrerer Staaten umzingelt. Man verfolgte jeden meiner Schritte. Meine Briefe wurden abgefangen und geöffnet.«

Dabei hätte der eine Satz auf Seite 31 der »Wahrheits«-Broschüre völlig ausgereicht, um die ganze demagogische Halbwahrheit zu sagen: »Meinerseits habe ich erklärt, daß ich den Bolschewiki Geldmittel nicht gegeben habe.« Das hat er wirklich erklärt, denn das große Geschäft durfte ja unter keinen Umständen bekannt werden – das hatte die deutsche Seite zur Grundbedingung gemacht.

Helphands Kampf um die Wahrheit, wie er ihn in seinen Rechtfertigungstraktaten betreibt, erinnert ein wenig an eine Mischung aus Sir Arthur Conan Doyle und Hedwig Courths-Mahler, er verschleiert kunstvoll das Kuriosum einer Konspiration zwischen Kaiser und Bolschewiki.

Auch Lenin muß sich noch monatelang mit dem Geldvorwurf herumplagen. Es ist ihm nicht möglich, offen, überlegen und in souveräner Haltung von einer äußerst nützlichen und den Gegner schwächenden Kriegslist zu sprechen. Er ist im Moment im eigenen Lande schwer angeschlagen und muß noch bis zur Machtübernahme durch die Bolschewiki im Oktober warten, bis er seine in erregten Diskussionen vorgebrachten drei deutschen Worte »aussprechen, was ist« anbringen kann.

DER GROSSE TRICK

Wie funktioniert denn nun aber Helphands System? Wie gelangt das Geld in Koslowskis Petrograder Eckhaus und damit in die Kasse der Bolschewiki?

Vereinfacht formuliert, erscheinen Helphands Geschäfte am Markt keineswegs als unüblich: Er kauft Waren bei einem Unternehmen im Lande X. Diese Waren verkauft er an ein Unternehmen des Landes Y. Von dort werden die Waren an ein Unternehmen des Landes Z. weiterverkauft. Bei jedem Kauf, Verkauf, Transport, Wiederverkauf, die zunächst mit regulären Papieren, korrekten Import- und Export-Lizenzen, Zollerklärungen usw. erfolgen, kassiert Helphand seine Prozente. Als leidenschaftlicher Handelsunternehmer versucht er natürlich, seinen Anteil so hoch wie möglich zu schrauben. Bei sehr großer Stückzahl bringen seine Prozente auch nominal hohe Gewinne. Da die meisten Waren in seine dänische Handelsgesellschaft hineingekauft werden, gelangt fast alles per Schiff nach Kopenhagen. Dort wird die Warenfracht ausgeladen und zum Weitertransport an die nächste Firma umgeladen – in der Regel geht die Fracht an die von Helphand und Ganetzki gegründete Firma Klingsland in Stockholm. Dort wird erneut umgeladen und wiederum und per Schiff weitertransportiert. Um die teuren Frachtraten zu reduzieren, kauft Helphand für sein Handelsunternehmen sogar eigene Frachtschiffe. Wenn zum Beispiel Medikamente, Textilien und Chemikalien per Schiff nach Rußland geliefert werden, gehen sie von der Hafenstadt Petrograd weiter ins Landesinnere, meist per Eisenbahn. Das übernimmt dann das russische Tochterunternehmen von Klingsland in Petrograd.

Der Verkaufserlös wird auf die russischen Banken in Petrograd, also auf die Konten der Klingsland-Vertreterin Sumenson eingezahlt. Von dort überweist Klingsland-Petrograd den Verkaufserlös an die letzte genannte Lieferfirma Klingsland-

Stockholm. Klingsland-Stockholm überweist weiter an Helphands Zentralfirma in Kopenhagen, und von Kopenhagen geht ein Teil des Erlöses an die Erstverkäufer nach Bulgarien, Rumänien, England, Deutschland usw.

Doch von vielem, was in Rußland verkauft wird, bleiben die Einnahmen in Petrograd hängen. Warum? Zunächst werden – wie in jedem Handelsgeschäft üblich und keineswegs verdächtig – alle Erlöse eingenommen und korrekt nach Skandinavien transferiert. Was in der Regel Ewgenia Sumenson als Angestellte der Firma Klingsland besorgt. Sie überweist die Beträge auf Ganetzkis Konten in Stockholm.

Die Sache scheint damit abgeschlossen. – Wenn nicht Lenins Revolutionäre dringend Geld benötigten. Also zahlt Lenins Vertrauter, Ganetzki, den überwiegenden Teil des Geldes auf diverse Privatkonten der Sumenson in Petrograd zurück, reingewaschen.

Bleibt eine Frage offen: Wie wird Helphands »Verlust« ausgeglichen? Ein normales Handelsgeschäft beginnt damit, daß zu seiner Finanzierung, zum Ersteinkauf von Waren, ein Kredit aufgenommen werden muß. Für den Einkauf der Waren erhalten Helphand und Ganetzki auf Anweisung des Auswärtigen Amtes und des Großen Generalstabs in Berlin einen solchen Einkaufskredit von Banken, zum Beispiel von der Deutschen Bank. Dort stellt man die enormen Summen zur Vorfinanzierung für die Verfügung. Da aber – wie bekannt – die Erlöse aus den Rußland-Geschäften zur Finanzierung der Revolution dienen, bliebe die Deutsche Bank auf ihren »verlorenen« Krediten, die mit den ausbleibenden Gewinnen nicht getilgt werden können, sitzen. – Wenn nicht das Auswärtige Amt und die Reichsbank die ausstehenden Kredite aus ihren diversen Fonds tilgen würden. Und so geschieht es, das ist der eigentliche Trick. Dies ist einerseits alles sehr einfach – andererseits aber gekennzeichnet von zeitraubenden Umwegen und sehr verwickelt.

Helphand muß die Kredite nie zurückzahlen, was bei der Zersplitterung und Diversifikation seines Handelsimperiums nicht auffällt und auch nicht überprüft wird. Häufig werden die Vorfinanzierungskredite auf unverfängliche Konten in der

Schweiz, auch in Rumänien gezahlt. Das ist der Grund dafür, warum Helphand zum Beispiel bei den Millionenzahlungen des Auswärtigen Amtes darauf besteht, daß ein Teil des Geldes zunächst in Drittländer, zum Beispiel nach Rumänien, transferiert wird, damit die Ausgangs»quelle« – in Deutschland – nicht so deutlich in Erscheinung tritt. Daß Helphand das Geld aus den verschiedensten Fonds-Töpfen des Auswärtigen Amtes erhält, war grundsätzlich mit der Reichsführung und dem Generalstab abgesprochen. Darum genügt es auch, wenn die Staatssekretäre untereinander vollkommen leger verkehren und über große Beträge mit einfachen Floskeln verfügen: »Für die Ihnen bekannten Zwecke« – »für Propaganda-Zwecke« – »Ohne Angabe von Gründen« usw. Die Gelder werden ja immerhin auf höchster Ebene, zwischen dem Staatssekretär Helfferich im Reichsschatzamt und dem Staatssekretär Zimmermann im Auswärtigen Amt in Richtung Helphand und zu seinen diversen Dependancen in Fluß gebracht. Danach geht die Anweisungslinie an die Gesandten des Auswärtigen Amtes weiter: an den Freiherrn von Roedern in die neutrale Schweiz, an den Grafen Brockdorff Rantzau nach Kopenhagen, an Freiherrn von Stoedten nach Stockholm. Der Informationsverkehr zwischen den drei deutschen Auslandsvertretungen in den neutralen Ländern erleichtert das Gesamtunternehmen natürlich ungemein.

Manches wird allerdings in Kopenhagen auch »etwas am Zoll vorbei«, wie es vorsichtig heißt, hin und her transportiert. Als das Ganze zu sehr übertrieben, die Schmuggelei allmählich ruchbar wird und sogar Ganetzkis Verhaftung bevorsteht, empfehlen die dänischen Behörden dessen Rechtsanwalt, Ganetzki solle diese Art Handel »am Gesetz vorbei« sofort und von sich aus beenden und das Land verlassen.

Über diese Vorgänge ist der deutsche Gesandte in Kopenhagen natürlich informiert, auch er rät, daß Ganetzki Dänemark schnellstens verlassen möge, damit die eigenartigen Handelsgeschäfte bei näherer öffentlicher Erwähnung nicht in politische Verwicklungen ausarten können. – Ganetzki zahlt schnell noch seine Strafe in Kopenhagen und verschwindet.

Trotzdem sickert natürlich hier und dort etwas durch, und die Entente-Geheimdienste haben, ohne über Details informiert zu sein, eine ungefähre Ahnung, daß über ein weitverzweigtes, mysteriöses Handelssystem von Geld- und Warenleistungen Bares in die Kasse der russischen Revolutionäre, der Bolschewiki, gelangt. Es ist das alles aber eben nur schwer zu verfolgen und zu beweisen. Vielleicht hat auch die allgemeine Deklarierung »für politische Propagandazwecke« die Entente nicht genügend alarmiert, weil sie dieses Vorhaben für harmloser hielt, als es sich dann erwies. Schließlich wußten die zuständigen Stellen, daß auch ihre eigenen Regierungen an die »anderen Russen«, an die Menschewiki, an die Provisorische Regierung des Fürsten Lwow und seinen Nachfolger Kerenski Gelder zahlten, aber eben gerade aus dem entgegengesetzten Grund: um den Krieg fortzusetzen und um Deutschland zu besiegen.

Viele Politiker und Diplomaten der Entente-Länder verfügen weder über exakte Informationen noch haben sie auch nur eine Ahnung von der »rücksichtslosen Energie« – wie Kesküla in seinem geheimen Empfehlungsbericht an die Geheimabteilung IIIb am 3. Mai 1915 schreibt – des in Politikerkreisen relativ unbekannten Revolutionstheoretikers Uljanow-Lenin in seinem Schweizer Exil. Es gibt doch so viele Wirrköpfe in der großen russischen Emigrantenkolonie! Daß einige dieser Leute Gelder für ihre Propaganda erhalten, beunruhigt sie nicht weiter.

Der österreichisch-ungarische Diplomat Grebing ist dagegen etwas detaillierter informiert. Schließlich hatten die Österreicher in ihrem Generalstab, unabhängig von den verbündeten deutschen Stellen, ebenfalls die Überlegung erörtert, den rastlosen Revolutionär Uljanow-Lenin nach Rußland zu »transferieren«, damit ihre langgezogene und nicht sehr erfolgreiche Front gegen die Zarenarmee im Süden, sie erstreckt sich immerhin von Südpolen über die Karpaten bis auf den Balkan, entlastet werde.

Grebing verfügt auch über Informationen zur Revolutionierungsbewegung und über den generellen Trick des deutschen Auswärtigen Amtes und der Reichsführung zum Mittelsmann Helphand. Grebing schreibt: »Parvus und Fürstenberg haben tatsächlich mit deutscher Hilfe über Skandinavien reguläre, umfangreiche Exportgeschäfte mit Rußland betrieben. Man verfuhr dabei folgendermaßen: Parvus erhielt aus Deutschland bestimmte Waren, die Rußland dringend benötigte, wie chirurgische Instrumente, Medikamente, chemische Produkte, Kleidung oder sogar Verhütungsmittel, und Ganetzki schickte sie dann nach Rußland weiter. Sämtliche Einnahmen aus diesem Handel wurden nicht nach Deutschland zurücküberwiesen, sondern vom ersten Tag der Revolution an in erster Linie für die Finanzierung leninistischer Propaganda verwendet.«

Für im Detail Nichtinformierte ist es tatsächlich kaum möglich, aus der Vielzahl von Geschäftspapieren, über die kleinen Sümmchen von halben Hunderttausendern, die sich Helphand und Ganetzki gegenseitig auf die Konten zuschieben, die ursprüngliche deutsche Geldquelle herauszufiltern. Ein Schreiben vom 28. April 1916 von Ganetzki an Helphand teilt eine solche Hin- und Rücküberweisung, eine »Umrubelung« im wahrsten Sinne des Wortes, von einem auf das andere Konto mit:

Ich bestätige hiermit höfl. dass die heute, auf meinem Namen, bei Revisionsbanken hier deponierten

Rb. (Rubel) 50.000.-

als Einzahlung Petrograd – worauf obige Bank das Conto Handels og Exportkompagniet A/S. mit Kr. 45.000.- anerkannt hat, Ihnen angehören.
Der Betrag pr. Kr. 45.000,- wurde Ihrem w. Conto bei Handels og Exportcompagniet gutgeschrieben.
Hochachtungsvoll
[Unterschrift:] Fürstenberg

Aber auch wenn es um »größere Beträge« wie den Kauf von Fabriken, Maschinen, Millionenkrediten geht, zeigen sie rein kommerziellen Charakter, wie in dem Abrechnungs- und Tätigkeitsschreiben des beauftragten und vertraglich gebundenen »Hausanwalts« von Helphand, des Oberrechtsanwalts

Aage Faurschou aus der Skoubogade 1 über einige Aktivitäten im Jahre 1917:

Verhandlungen und Conferencen mit Ihnen, Rechtsanwalt Ortmann & Herrn Walther betreffend event. Kauf der Maschinen- und Motorfabriken »Dan«.
– Verschiedene Conferenden und Verhandlungen betr. event. Kauf der Maschinenfabrik und A/G. Smith, Mygind & Hüttemeier.
– Sie conferiert mit mir wegen eines Kredites auf 2.000.000 Mark in dänischen Banken gegen Bürgschaft der Firma Bleichroeder. Verhandelt mit den gesammelten Direktionen der Nationalbank und Handelsbank, Etatsraad Glückstadt und dem Aufsichtsrat des Andelsbank. Angelegenheit betr. eine Anleihe bei Arbejdernes Braendselsgesellschaft und der Revisionsbank, gross 6.000.000 Kronen.

Wie weitsichtig der Geschäftsmann Helphand vorgeht, zeigt der Hinweis auf eine Millionen-Kreditrückzahlung im selben Bericht des Oberrechtsanwlts, die erst ein halbes Jahrzehnt nach Beendigung des Krieges fällig wird:

Concipiert 4 Entwürfe der Kreditvertragen zwischen Ihnen und dem Kohlengeschäft auf dänisch und deutsch.
  Verhandlungen mit der Revisionsbank betreffend dem Kreditvertrage des Braendselsgeschäftes. Geordnet denselben für das Braendselsgeschäft als fester Kredit auf denselben Bedingungen wie Ihre Anleihe: fällig erst 5 Jahre nach dem Kriege. Concipiert den Kreditvertrag der Revisionsbank.
  Concipiert die endliche Urkunde auf 6 Millionen Kronen zwischen Ihnen und Kohlengeschäft auf dänisch und deutsch und macht die Angelegenheit fertig von meiner Hand.

Am Ende des Tätigkeitsberichtes des Oberrechtsanwalts Aage Faurschou, bei dem es um Millionen geht, muß der Anwalt Helphand nochmals anmahnen, die längst fälligen zwölf Kronen für die Hundesteuer zu entrichten, und Helphand ist bemüht, die Zahlung dieser lächerlichen Gebührensumme an

den dänischen Fiskus für die dazugehörigen Urkunden so weit
wie möglich hinauszuschieben:

*Verhandelt mit den Stempelbehörden wegen Aufschube der
Stempelpflicht der Urkunden. Ausgewirkt dass der Stempel-
betrag 12,- Kr. bis weiter beruht.*

»AUSSPRECHEN, WAS IST«

*Lenin mit seiner Schwester M. I. Uljanowa auf dem Weg zum 5. All-
russischen Sowjetkongreß in Moskau: »Aussprechen, was ist!«.*

Die Machtübernahme in Petrograd sei ein Kinderspiel gewesen, sagt Lenin schlicht zu einem Vorgang, der in den Geschichtsbüchern eine weltverändernde Revolution genannt werden wird. Was sich in der Nacht zum 26. Oktober 1917 in Petrograd im Schutz der Dunkelheit tatsächlich ereignet, ist als vollkommen undramatisch zu bezeichnen. Die nächtliche Ruhe kaum störend, besetzen die Bolschewiki und die mit ihnen Sympathisierenden nach und nach Brücken und Bahnhöfe, Post- und Telegraphenämter und die (leeren) Banken. Nirgends Widerstand, kaum sind Schüsse zu hören. Die Brisanz dieses zu Beginn stillen Revolutionsvorganges liegt in den blutigen Kämpfen ohne Ende, die folgen werden.

Der offiziell bis zum Vortag als Ministerpräsident eingesetzte Kerenski hat sich schon um neun Uhr morgens in der Uniform eines serbischen Offiziers aus der Stadt hinausgeschlichen. Genauer gesagt, er ist in einem Automobil der USA-Botschaft mit Botschafter-Stander davongefahren, von einem Botschaftsmitarbeiter chauffiert. Die beiden Herren rasen von der Revolutionsstadt in Richtung Pskow. Kerenski flieht nicht etwa, wie er noch jahrelang danach sich verteidigen zu müssen glaubt, sondern er versucht, Truppen von der Front zu holen und Petrograd zurückzuerobern. Doch im Hauptquartier der russischen Nordfront findet sich kaum jemand, der ihm entgegenkommen oder ihn unterstützen will. Die Truppenkommandeure mögen sich auf ein derartiges Vabanque-Spiel nicht mehr einlassen. Es gelingt Kerenski nur, einige kleinere Einheiten zusammenzutrommeln, mit denen der ehemalige Kriegsminister und Premier gen Petrograd, gegen die Revolutionäre, die Bolschewiki, zieht. Über Luga und Gatschina bewegt sich Kerenskis Heerhaufen bis Zarskoje Selo. Dort, nur »zwei Pferdestunden« vor Petrograd, weigern sich die Soldaten weiterzuziehen, und die Berittenen sitzen ab. Das bedeutet das endgültige Aus für Kerenskis Rückeroberungspläne.

Daß die historisch bedeutsame und folgenschwere Machtübernahme in der Nacht ohne gewaltiges Sturmsignal oder langanhaltende Kanonade erfolgt, liegt in den tausendfachen Handlungen und Aktionen zuvor begründet. Es genügt das eine akustische Signal am Abend, der Blindschuß mit einer Manövergranate von Bord des betagten Kreuzers »Aurora«. So ist es verabredet, als Startschuß gewissermaßen zum Sturm auf das Winterpalais, wo Kerenskis Minister auf Entsatz warten. Hier ist kein Bollwerk mehr zu stürmen, denn die Minister geben ihrer wild zusammengewürfelten Gebäudeschutztruppe, einer Handvoll schießwütiger Militärkadetten, Angehörigen des Freiwilligen Frauenbataillons und einer Radfahrereinheit die Anweisung, nicht zu schießen, wenn die Roten Garden kommen. Es soll kein Blut fließen, sagen die Kerenski-Minister, und sie denken verständlicherweise an ihr eigenes Blut.

Durch nicht verschlossene und kaum verbarrikadierte Türen an den Seiteneingängen des Palais und offene Fenster dringen die Revolutionäre, ohne auf nennenswerten Widerstand zu stoßen, in das Gebäude ein und nehmen die Kerenski-Minister fest. Unter Bewachung werden sie zur Peter-und-Pauls-Festung gebracht. Sie müssen vor einer sich inzwischen am Revolutionsort versammelnden lynchbereiten Volksmenge geschützt werden. Blut fließt in dieser Nacht nicht, das »Kinderspiel« ist schnell beendet. Viel Blut wird allerdings in den folgenden Jahren während des erbarmungslos geführten jahrelangen Bürgerkriegs noch fließen. Die Historiker dieses Jahrhunderts werden vom »Weißen« und vom »Roten« Terror sprechen. Schon in der Bewertung der »Februarrevolution«, die viele eine bürgerliche nennen, scheiden sich die Geister. Die einen bewerten diese erste, bürgerliche Revolution des Jahres 1917 mit dem Sturz des Zarensystems als die entscheidende, für andere wird erst die Oktoberrevolution mit der Machtübernahme der Bolschewiki zum wirklich bedeutenden, die Welt verändernden Ereignis.

Erst zehn Jahre später, schon unter Stalins Alleinherrschaft, wird die »Große Sozialistische Oktoberrevolution« mit ihrem »Sturm auf das Winterpalais« als kinokünstlerische Vision unter der Regie Sergej Eisensteins in einem Film optisch und dramaturgisch einprägsam gestaltet. 1927 stürmen Filmkomparsen das Hauptportal des Palastes, der als architektonisches Symbol für die letzte Bastion einer historisch verrotteten, überholten Gesellschaftsordnung ins Bild gesetzt ist. Dem Zuschauer wird das geschichtliche Ereignis als ein sehr einfacher und eindeutiger Vorgang vor Augen geführt: Die Guten siegen über die Bösen, das moralisch verkommene Alte unterliegt, und das Gute, Gerechte, Neue setzt sich durch, von großen Hoffnungen in eine bessere Zukunft begleitet. Auf Zehntausenden von Gemälden, auf meterlangen Wandteppichen bunt gewirkt, in unzähligen Reden beschworen, auf den Theatern und in ritualisierten Demonstrationszügen immer neu beschworen. Bis in den letzten Winkel des eigenen Landes und über die ganze Welt verbreitet. Eine Art modernes Revolutions-Panorama, eine Breitwand-Ikone, der ehrfurchtsvoll zu huldigen Millionen Menschen zu Pflicht und Bedürfnis wird. Bildgewordene Hoffnung, Not und Elend der Zeit für immer hinter sich zu lassen.

Der nüchterne Analytiker Lenin dagegen »spricht aus, was ist«: ein Kinderspiel, das Schwere wird erst kommen. Aber über eines spricht er auch weiterhin nicht: Womit ist alles bezahlt worden, welches Geld wird weiterhin noch für eine bestimmte Zeit reichlich fließen, um die Kosten der Revolution zu begleichen? Was hat es mit dem deutschen Geld auf sich? –Warum aber nutzt Lenin die Gelegenheit nicht, jetzt, nach der Machtübernahme, die Finanz-Karten offen auf den Tisch zu legen?

Es wird doch irgendwann einmal herauskommen, nichts kann vor der Geschichte geheimgehalten werden, das weiß Lenin. Und nun, wo auch »die andere Seite« finanziell sehr rührig ist, könnten doch er und seine Leute offen über ihre Geldquellen sprechen. Der USA-Kongreß bewilligt zu dieser Zeit immerhin einen riesigen Dollar-Kredit zum zweigleisigen Ausbau der »sibirischen Lebensader«, der einzigen Eisenbahntransportstrecke von der Pazifikküste quer durch Sibirien bis ins europäische Rußland. Für Waffen, Munition und Soldaten, die gegen die neue Regierung der Bolschewiki eingesetzt werden sollen. Auch die beiden Entente-Mächte England und Frankreich lassen ein Geldhilfe-Programm für die Anti-Bolschewisten anlaufen.

In Berlin haben sich alle jene geirrt, die voreilig dachten, mit Lenins Machtergreifung, mit der Oktoberrevolution, sei die Revolutionierungspolitik Deutschlands zu einem erfolgreichen Ende gebracht worden und der Fluß der deutschen Millionen könne ein für allemal versiegen. Aber ganz im Gegenteil: Es geht erst richtig los! Die neuen Machthaber können aus den eroberten Staatskassen ihres Vorgängers Kerenski nichts nehmen, weil Kerenskis Kassen leer sind! Und Eile ist geboten. Es zeigt sich, daß Helphands Traum des Jahres 1915, mit zwanzig Millionen Rubel die gesamte russische Revolution finanzieren zu können, doch eine zu naive Vision war. Jetzt, Ende 1917, nach der Revolution, ist Realitätssinn gefragt.

Liest man in den Folianten des deutschen Auswärtigen Amtes für den Zeitraum »vom 1. November 1917 bis 28. Februar 1918, Band 23«, so verwandeln sich die geheimen Akten »Der Weltkrieg. 11 c Geheim« beinahe zu einem Kontokorrent-Buch deutsch-russischer Geschichte. Nichts ist zu spüren von einer gelassenen Ruhe nach dem Oktober-Sturm vom 7. November (26. Oktober). Im Auswärtigen Amt, im Generalstab, in seiner Geheimabteilung IIIb, in der Reichsführung in Berlin greift im Gegenteil nervöse Hektik um sich. Dringende Lageberichte über den Stand der neuen Machthaber werden angefordert. Befürchtungen verbreiten sich, ob sich die Lenin-Leute halten können, und wenn, wie lange noch? Und vor allem: Ob sie es schaffen werden, den so nachdrücklich erhofften Separatfrieden mit Deutschland an der Ostfront offiziell zu bewerkstelligen.

Schon zwei Tage nach der Machtergreifung in Petrograd wird in Berlin ein Zehn-Millionen-Betrag bereitgestellt. Während der Staatssekretär des Reichsschatzamtes an der Abfassung der Anweisung sitzt, korrigiert er das Schreiben handschriftlich nach oben: aus zehn Millionen werden fünfzehn. Und die notwendige »tunlichste Beschleunigung« wird noch extra vermerkt. Das Schreiben vom 9. November 1917 lautet:

Berlin, den 9. November 1917. Heute.
An den Herrn Staatssekretär des Reichsschatzamts.

Ew. pp. beehre ich mich unter Bezugnahme auf die Bespre-
chung des Gesandten von Bergen mit Herrn Ministerialdi-
rektor Schröder zu bitten, dem Auswärtigen Amt für poli-
tische Propaganda in Russland den Betrag von fünfzehn
Millionen Mark zu Lasten des Kapitels 6 Abschnitt II des
ausserordentlichen Etats geneigtest zur Verfügung stellen zu
wollen. Je nach dem Laufe der Ereignisse darf ich mir vor-
behalten, an Ew. pp. demnächst mit der weiteren Bitte um
Bewilligung weiterer Beträge heranzutreten. Für tunlichste
Be-schleunigung wäre ich dankbar.

Gleich am nächsten Tag erfolgt die Bestätigung durch den
Staatssekretär Graf Roedern vom Reichsschatzamt:

Dem Auswärtigen Amt werden bei Kapitel 6 der Ausgaben
des außerordentlichen Etats, Abschnitt II, weitere 15.000.000
M bereitgestellt.
gez. Graf Roedern.
An die Reichshauptkasse.

An den Herrn Staatssekretär
des Auswärtigen Amts
Auf das Schreiben vom 9. November – A.S. 4181/27431–.
Abschrift zur gefälligen Kenntnis.
[handschriftlich] Graf Roedern

Auch von des Kaisers tüchtigem Außenposten in Dänemark
trifft besorgte Nachricht ein: Lenin und seine Leute brauchen
mehr Geld, wenn sie sich am Ruder der Revolution halten sollen.

Brockdorff Rantzau schickt aus Kopenhagen mit der routi-
nemäßigen Abrechnungs-Depesche Nr. 1329 an das Auswärtige Amt, in der ein Kleinbetrag von 20.000,- Mark an den
Gewährsmann L. gemeldet und bestätigt werden muß, den
dringenden Hinweis, daß Lenin drei Tage nach der siegreichen Oktoberrevolution weiterhin die Unterstützung Deutschlands braucht:

Kopenhagen, den 10.,
  aufgegeben 11. November 1917 12 Uhr 30 Vm. Ankunft: 11.
November 5 Uhr 10 Vm.
  Der K. Geschäftsträger an Auswärtiges Amt
  Nr. 1329
  Unter Bezugnahme auf Telegramm Nr. 812 x)
  vom 3. November
  L., der bisher 2.000 Kronen = 5.000 Mark erhalten, bittet
dringend um weitere 20.000 Mark; Summe sei zum größten
Teil für Reise zweier Vertrauensleute nach Petersburg erfor-
derlich; Reise sei notwendig, da schriftliche Fühlungnahme
mit Z. jetzt zu unsicher. Beschleunigung der ganzen Angele-
genheit sei geboten, längere Untätigkeit hier könnte Verdacht
erwecken.
  Erbitte Drahtanweisung
  Weiter bat L., seine nachstehende Auffassung über Lage,
auch zur Information Bern, telegraphisch zu melden:
  »Lenin braucht zur Durchführung seines Programms Unter-
stützung Deutschlands.«

Aus den Dokumenten ist nicht ersichtlich, ob L.s zwei Vertrauensleute noch rechtzeitig zum 7. November (26. Oktober)
in Petrograd (Petersburg) eingetroffen sind.
  Beim Empfänger der Depesche im Auswärtigen Amt wird
– wegen der Eile handschriftlich – sofort der Antworttext an
Brockdorff Rantzau geschrieben:

Berlin 11. November 1917
  Gesandtschaft Kopenhagen
  Auf Tel. Nr. 1329
  20.000 M für Blau bewilligt. Er kann nach Rußland mittei-
len, daß Kais. Regierung hinsichtlich der Kriegsziele nach wie
vor auf Boden der Reichstagsresolution steht. Nötigenfalls
wird dies bei nächster Gelegenheit offiziell bekräftigt werden.

In Berlin taucht die Frage auf, ob Helphand mit seinem raffiniert aufgebauten Ex- und Importtrick, mit seinem etwas
zeitaufwendigen Geld-Hin-und-Hergeschiebe, mit der zeit-

raubenden »Geldwäscherei« bei der unklaren Lage nach der Revolution überhaupt noch gebraucht wird. Können jetzt andere, zeitgünstigere, »kürzere« Verbindungen genutzt werden? Wie ist die Lage in Petrograd einzuschätzen? Das Auswärtige Amt benötigt sofort realistische Einschätzungen. Da können sich die Herren vom Auswärtigen Amt nur auf die Herren von der Abteilung IIIb des Generalstabs verlassen. Die IIIb schickt gleich am 11. November eine Kopie ihrer neuesten »Lage« aus Petrograd ans Auswärtige Amt. Daraus ist ersichtlich, daß die Lage bei den Geldempfängern in Petrograd noch sehr ungeklärt scheint:

Abteilung IIIb 11.11.17
  Nr. 44277 Geheim
  N.O.Obost:
  Lage in Russland nach den bis 11 Uhr vormittags eingelaufenen Nachrichten:
  1) 10. ds. nachmittags: Kerenski erlässt Befehl Nr. 314: Aufforderung zur Pflichterfüllung. Jeder bleibe auf seinem Posten, so wie er (Kerenski) auf seinem Posten als Höchstkommandierender verbleiben werde.
  Der Befehl ist gegengezeichnet von Zurikow, Kommandeur der 6. Armee, Perowski, Kommissar der 6. Armee, Greibekle, Vorsitzender des Armeekomitees.
  2) 10. abends und 11. vormittags: Es folgen Funksprüche des militärischen revolutionären Komitees mit Gegenerklärungen und Aufforderungen, der neuen gesetzlichen Regierung zu gehorchen. Aufruf an die Soldaten der Front, ihre Brüder in Petersburg zu unterstützen. Die Arbeiter- und Bauernregierung sei zu Friedensverhandlungen geschritten. Alle Völker ohne Ausnahme sollten sich bereit erklären, den Krieg unter gleich gerechten Bedingungen zu beenden. Allen Völkern sei ein Waffenstillstand (von mindestens 3 Monaten) vorgeschlagen worden.
  3) Die Kosaken stehen anscheinend noch auf seiten Kerenskis.
  4) Lenin wird als Vorsitzender des neuen Ministeriums genannt.

5) Kerenskis Truppen stehen am 10. ds. abends in der Linie Gatschina – Zarskoje Selo.

Gesamturteil:

Die Lage ist noch nicht geklärt. Kosaken und Armeekomitees sind zum grössten Teil noch auf seiten Kerenskis; eine Spaltung unter den Kosaken scheint zu bestehen. Im Lande gewinnt die neue Regierung an Boden. An der Front werden je nach der Zusammensetzung der Komitees die Nachrichten über den Umsturz durch die höhere Führung im Sinne Kerenskis verbreitet. Propaganda arbeitet wirksam dagegen.

Verteilg: IIIb Front, N.O. s bis Süd, Mackensen, Erzh. Joseph.

Was als strategische Analyse der Lage vom Generalstab in Berlin an die wichtigen Entscheidungsstellen und an die Ostfrontbefehlshaber von Mackensen und Erzherzog Joseph – für die österreichisch-ungarischen Truppen – vertraulich verteilt wird, liest sich bei Lenin siegesbewußter. Noch am 25. Oktober um 10 Uhr vormittags wird der Presse eine Erklärung übergeben, die der Bevölkerung die Lage aus seiner Sicht veranschaulichen soll:

An die Bürger Rußlands!

Die Provisorische Regierung ist gestürzt. Die Staatsmacht ist in die Hände des Organs des Petrograder Sowjets der Arbeiter- und Soldatendeputierten, des Revolutionären Militärkomitees übergegangen, das an der Spitze des Petrograder Proletariats und der Petrograder Garnison steht.

Die Sache, für die das Volk gekämpft hat: das sofortige Angebot eines demokratischen Friedens, die Aufhebung des Eigentums der Gutsbesitzer am Grund und Boden, die Arbeiterkontrolle über die Produktion, die Bildung einer Sowjetregierung – sie ist gesichert.

Es lebe die Revolution der Arbeiter, Soldaten und Bauern!

Das Revolutionäre Militärkomitee beim Petrograder Sowjet der Arbeiter- und Soldatendeputierten.

Diese Worte Lenins werden in Berlin mit großer Aufmerksamkeit analysiert. Das Wichtigste im Moment ist die Formulierung »das sofortige Angebot eines demokratischen Friedens«. Das betrifft den Dreh- und Angelpunkt der jahrelangen strategischen Zielvorstellungen in Berlin. Die hohen Berliner Kommandostellen nehmen begierig alle Meldungen auf, die das Kräfteverhältnis in Petrograd verdeutlichen.

Auch die Experten auf den Außenposten müssen berichten, aus Kopenhagen, aus Stockholm, aus Bern laufen Meldungen ein. Das Urteil dieses außergewöhnlichen »Trios« für die Rußland-Revolutionierung ist in der Lage, über ihre Informationskanäle profunde Einschätzungen zu geben. Freiherr von Romberg aus der Schweiz, der »Pfadfinder« für den großen »Emigranten-Treck«, meldet am 26. November, in der zweiten Woche nach der Revolution in Petrograd, geheim an Herrn von Bergen im Auswärtigen Amt Berlin, daß die erbetenen Hilfsmittel im Süden in der Schweiz auf sicherem Weg »nach oben«, also über Skandinavien nach Petrograd, abgehen.

Herr von Bergen antwortet umgehend:

Geheimchiffre.
Bern Nr. 1367 über Lörrach,
Geheim, Auf Tel. Nr. 1895.
Nach vorliegenden Nachrichten hat Regierung in Petersburg mit grossen finanziellen Schwierigkeiten zu kämpfen. Es ist daher sehr erwünscht, ihr Geld zuzuführen. Bergen.

Ein handschriftlicher Randvermerk weist an, daß auch Herr Nadolny darüber informiert werden soll.

Während von deutscher Seite wieder verstärkt daran gearbeitet werden muß, große finanzielle Mittel zur Absicherung der Macht der Revolutionäre nach Petrograd zu schaffen, versuchen die Entente-Mächte England und Frankreich die Geldkumpanei der Deutschen mit den Bolschewiki erneut in der Weltöffentlichkeit zur Sprache zu bringen. Helphand kommt seit den »Diffamierungen« vom Juli nicht mehr aus den Kalamitäten heraus.

Die Engländer setzen wiederum am Ort von Helphands Geschäftstätigkeiten, in Kopenhagen, an. Es gelingt ihnen mit

Hilfe dänischer Journalisten hier in Kopenhagen, dem Sitz der Helphand-Zentrale, die Juli-Beschuldigungen der Perewersew-Kerenski-Aktion wieder aufzunehmen. Die Angelegenheit wird nicht nur für Helphand unangenehm: auch der deutsche Gesandte Graf Brockdorff Rantzau weist das Auswärtige Amt auf die gezielte Aktion der Engländer gegen Helphand hin. Am 25. November telegraphiert er verschlüsselt nach Berlin:

Der Kaiserliche Gesandte
an Auswärtiges Amt.
Antideutsches konservatives dänisches Blatt »Köbenhavn«
bringt heftige Angriffe gegen Dr. Helphand mit tendenziöser
Darstellung seiner politischen Tätigkeit. Blatt hinweist auf
angeblich gefährliche Arbeit Helphands für Neutralität Dänemarks während des Krieges und stellt weitere Enthüllungen
in Aussicht.
Erfahre aus zuverlässiger Quelle, daß die Angriffe von Vertrauensleuten hiesiger englischer Gesandtschaft ausgehen;
die Artikel waren ursprünglich Mitarbeitern von Nationaltidende und Berlingske Tidende angeboten, sind aber von diesen Blättern abgelehnt worden.
Vorgehen englischer Gesandtschaft liefert Beweis für Bedeutung, die der Tätigkeit Helphands von seiten unserer
Feinde beigemessen wird.
Rantzau.

Am 3. Dezember resümiert der Staatssekretär im Auswärtigen Amt Kühlmann, er ist praktisch in der Funktion eines Außenministers, in einer Art Grundsatzanalyse ursprüngliche Zielstellung, Erfolge, Probleme und die derzeitige Situation vier Wochen nach der Revolution. Diese Grundeinschätzung, die zum Schluß des Papiers auf die Leitdirektive des deutschen Kaisers (»S.M.«) hinweist und die Bitte vorträgt, »S.M. entsprechend Vortrag zu halten und mir die Allerhöchsten Befehle zu telegraphieren«, vermittelt einen interessanten Einblick in die politische Gedankenwelt und in die Zielvorstellungen der deutschen Staatsführung. Das Papier hat etwas vom Charakter einer Regierungserklärung zur Geheimdiplomatie und zur praktischen politischen Verschwörung, die so kompakt formuliert zu dieser Zeit in kaum einem anderen Dokument vorzufinden ist. Der umfangreiche Text lautet:

Auf Tel. No. 1771.

Die Sprengung der Entente und in der Folge die Bildung neuer uns genehmer politischer Combinationen ist das wichtigste diplomatische Kriegsziel. Als schwächstes Glied in der feindlichen Kette erschien der russische Ring; es galt daher, ihn allmählich zu lockern und wenn möglich herauszulösen. Diesem Zweck diente die destruktive Arbeit, die wir hinter der Front in Russland vornehmen liessen, in erster Linie die Förderung der separatistischen Tendenzen und die Unterstützung der Bolschewiki. Erst die Mittel, die den Bolschewiki auf verschiedenen Kanälen und unter wechselnder Etikette von unserer Seite dauernd zugeflossen, haben es ihnen ermöglicht, die »Prawda«, ihr Hauptorgan, auszugestalten, eine rege Agitation zu betreiben und die anfangs schmale Basis ihrer Partei stark zu verbreitern. Die Bolschewiki sind nun zur Herrschaft gelangt; wie lange sie sich an der Macht werden halten können, ist noch nicht zu übersehen. Sie brauchen zur Befestigung ihrer eigenen Stellung den Frieden; auf der anderen Seite haben wir alles Interesse daran, ihre vielleicht nur kurze Regierungszeit auszunutzen, um zunächst zu einem Waffenstillstand, dann wenn möglich auch zum Frieden eine weitestgehende Unterstützung ... [schwer leserlicher handschriftlicher Einschub] in Frage kommen, zu gelangen.

Der Abschluss eines Separatfriedens würde die Verwirklichung des erstrebten Kriegszieles, den Bruch Russlands mit seinen Verbündeten, bedeuten. Die Stärke der aus diesem Bruch notwendigerweise sich ergebenden Spannung wird die Intensität des Anlehnungsbedürfnisses Russlands an Deutschland und seine künftigen Beziehungen zu uns bestimmen. Von seinen bisherigen Alliierten in Acht und Bann getan, finanziell im Stich gelassen, wird Russland bei uns Unterstützung suchen müssen. Wir werden Russland unsere Hülfe nach verschiedenen Richtungen hin zu teil werden lassen können;

zunächst wohl bei der Ordnung u. der Wiederherstellung der Eisenbahnbetriebe; (ich denke hierbei an eine deutsch-russische, von uns geleitete Kommission, welche im Interesse einer beschleunigten Wiederaufnahme des Warenverkehrs eine zweckmässige Ausnutzung der Bahnen nach einheitlichen Grundsätzen durchzuführen hätte); sodann durch Gewährung einer größeren Anleihe, deren Russland für die Inganghaltung der Staatsmaschinerie bedarf. Diese könnte in der Form von Vorschüssen auf Getreide, Rohstoffe u.s.w. gewährt werden, die Russland liefern und deren Abtransport jene Kommission überwachen müsste. – Auf einer derartigen, je nach Bedarf noch auszugestaltenden Hülfsbasis würde sich meines Erachtens mit der Zeit eine steigende Annäherung zwischen beiden Ländern vollziehen.

Oesterreich-Ungarn wird den Annäherungsprozess mit Misstrauen und nicht ohne Beklemmungen verfolgen. Ich möchte den Uebereifer des Grafen Czernin, mit den Russen ins Reine zu kommen, als den Wunsch deuten, uns zuvorzukommen und eine für die Donaumonarchie unbequeme Gestaltung intimer Beziehungen zwischen Deutschland und Russland zu hintertreiben. Wir brauchen uns an diesem Kauf um die Gunst Russlands nicht zu beteiligen. Wir sind stark genug, um in Ruhe warten zu können; wir sind weit eher als Oesterreich-Ungarn in der Lage, Russland das zu bieten, was es zum Wiederaufbau seines Staates gebraucht. Ich sehe der weiteren Entwicklung der Dinge im Osten mit Zuversicht entgegen, halte es aber für zweckmässig, der oesterreichisch ungarischen Regierung gegenüber bis auf weiteres in allen Angelegenheiten, welche beide Monarchien berühren, so auch in der polnischen Frage, eine gewisse Reserve zu beobachten, um für alle Eventualitäten freie Hand zu bewahren.

Die im Vorstehenden entwickelten Gedanken bewegen sich, wie ich annehmen darf, im Rahmen der mir von S.M. erteilten Direktiven. Bitte S. M. entsprechenden Vortrag zu halten und mir die Allerhöchsten Befehle zu telegraphieren.

Der deutsche Kaiser hatte Kühlmann am 29. November vorgeschlagen, bei den nun zu erwartenden Friedensverhand-

lungen »mit Rußland in eine Art Bündnis- oder Freund-
schaftsverhältnis« zu treten. Kühlmann hat – wie oft bei
extrem wichtigen Analysen der Lage oder bei weit vorauszu-
planenden politischen Entscheidungen – seinen »politisch
begabtesten Kopf« im Auswärtigen Amt, den Gesandten von
Bergen, zur Formulierung eines Antwortschreibens an den
deutschen Kaiser herangezogen. Kühlmann reicht diesen
Text, den von Bergen mit Datum vom 1.12.1917 entworfen
hat, am 3.12.1917 an Seine Majestät, den höchsten deutschen
Staatslenker, weiter.

DIE ERSTE ORANGENSCHALE: FINNLAND

»Abgeschältes« Finnland: Deutsche Truppen der sogenannten »Ost-seedivision« ziehen in Helsingfors/Helsinki ein.

Daß Lenin im Zustand einer gewissen persönlichen Panik im Juli 1917 Hals über Kopf nach Finnland flieht, beruht nicht auf einer zufälligen Entscheidung. Das Fluchtgebiet Finnland ist gezielt ausgewählt. Keiner weiß es besser als Lenin, daß die »Orangenschale« Finnland neben der Ukraine, vielleicht sogar noch vor der Ukraine, am stärksten von nationalen Unabhängigkeitsbestrebungen gegen das russische Zarenreich durchsetzt ist.

Der Zar mußte nach dem finnischen Aufstand 1905 gegen die zaristische »Suprematie«, der gewaltsamen Vorherrschaft des Romanow-Imperiums über Finnland, zwei Jahre lang eine ganze russische Armee einsetzen, um den Aufstand niederzuschlagen.

Darum hatte Helphand in seinem Grundsatz-Memorandum, das er am 9. März 1915 im Auswärtigen Amt in Berlin hinterlegte und das dort und bei allen anderen entscheidenden deutschen Stellen, in denen die »Orangenschalen-Strategen« saßen, so nachhaltige Zustimmung gefunden hatte, verstärkt auf Finnland hingewiesen. Dieses Land sollte als erstes »Randstaaten«-Territorium aus dem Vielvölkerstaatsgebilde herausgebrochen, abgeblättert, »abgeschält« werden. Und daß Finnland schon vor der entscheidenden Revolution äußerst günstig für Nachrichten- und Transportdienste sei und ideal für Waffen- und Sprengstoffschmuggel in die russische Hauptstadt, das Zentrum der Revolutionsbewegung. Der strategisch wichtige »Randstaat« Finnland ist eben keineswegs eine Randerscheinung in der »Insurgierungspolitik« des deutschen Kaisers und seiner Strategen. Aus diesem Grunde ist die Geheimdienstabteilung IIIb des deutschen Generalstabs auch durchaus beruhigt, als sie erfährt, daß Lenin irgendwo in Finnland untergetaucht ist.

Der Verbleib Lenins liegt den Herren auch zu diesem Zeitpunkt natürlich sehr am Herzen. (Wie zufrieden hat die Stockholmer Nachrichtenstelle des IIIb damals, einen Tag nach Lenins Ankunft in Petrograd am 17. April 1917, nach Berlin gemeldet, daß sein »Eintritt in Rußland geglückt« sei und er »völlig nach Wunsch« arbeite. – Gerade diese Meldung wird übrigens von Lenins Feinden später immer wieder als Beweis dafür angeführt, daß der große Revolutionsführer ein Agent der Deutschen sei.)

Lenin verläßt sich instinktiv auf den versierten und aufrechten finnischen Revolutionär Karl Wiik, der auch den wichtigen Kurier Schlapnikow rettete, als der auf dem Kurierweg von Torneå nach Petrograd auf einer Bahnstation verhaftet wird und fliehen kann. Nach langen Fußmärschen nimmt Schlapnikow mit Wiik Kontakt auf. Wiik besorgt dem Flüchtling einen finnischen Paß, so daß dieser sich relativ ungefährdet nach Petrograd durchschlagen kann. Lenin weiß, auf Wiik kann er sich verlassen. Der Finne zählt zu denen, über die Lenin erst vor zwei Monaten in seinem Aufsatz »Finnland und Rußland« geschrieben hat: »Der Zar, die Rechten, die Monarchisten sind [...] für die direkte Unterwerfung Finnlands unter das russische Volk. Das klassenbewußte Proletariat und die ihrem Programm treugebliebenen Sozialdemokraten sind für die Freiheit der Lostrennung Finnlands wie aller anderen nicht vollberechtigten Nationalitäten von Rußland.«

Lenins Gedanken zeigen sind also identisch mit den »Leitsätzen« für die Propagandaarbeit in Finnland, die der deutsche Reichskanzler Bethmann Hollweg bereits zum Kriegsbeginn 1914 als deutsche Kriegsziele formuliert hat: »Befreiung und Sicherung der von Rußland unterjochten Stämme, Zurückwerfung des russischen Despotismus auf Moskau.«

Am 6. August 1914 hat der Kanzler dem deutschen Gesandten in Stockholm sogar den Auftrag gegeben, im benachbarten Finnland einen Aufstand zu entfesseln und dafür den Finnen einen »autonomen Pufferstaat (Republik) in Aussicht zu stellen«.

Von Karl Wiik eingeschleust und durch ihn genauestens über die allgemeine antirussische Stimmung der meisten der Bewohner informiert und sorgsam eingewiesen, findet Lenin in diesem Land ein sicheres Versteck.

Wäre es dem russischen Revolutionär möglich gewesen, in den dicken Folianten der Geheimakten des Auswärtigen Amtes unter der Klassifizierung »11c secret« blättern zu können, hätte er noch ruhiger über die gescheiterte Juli-Revolte von Petrograd nachdenken können. Denn nicht ohne Grund steht auf den Einbanddeckeln handschriftlich vermerkt: »Unternehmungen und Aufwiegelungen in Rußland, besonders in Finland [sic!] und den Ostseeprovinzen.« Hier in Finnland ist von Anfang an generalstabsmäßig geplant und koordiniert an die verschiedensten Stellen und Personen Geld aus Berlin geflossen, zur finanziellen Flankierung der geplanten Revolution in Rußland. Das Dokument A 5 2901 vom Auswärtigen Amt, ein Schreiben vom Stellvertretenden Generalstab der Armee, Abteilung Fremde Heere, an das Auswärtige Amt veranschaulicht die Zuständigkeiten, Befehlsebenen und andauernden Kontakte zwischen den Führungsstellen der deutschen Politik. Staatssekretär von Zimmermann teilt am 12. Juni 1915 mit:

Geheim!
Am Montag den 14. Juni 10 Uhr Vorm. findet im General-stabsgebäude Zimmer 147 eine Besprechung der finnischen Angelegenheit statt.
Um Entsendung eines Vertreters des Auswärtigen Amts zu dieser Besprechung wird ergebenst gebeten.

Herr von Wechmar vermerkt korrekterweise noch handschriftlich: »Die Sitzung wird auf Mittwoch, den 16. Juni 10 Uhr verschoben.«

An den Sitzungen des Generalstabs wird, wenn es sich um die »finnische Angelegenheit« handelt, der Vertreter des Auswärtigen Amtes oft und regelmäßig teilnehmen. Es geht nicht nur um Geld, es geht auch um Waffen, Nachrichten-Stationen, ja selbst um die militärische Ausbildung von tausend Freiwilligen, die, zunächst als »Pfadfinder-Lehrgänge« getarnt, im schleswig-holsteinischen Lager Lockstedt, nördlich von Hamburg, stattfinden.

Zwar wird Lenin von seinem findigen Kurier Schlapnikow nicht alle Einzelheiten erfahren haben, doch daß die Deutschen die finnischen Separatisten finanziell und militärisch unterstützen, dürfte er ihm auf jeden Fall berichtet haben. Schlapnikow ist beeindruckt davon, wie umsichtig und erfolgreich fast zweitausend freiwillige Finnen schon im Winter 1915/1916 illegal über die Grenze von Torneå-Haparanda quer durch Schweden zum militärischen Training nach Deutschland geschleust werden. Dort entsteht das finnische »Jägerbataillon 27«. Diese jungen Freiwilligen rekrutieren sich vorwiegend aus national-finnischen Kreisen. Vom ausgezeichnet funktionierenden Transportsystem dieser zukünftigen Unabhängigkeits-Kämpfer profitiert auch der Bolschewik Schlapnikow, als er überraschend in Schwierigkeiten gerät. Man hilft ihm weiter. Nach anfänglichem Mißtrauen erkennt man in ihm einen Zarengegner und erzählt stolz über die eigenen Ziele und die dazugehörige weitverzweigte Transport-Organisation.

Eine derartige illegale Organisation der »Finnischen Jäger« braucht verständlicherweise Geld, wenn sie den langfristig konzipierten Erfolg haben soll. Zu Beginn wird mit kleinen Beträgen gearbeitet, bevor Hunderttausende freigestellt werden. So müssen Gelder an den Verbindungsmann in Stockholm geschickt werden, der sich auch um Transitgenehmigungen und Transportprobleme zwischen Finnland und dem Lager in Schleswig-Holstein kümmern muß. Die »Ausbildungstruppe Lockstedt, Abteilung Berlin« schreibt am 18. November 1915 unter Tagebuch Nr. 609 an das Auswärtige Amt:

An den Herrn Legationssekretär v. Wesendonck
  Hochwohlgeboren
  Berlin
  Euer Hochwohlgeboren bitte ich ganz gehorsamst, den anliegenden Wertbrief (30.000 M) an Herrn Hauptmann Heldt, Stockholm durch den Kurier mitzugeben.

Unter Tagebuch Nr. 644 bestätigt das Berliner Büro der Ausbildungstruppe Lockstedt am 27. November einen Geldeingang von der Deutschen Bank:

An das Auswärtige Amt
  z. H. des Herrn Leg.Sekr. v. Wesendonck

Hochwohlgeboren
Berlin
Hierdurch bestätige ich den Eingang der durch die Deutsche
Bank der Ausbildungstruppe Lockstedt angewiesenen 10.000
M. und bitte um Unterschrift und Rücksendung der beigefüg-
ten Einnahme-Bescheinigung.

Was an Geldern zwischen dem kaiserlichen Befehlsland
Deutschland und dem Rekrutierungsland Finnland-Rußland
illegal hin und her fließt, muß auch das »Transit«land
Schweden berühren. Der Gesandte muß deshalb auch darüber informiert sein und gelegentlich tätig werden. So teilt
der kaiserliche Gesandte Lucius von Stoedten dem Reichskanzler korrekterweise auch kleinere Geldtransfers mit. Unter
Arbeitsjournal Nr. 1145 informiert er:

Seiner Exzellenz
  dem Reichskanzler
  Herrn von Bethmann Hollweg
  Eilt
  Heute 50.000 (fünfzigtausend) Mark bei Stockholm Han-
delsbank mit besonderer Quittung auf Legationskasse erho-
ben, Gegenwert 30.425 Kronen Kurs 60,85 Hauptmann Heldt
gezahlt. Nachweisung in nächster amtlicher Abrechnung.
  Lucius.

Der deutsche Hauptmann Karl Heldt ist bereits seit Oktober
1915 Chef des Etappenbüros in Stockholm und hat die Fäden
für insgesamt siebenundachtzig geheime Werbestellen in der
Hand. Er organisiert die manchmal sehr abenteuerliche Flucht
der freiwilligen jungen Finnen aus ihren finnisch-russischen
Heimatorten nach Schweden. In Stockholm stellt er den Freiwilligen den sogenannten »Jägerpaß« aus, der ihnen die reibungslose Einreise aus dem neutralen Schweden ins krieg-
führende Deutschland ermöglicht.
  Die Bezeichnung »finnische Jäger« wird zum ehrenvollen
Begriff, seit durch Erlaß vom 28. August 1915 als Bekleidung
für die »Ausbildungstruppe« die graugrüne Jägeruniform des

deutschen Heeres festgelegt wird. Über Aufbau, Struktur und Zielstellung dieser illegalen Truppe entscheiden Generalstab, Kriegsministerium und Auswärtiges Amt auf ihrer gemeinsamen Konferenz am 26. Januar 1915 in Berlin.

Was mit vierwöchigen »Pfadfinder-Lehrkursen« im Februar 1915 beginnt, wird durch die immens schnell zunehmende Zahl der Bewerber und durch deren Ausbildungswillen und deren hohe Disziplin zu einer effektiven Zersetzungstruppe. Am 28. August existieren bereits mehrere Kompanien. Das Ausbildungsprogramm nennt: »Aneignung militärischen Geistes, Infanterieaufklärung, Zerstörung von Eisenbahnen und Kunstbauten (Brücken usw.) aller Art und Hafeneinrichtungen und Schiffen.«

Eine derartige Insurgierungs-Truppe gegen das Zarensystem kostet Geld. Es muß wieder abgestimmt werden, wer aus welchem Fonds wem wann welche Beträge zustellen soll.

Ein Schreiben vom 9. Juli 1915, in dem berichtet wird, daß Major Hagen vom Generalstab und Major Schniewind vom Kriegsministerium mitteilen, »die Aufstellung eines finnischen Korps von 7.200 Mann sei nunmehr von allen militärischen Instanzen genehmigt«, illustriert die reibungslose Zusammenarbeit der entsprechenden deutschen Stellen. Weiter heißt es in diesem Schreiben:

Da vom finnischen Fonds bisher nur verhältnismäßig geringe Summen ausgegeben worden sind, kann die für die Etappen und Nachrichtenstationen erforderliche Summe von insgesamt 600.000 Mark zunächst aus dem Stockholmer Fonds beglichen werden. Sowie allerdings eine aktive Pressepropaganda in Schweden und ein Nachrichtendienst nach Finnland eingerichtet werden sollte, werden neue Summen angefordert werden müssen. In den nächsten Tagen wird im Generalstab eine Besprechung über die Einrichtung des finnischen Bureaus pp. in Stockholm und Nordschweden stattfinden.

Hagen wird nach Lenins geglückter Oktoberrevolution und der daraufhin verkündeten nationalen Selbständigkeit Finnlands und der Bildung einer von Rußland unabhängigen finnischen Armee bald Stabschef des finnischen kommandierenden Generals Wilkmann.

Die sich beachtlich anhäufenden Gelder für »die finnische Sache« sind gut angelegt und amortisieren sich für die Deutschen bald in doppelter Hinsicht: Zunächst kämpfen die Finnen für ihre staatliche Unabhängigkeit gegen Rußlands Zarensystem und können sich als Lenins verbündete Aufständische fühlen, dann aber kämpfen die Nationalen, die »Weißen«, gegen die nur zögernd abziehenden russischen Armee-Einheiten und gleichzeitig gegen die »durchmischten« finnisch-russischen »Roten«, die Lenins Revolution auch nach Finnland tragen wollen. Der folgende Bürgerkrieg der »Weißen« gegen die »Roten« wird in Lenins Nachrevolutionsjahr 1918 von beiden Seiten äußerst erbittert geführt.

Auf finnischer Seite wirkt seit Kriegsanfang ein prominenter Politiker, der angesehene Staatsrat Edvard Hjelt, im Sinne der »Orangenschalen-Strategie« unermüdlich für den Sturz des Zarenregimes. Es gelingt ihm sogar, am 26. November 1917 dem großen und allesentscheidenden Ludendorff im Großen Hauptquartier in Bad Kreuznach seine national-finnischen Pläne zu erläutern. Er bedrängt Generalstab, Auswärtiges Amt und auch Reichskanzler Bethmann Hollweg mit seinen Plänen zur Befreiung Finnlands von der Zarenherrschaft. Allerdings drängt er auch nach Geld. Er ist Mitglied einer Finnland-Kommission und des finnischen Revolutionierungsbüros, beide mit Sitz in Berlin. Er residiert bei seinen häufigen Deutschland-Besuchen in noblen Hotels und drängt auch die Abteilung IIIb im Generalstab, die Sektion P(olitik), Zusagen zur Lieferung von Waffen und Munition für eine finnische Aufstandsarmee zu geben.

Gleich beim Beginn der Waffenlieferungen ereignet sich eine Panne: Nur fünf Tage nach Lenins Oktoberrevolution taucht das deutsche Spezial-U-Boot »UC 57« mit vier Tonnen Sprengstoff und einer Funkstation zur südfinnischen Küste ab. Ausgesuchte finnische Jäger aus Lockstedt begleiten den Geheimtransport unter Wasser und sollen versuchen, die Eisenbahnverbindung nach Petrograd in die Luft zu sprengen.

»Eingreiftruppe« aus Schleswig-Holstein: Lockstedts Finnische Jäger sind in Helsingfors/ Helsinki eingetroffen.

Der Anschlag mißlingt, und das deutsche Diversanten-U-Boot taucht nie mehr auf.

Doch Geld muß weiter fließen. Ein durch kaiserliche Feldjäger, die Kuriere der höchsten Regierungsstellen, überbrachtes Schreiben des Auswärtigen Amtes an die Deutsche Bank, Direktion Berlin, informiert über den Geldbetrag des finnischen Staatsrates Hjelt:

Geheim! [...] bitte ich dem finnischen Staatsrat Hjelt aus Helsingfors, zur Zeit in Berlin, Hotel Fürstenhof, ohne das Auswärtige Amt als Auftraggeber zu nennen, einen Kredit bis zu einhunderttausend Mark – 100.000 Mark – eröffnen und die von Herrn Hjelt erhobenen Beträge jeweils zur Erstattung hierher angeben zu wollen [...] bitte ich, den finnischen Staatsrat Hjelt in Berlin Hotel Fürstenhof zu ermächtigen, von seinem Konto bei der Deutschen Bank in Berlin monatlich bis zu fünfzehntausend Mark – 15.000 Mark – zu erheben, und die Deutsche Bank hier entsprechend verständigen zu wollen.

Die Deutsche Bank meldet bereits am übernächsten Tag die unverzügliche Ausführung der Bitte des Auswärtigen Amtes:

Dem hohen Auswärtigen Amt
beehren wir uns den Empfang des sehr gefälligen Schreibens vom 15. ds. Mts. zu bestätigen und ergebenst mitzuteilen, dass wir auftragsgemäss den finnischen Staatsrat Hjelt aus Helsingfors, zur Zeit in Berlin, Hotel Fürstenhof, bei uns mit
M 100.000.-/Hunderttausend Mark/
akkreditiert haben, mit der Massgabe, dass er monatlich Beträge bis zur Gesamthöhe von M 15.000,- bei uns erheben kann.
Die von Herrn Hjelt erhobenen Beträge werden wir dem Auswärtigen Amt jeweils zur Erstattung aufgeben.

Nur zehn Tage nachdem die Deutsche Bank die Hunderttausend an Hjelt bestätigt hat, empfängt ihn sogar der Reichskanzler. Der Staatsrat führt eine finnische Delegation an, die das erwünschte »Abschälen der Orangenschale« Finnland mit dem deutschen Staatschef besprechen will. Nadolny, Leiter des Ostreferats im Auswärtigen Amt, betont dabei jedoch den Standpunkt, daß die nationale Selbständigkeit Finnlands »von Rußland als erster Macht anerkannt werden müsse«.

Der finnische General Mannerheim schreibt, erst »unter dem Druck der deutschen Forderungen wurde Finnland von der Sowjetregierung als unabhängiger Staat anerkannt«.

Anläßlich dieses Problems geraten Lenin und Trotzki aneinander. Trotzki ist der Meinung, es sei nicht bewiesen, daß die Unabhängigkeit Finnlands dem Willen des finnischen Volkes entspreche. Doch Lenin setzt sich durch, und am 31. Dezember 1917 erfolgt die Anerkennung der Unabhängigkeit Finnlands von seiten Rußlands. Am 4. Januar 1918 wird der diesbezügliche Erlaß des Rates der Volkskommissare offiziell bestätigt. Und noch am gleichen Tage verfügt ein Erlaß Kaiser Wilhelms II. die diplomatische Anerkennung Finnlands durch Deutschland.

Doch die nationale Unabhängigkeit dieses Landes gerät sehr

schnell zu einem blutigen Bürgerkrieg zwischen »Rot« und »Weiß«. Berlin setzt auf beide Farben: Lenins Rote in Petrograd erhalten weiterhin ihre nun schon fast gewohnten immensen Summen, und General Mannerheims aufgestellte »Weiße« Truppen empfangen teure Waffen. Baron von Mannerheim bittet telegraphisch am 30. Januar 1918 über die finnische Vertretung in Stockholm die Sektion Politik des Großen Generalstabs in Berlin dringend »um Transport von mindestens 10 bis 20.000 Gewehren, 50 Maschinengewehren mit Munition, Feldtelephonen und starken drahtlosen Empfangs- und Sendestationen sowie um 100 Jäger«.

Bereits am 17. Februar kann Mannerheim, der vor den »Roten« aus Helsinki/Helsingfors nach Vaasa flüchten muß, »die Jäger«, 40.000 Gewehre, 70 Maschinengewehre und sogar vier Geschütze mit großen Mengen Munition in Empfang nehmen. Berlin läßt sich den Kampf gegen die »Roten« in Finnland etwas kosten. Vier Tage später entschließt sich Ludendorff nach einigem Zögern, ein deutsches Expeditionskorps mit 10.000 Mann über die Ostsee – es erhält die Bezeichnung »Ostseedivision« – mitten durch ausgedehnte Minenfelder an die südfinnische Küste zu entsenden.

Der deutsche Kaiser gibt erst am 12. März bei einer Besprechung mit den führenden Strategen der Reichsführung seine Zustimmung zu dem Doppelspiel mit Lenins revolutionärem Rußland und Mannerheims »weißem« Bürgerkrieg gegen die finnischen »Roten«. Ludendorff schreibt dazu, daß »nicht finnische, sondern allein deutsche Interessen unsere Truppen nach Finnland geführt haben«.

Das bestätigen zwei Tage später die deutschen Großindustriellen Hugo Stinnes und Albert Ballin, die den finnischen Senatspräsidenten Svinhufvuds zu einem Frühstück einladen. Die Forderungen der Großindustriellen an Finnland sind unverschämt und undiplomatisch. Es geht um die Kapazitäten der riesigen finnischen Wälder, die Energieressourcen der Stromschnellen, den Umbau der gesamten Eisenbahn von der breiten russischen Spurweite auf die europäische Normalspur, um die Gründung einer deutsch-finnischen Handelsgesellschaft, die den gesamten finnischen Handel anleiten und kontrollieren soll, und noch manches andere. Der finnische Senatspräsident ist ob solcher Dreistigkeiten unangenehm berührt und läßt alle zur Zeit in Berlin laufenden kommerziellen Verhandlungen seiner Delegation mit den Deutschen stoppen.

Die deutschen Großindustriellen haben jedoch kein schlechtes Gewissen wegen ihrer undiplomatischen Ansprüche, die sie ganz im Gegenteil für berechtigt halten. Schließlich habe man das doch mit der Festlegung der deutschen Kriegszielforderungen bereits bei Kriegsbeginn 1914 unmißverständlich formuliert.

Das Abblättern der »Orangenschale« Finnland im Rahmen der deutschen Randstaatenpolitik veranschaulicht sehr deutlich das Ineinanderverwobensein der kaiserlichen Größenwahnpolitik, der Expansionsziele der Militärs im Generalstab, der aggressiven deutschen Außenpolitik des Auswärtigen Amts, der territorialen wirtschaftlichen Durchdringungsvorstellungen der Großindustrie mit kapitaler Inbesitznahme. Nur zeigt das Beispiel Finnland eben auch, daß all das ohne blutige Gewalt nicht zu erreichen ist.

Nichts illustriert das räumliche Ausmaß der deutschen Randstaaten-Strategie besser als ein freundlich anerkennendes Schreiben des freien Mitarbeiters im Auswärtigen Amt und Organisators der »Liga der Fremdvölker Rußlands«, des baltischen Barons von Uexküll, an den erst dreißigjährigen Legationsrat Otto Günther von Wesendonck für dessen unermüdlichen Einsatz und seine Tatkraft im Zusammenhang mit der Revolutionspolitik in den russischen Randstaaten. Uexküll schlägt vor – offensichtlich mehr spaßig gemeint –, zwei Denkmäler für Wesendoncks Verdienste zu errichten: eines an der Nordspitze Finnlands, das andere an der Südspitze des Kaukasus.

Als Randbemerkung zur deutschen Orangenschalen-Politik sei nur noch erwähnt, daß royalistische Kreise in Finnland wie auch in Deutschland damals ernsthaft erwägen, einen deutschen Prinzen auf den finnischen Thron zu setzen. Als Kandidaten werden Prinz Oskar von Preußen, Herzog Adolf Friedrich von Mecklenburg, mit dem der gutbezahlte Staatsrat Evard Hjelt in dieser »finnischen Frage« mehrmals kon-

feriert, und Prinz Friedrich Karl von Hessen genannt. Anläßlich einer Audienz beim deutschen Kaiser am 26. August 1918
mit dem inkognito angereisten Svinhufud und dessen Außenminister einigt man sich auf Karl von Hessen, einen Schwa-
ger des deutschen Kaisers.

DER FAUSTSCHLAG VON BREST-LITOWSK

Beutefrieden in Brest-Litowsk: die Delegation der Mittelmächte mit General Hoffmann, Graf Czernin, Talat Pascha, von Kühlmann (von links nach rechts).

Die Russen kommen ein wenig naiv und hoffnungsvoll nach Brest-Litowsk gefahren, in eine nicht sehr einladende Stadt an der Eisenbahnstrecke Warschau-Moskau in dem von deutschen Truppen eroberten Grenzgebiet von Russisch-Polen. Hier soll in der Weihnachtswoche zum Jahresende 1917 der Friedensvertrag zwischen Rußland und Deutschland offiziell unterschrieben werden.

Gleich nach der erfolgreichen Machtübernahme durch die Bolschewiki hat die neue Regierung in Petrograd die Kampfhandlungen an der russisch-deutschen Front einstellen lassen und einen sofortigen Waffenstillstand angeboten. Das war der Moment, auf den der Chef des deutschen Generalstabs, Erich Ludendorff, seit langem sehnsüchtig gelauert hat, um die Masse der deutschen Truppen von der Ostfront endlich zur Verstärkung an die Westfront werfen zu können.

Ludendorff erinnert sich später in seinen Memoiren: »Der Gedanke, in Frankreich im Jahre 1918 anzugreifen, bewegte schon im November viele Führer des Westens, mich wohl in erster Linie. Ich erwartete daher mit größter Spannung den Tag, an dem die russische Regierung uns um Waffenstillstand bitten würde. An der Front kam es im November an vielen Stellen zum Abschluß örtlicher Waffenruhen. Die Verbände, die mit uns verhandelten, wurden immer größer, schon kamen einzelne russische Armeen mit Anträgen zur Beendigung der Feindseligkeiten. Waffenstillstandsverträge wurden hier und da wieder gekündigt. Es war ein wirres Bild, halb Krieg, halb Frieden ...

Am 26. November fragte der russische Höchstkommandierende, Volkskommissar Krylenko, funkentelegraphisch an, ob die deutsche Oberste Heeresleitung zum Waffenstillstand bereit sei. Wir antworteten zustimmend. Bereits am 2. Dezember überschritten die russischen Unterhändler die deutschen Linien. Die Verhandlungen begannen unverzüglich in Brest-Litowsk, wo der Oberbefehlshaber Ost immer noch sein Hauptquartier hatte. Am 15. wurde der Waffenstillstand unterzeichnet. Demarkationslinie waren die gegenseitigen Drahthindernisse. Es war sogar auf russischen Wunsch an gewissen Übergangsstellen Verkehr von Front zu Front zugelassen worden. Die Absicht einer Propaganda wurde klar erkannt. Der Oberbefehlshaber Ost war überzeugt, diesen Versuch durch entsprechende Maßnahmen vereiteln zu können. Wir nahmen deshalb auch diese Bedingung auf uns, nur um zum Abschluß zu kommen.«

Das relativ unkomplizierte Aushandeln des Waffenstillstands mit den Deutschen verführt die Russen offensichtlich zu der Annahme, daß nun die offizielle Besiegelung des Friedens mit Abschluß des Separatfriedensvertrages auf ähnliche Weise erledigt werden könnte. In gewisser Weise würde damit auch »die Quittung« für das viele Geld unterschrieben, das die Deutschen zur Vorbereitung und Durchführung der Revolution gegeben haben. Die Russen haben mit der Revolution und dem sofortigen Waffenstillstandsangebot Wort gehalten. Nun fehlt nur noch der Friedensvertrag.

Lenin bestimmt den treuen Mitkämpfer Adolf Joffe zum Leiter der russischen Delegation. Auf ausdrücklichen Wunsch der russischen Delegation werden die Verhandlungen öffentlich geführt. So recht paßt das den Deutschen nicht, denn nun kann die Weltöffentlichkeit inhaltliche Fragen und den Ablauf der Verhandlungsgespräche mit Rede und Gegenrede bis ins Detail verfolgen.

Von Beginn an geben die Deutschen auf der Seite der ehemaligen Feindmächte Rußlands – Deutschland, Österreich-Ungarn, Bulgarien und Türkei (Osmanisches Reich) – den Ton an. Die Deutschen beauftragen und bevollmächtigen den österreichisch-ungarischen Außenminister Graf Czernin von und zu Chudenitz als Wortführer der Mittelmächte.

Die offiziellen Friedensverhandlungen von Brest-Litowsk beginnen am 22. Dezember 1917. Die Russen tragen ihre in sechs Punkten zusammengefaßten Ansichten vor. Unmißverständlich sprechen die Russen von einem Friedensvertrag zwischen Deutschland und Rußland »ohne Annexionen und Kontributionen«. Dementsprechend gliedern sich die sechs Punkte, die die russische Delegation vorträgt, einfach und übersichtlich:

1. Keine gewaltsamen Annexionen. Beschleunigtes Zurückziehen der Truppen aus den besetzten Gebieten.

2. Völlige Wiederherstellung der politischen Unabhängig-keit jener Völker, die sie während des Krieges verloren hatten.

3. Die Möglichkeit freier Entscheidung für nationale Gruppen innerhalb bestehender Staaten, sich durch ein Referendum einer anderen Nation anzuschließen oder staatlich selbständig zu werden.

4. Sicherung der Rechte nationaler Minderheiten.

5. Keine Kriegskostenentschädigung.

6. Anwendung der Punkte 1 bis 4 auf die Kolonien.

Daraufhin trägt Graf Czernin die Antwort der deutschen Delegation vor, die sich den Anschein gibt, im Prinzip vollkommen zuzustimmen, aber zu jedem einzelnen der sechs Punkte der russischen Delegation raffiniert formulierte Modifikationen vorlegt, die den ursprünglichen Sinn der russischen Vorschläge letztlich völlig verändern.

Zu jedem der sechs Punkte findet sich ein »Wenn und Aber oder Später«-Zusatz, der praktisch eine grundsätzliche Neuregelung bedeutet. Das liest sich dann so:

1. Die Freigabe der besetzten Gebiete wird der Regelung im Friedensschluß überlassen.

2. Es wird nur ausgesprochen, daß es nicht in der Absicht der Verbündeten liegt, bisher selbständige Völker ihrer Selbständigkeit zu berauben.

3. Die Stellung der nationalen Gruppen in einem Staat ist nicht Sache zwischenstaatlicher, sondern innerstaatlicher Regelung. (Dieser Vorbehalt hebt das Gleichheitsprinzip auf und wurde vorgebracht im Interesse des Vielvölkerstaats Österreich-Ungarn und des preußischen Polens.)

4. Minoritätenschutz wird nur anerkannt, soweit er praktisch durchführbar erscheint.

5. Die Kriegskostenregelung wird an den Beitritt der Alliierten zu den Verhandlungen gebunden.

6. Die Rückgabe der deutschen Kolonien wird gefordert.

Die russische Delegation muß erkennen, daß sie immer noch der Illusion nachhing, die Deutschen hätten dem alten Prinzip der Annexionen abgeschworen. Joffe telegraphiert die böse Überraschung nach Petrograd.

Am zweiten Weihnachtstag erläutert Generalmajor Max Hoffmann, der Vertreter der Obersten Heeresleitung, nach Absprache mit Kühlmann den Russen obendrein, daß sie sich keiner Täuschung hingeben sollten. Die Mittelmächte verstünden den Begriff des »Verzichts auf gewaltsame Annexionen« völlig anders und meinten damit die »freiwillige Loslösung« bestimmter Gebiete Rußlands, das heißt Polens, Litauens und Kurlands im Sinne ihrer »Orangenschalen«-Strategie. Adolf Joffe glaubt seinen Ohren nicht zu trauen und protestiert. Lew Borisowitsch Kamenjew ist wütend und fühlt sich nach all den Vorgesprächen glatt verraten und betrogen. Nach der Interpretation des deutschen Generals hieße das ja immerhin, daß die Deutschen fast achtzehn Gouvernements von Rußland losgerissen sehen wollen!

Kalter Kompromiß: die russische Delegation in Brest-Litowsk mit Adolf Joffe (in der Mitte sitzend) und Leo Trotzki (rechts hinter ihm).

Kühlmann benutzt zynischerweise sogar die Formulierung von einem »Präliminar-Frieden«, einer Art vorläufigen Friedens. Die russische Delegation reist nach Petrograd ab, um sich notwendigerweise neue Instruktionen für ihre weitere Verhandlungsführung angesichts der unerwartet maßlosen und demütigenden Annexions-Forderungen der Deutschen zu holen.

Joffe ist mit diesem von den Deutschen inszenierten Eklat praktisch kaltgestellt, freut sich Czernin, und Helfferich versteigt sich sogar dazu, von Joffe als einer politischen Leiche zu reden. Joffe muß zu Hause bleiben und abwarten. Er wird sich allerdings rächen, wenn er schon wenige Wochen später als erster Botschafter Sowjetrußlands in der Reichshauptstadt Deutschlands, in Berlin Unter den Linden, residiert und die deutschen Großindustriellen und Bankiers bei ihm antichambrieren, um möglichst als erste die fetten Handelsgeschäfte mit Sowjetrußland abschließen zu können.

Jetzt jedoch, in der ersten Verhandlungspause der Brest-Litowsker Friedensgespräche, kommen die Deutschen doch ins Grübeln, ob Joffe seine Drohung wahrmachen könnte, nach der vereinbarten Pause von zehn Tagen nicht mehr zu weiteren Verhandlungen nach Brest-Litowsk zurückzukommen.

In Petrograd greift indessen in der Führung der Bolschewiki kalte Ernüchterung um sich. Allen ist klar, daß die Deutschen allein auf die Macht-Karte setzen. Zwischen Lenin, Trotzki, Kamenjew, Joffe und anderen werden die erfolgversprechenden Möglichkeiten einer Verzögerungstaktik diskutiert, ob man nicht auf zu erwartende revolutionäre Aktionen des europäischen Proletariats warten und die »Weltrevolution« in Gang bringen sollte. Viele strategische und taktische Gedankenspiele finden statt. Lenin ernennt Trotzki zum neuen Delegationsleiter, und am 8. Januar kehren die Russen nach Brest-Litowsk zurück.

Am gleichen Tag verkündet USA-Präsident Wilson sein 14-Punkte-Programm, in dem er den USA-Standpunkt zur gegenwärtigen politischen Lage erläutert. Es ist die bereits erwähnte Erklärung, die sein Special Representative in Petrograd, Mr. Edgar Sisson, anläßlich seiner ersten und einzigen Audienz bei Lenin, ins Russische übersetzt, überreicht. Trotzki ist schon nach Brest-Litowsk unterwegs. Wilsons Haltung ist eindeutig: Er will verhindern, daß es zwischen den neuen Machthabern in Petrograd und der Haupt-Feindmacht der Entente, dem Kaiserlichen Deutschland, zu einem Separatfrieden kommt. Wilson weicht von seinem Ziel nicht ab, das Kaiserdeutschland militärisch und damit politisch zu zerschlagen. Darum fordert er auch unter Punkt 6 die Räumung des gesamten russischen Gebietes von deutschen Truppenverbänden.

Das Hickhack in Brest-Litowsk nimmt kein Ende. Der stärkste und unnachgiebigste Druck kommt von der deutschen Industrie. In der »Eingabe betr. die Wünsche der Eisenindustrie zum Friedensschluß mit Rußland« sind in Vorbereitung von Brest-Litowsk bereits am 13. Dezember 1917 alle Forderungen der deutschen Industrie zu den Kriegsendzielen von 1914 nochmals aufgelistet: Zum wiederholten Male werden die Kohle- und Erzvorkommen in der Ukraine und im Kaukasus verlangt. Der Deutsche Handelstag fordert, daß Rußland, nachdem Polen, Finnland und die baltischen Länder durch Annexion abgetrennt sind, »durch Oktroyierung entsprechender wirtschaftlicher Verträge zum Ausbeutungsobjekt gemacht werden soll«.

Der Thyssenkonzern und der Verein Deutscher Eisen- und Stahlindustrieller weisen am Heiligen Abend 1917 beim neuernannten Kanzler-Stellvertreter Karl Helfferich auf die hochwertigen Erze von Kriwoi Rog hin und beklagen zur Begründung ihrer Forderungen den Rückgang der schwedischen und spanischen Erzimporte. Für den Erztransport verlangen die deutschen Industriellenkreise für den abzuschließenden Sonderfrieden mit Rußland sogar die Umnagelung der notwendigen Eisenbahntransportstrecken auf deutsche Spurweite. Sie denken an alles. Am 2. Januar 1918 bedrängen Schwer- und Leichtindustrie und auch das Handelsgewerbe den Reichskanzler gleich mit einer Vielzahl von Eingaben, daß Bestimmungen in den Friedensvertrag mit Rußland aufzunehmen seien, die nicht nur die Rohstoffquellen Rußlands sichern, sondern auch die englisch-amerikanische Konkurrenz vollständig ausschalten und den russischen Markt uneingeschränkt dem deutschen Kapital öffnen sollen.

Als nach endlosen Streitereien die Verhandlungen in Brest-Litowsk erneut am toten Punkt angelangt scheinen, kommt es nach vorheriger Absprache mit Kühlmann zu dem später so oft zitierten »Faustschlag des Generals«. Ludendorff hat dem deutschen Ostfrontgeneral Hoffmann, dem Chef des Generalstabs Ober-Ost, deutliche Anweisungen für die harte Verhandlungsstrategie mit den Russen in Brest-Litowsk mit auf den Weg gegeben: Grundlage bleibt die alte Linie der deutschen Annexionspolitik von 1914. Derart von seinem höchsten militärischen Chef gestärkt und abgesichert, legt Generalmajor Hoffmann die »deutsche Karte« offen auf den Verhandlungstisch. Am 18. Januar zeigt er den Russen eine Karte Osteuropas, auf der die Linie zur Abgrenzung des Gebietes eingezeichnet ist, das die Russen »abzutreten« hätten, wenn sie nicht die Wiederaufnahme des Krieges mit Deutschland riskieren wollten. Das wird von allen Anwesenden wie ein Faustschlag empfunden. Zu den bereits im Dezember erwähnten Ländern sind jetzt auch noch Livland und Estland angegeben, die von den Russen zu räumen seien! Trotzki reagiert entsprechend und erklärt, daß er und seine Delegation zunächst zu einer weiteren Beratung nach Petrograd zurückkreisen müßten.

Die Revolutionäre in Petrograd geraten nun zwangsläufig unter Zeitdruck für die wohl wichtigste Entscheidung seit der Revolution: Entweder die Revolution in einem beschnittenen Restrußland zu erhalten und diesen deutschen Diktatfrieden anzunehmen oder den noch bestehenden Waffenstillstand zu beenden und den Krieg mit den Deutschen fortzuführen. Lenin erkennt ganz klar, daß eine Fortsetzung der Kampfhandlungen nach Lage der Dinge aussichtslos wäre. Das Volk ist kriegsmüde und erwartet die Erfüllung der Losung der Bolschewiki »Frieden und Brot«. Trotzki, Bucharin und andere treten für Widerstand gegen die deutsche Staatsführung ein. Mit viel Mühe schafft es Lenin, die dann von Trotzki vorgeschlagene Kompromiß-Linie als Partei- und Regierungslinie

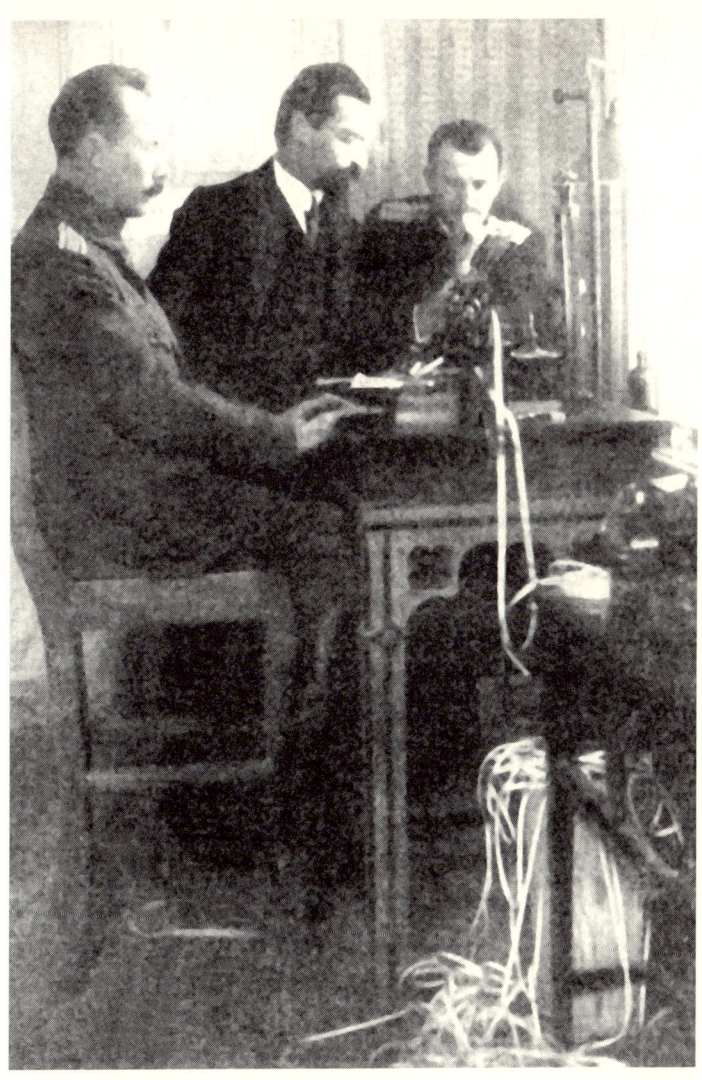

Undichte Stelle: Die Telegraphen-Verbindung Brest-Litowsk-Petro-grad liefert Material für die Sisson-Falsifikate.

mit der berühmten Formulierung »Weder Krieg noch Frieden« durchzusetzen. Mit diesem Konzept reist Trotzki wieder nach Brest-Litowsk.

Auch Kühlmann und Czernin sind inzwischen zu neuen Beratungen nach Berlin beziehungsweise Wien abgereist. Auch in ihren beiden Hauptstädten schwirren Begriffe wie »Allgemeiner Friede«, »Sonderfriede« und »Diktatfriede« umher. Ludendorff vertritt die Auffassung, mit dem militärischen Vormarsch auf Petrograd zu beginnen und die Bolschewiki zu stürzen. Truppen des in den baltischen Provinzen stationierten deutschen 8. Armeekorps erhalten heimlich Befehl, sich schon für ein Vorgehen in Richtung Reval-Petersburg in Bereitschaft zu versetzen.

Nichts kann die desolate politische Situation besser illustrieren als die Szene, die sich in der Abenddämmerung des 26. Januar in Brest-Litowsk abspielt. Im Graudüster des Verhandlungsortes treten Einheiten der kaiserlich-deutschen Truppen zum »Großen Zapfenstreich« an. Während des militärisch-musikalischen Zeremoniells am Vorabend zu Ehren des Geburtstags des deutschen Kaisers spielt die Militärkapelle im flackernden Feuerschein der von strammstehenden Soldaten hochgehaltenen, qualmenden und stinkenden Handfackeln »Heil Dir im Siegerkranz«. Die makabre Szene unter deutschen Pickelhauben ähnelt mehr dem Ende einer Jagd, dem »großen Halali«, bei dem das Wild »zur Strecke gelegt« wird.

In Brest-Litowsk geht die politische Jagd jedoch noch lange weiter, bis endlich doch unterschrieben wird. Am 3. März unterschreibt die russische Delegation unter Protest. Die Frage »Wer wen?« ist in Brest-Litowsk entschieden. Die Russen hatten nichts zu verhandeln. – Sie wurden verhandelt.

IMMER WIEDER GELD UND MORDE

Auf der Sitzung des Rates der Volkskommissare im Smolny, März 1918: Schlapnikow (1), Lenin (2), Stalin (3), Kollontai (4).

»In Reval meldete sich bei mir eines Tages ein junges Mädchen aus der besten Petersburger Gesellschaft. Sie berichtete mir, daß sie mit ihrer Mutter aus Petersburg geflohen sei, nachdem die Bolschewisten ihren Vater und ihren Bruder erschossen hätten, und bot mir an, wenn ich ihre Mutter mit 20.000 Mark sicherstelle, Lenin zu erschießen.

Der Plan, den sie mir vortrug, war gut und erschien durchaus durchführbar. Ich setzte ihr aber auseinander, daß wir daran durchaus kein Interesse haben.«

Der das sagt, weiß, wovon er spricht. Es ist der Oberleutnant Alexander Bauermeister von der Aufklärung der Geheimdienstabteilung IIIb an der Ostfront. Er organisiert Sabotage und Diversion, beschafft geheime Informationen hinter der russischen Frontlinie. Als außerordentlich kundiger Rußland-Experte ist der hochintelligente, sprachbegabte IIIb-Mann seit Dezember 1916 als Nachrichten- und Verbindungsoffizier dem AOK 3 (Armee-Oberkommando) der österreichisch-ungarischen Armee an der Ostfront »attachiert«. Er macht sich zusätzlich einen Namen, als er sich tollkühn hinter die Frontlinie der russischen 8. Armee durchschlägt und dort mit den Vorsitzenden des Soldatenrates der Armee Möglichkeiten eines für den Armee-Frontabschnitt wirksamen Waffenstillstands berät. Anschließend schleust er die Soldatenräte ins Hauptquartier des deutschen Befehlshabers General von Litzmann in Czernowitz und bringt am 14. November 1917 das erste Waffenstillstandsabkommen einer Armeegruppe zustande – nur eine Woche nach der Oktoberrevolution vom 7. November und lange vor dem offiziellen Abkommen von Brest-Litowsk. Bereits am nächsten Tag flattern vor der langen Frontlinie der russischen 8. Armee weiße Fahnen.

Der zu dieser Zeit schon legendäre deutsche Geheimdienst-Offizier erklärt der jungen Russin in einfachen Worten, warum die Deutschen kein Geld für die Ermordung Lenins ausgeben wollen, sondern ganz im Gegenteil den Führer der Bolschewiki am Leben erhalten möchten und ihn also weiterhin unterstützen werden: »Ich spreche zu Ihnen als Deutscher, Nadeshda Pawlowna. Wenn Lenin ermordet wird, werden vielleicht die Bolschewisten gestürzt. An ihre Stelle kommt dann mit Sicherheit eine Regierung, die wieder den Krieg gegen Deutschland proklamiert. Sie werden also verstehen, daß wir an einer Ermordung Lenins, sosehr wir ihn und seine Kumpane verabscheuen, kein Interesse haben.«

Das sind offene Wort, die das so widersprüchlich erscheinende »Deutsch-bolschewistische Komplott« verständlich machen. Bauermeister berichtet über die für das Jahr 1918 hochkommende Attentatswelle und über das nächste Mord-Angebot, das dem deutschen Geheimdienst offeriert wird: »Ein fanatischer alter Sozialrevolutionär bot sich mir kurz darauf an, den Volkskommissar Trotzki-Bronstein zu erschießen. Auch ihm erklärte ich, daß ich für ein solches Attentat nicht einen Pfennig hergeben würde, weil es die deutsche Sache, auch von militärischer Seite aus gesehen, durchaus nicht fördern könnte.«

Bauermeister, der unter anderem als »Stabsrittmeister« auftritt, wird für seine erfolgreichen und außergewöhnlich mutigen und geschickten Einsätze vor, hinter und zwischen den Fronten des Ostens im Sinne der deutschen Zersetzungs- und Revolutionierungspolitik vom Deutschen Kaiser das »Ritterkreuz des Hausordens von Hohenzollern mit Schwertern und Krone« verliehen.

Der Name des hochdekorierten Geheimdienstoffiziers geistert verständlicherweise immer wieder durch die politische Gerüchteküche. So werden ihm zum Beispiel geheime Treffen mit Lenin, Trotzki und Joffe in der Festung Kronstadt bei Petrograd nachgesagt – was er strikt bestreitet.

Niemand konnte dem aus Petrograd geflohenen jungen Mädchen aus besserem Hause Nadeshda Pawlowna profunder und glaubhaft mitfühlender antworten als der selber in St. Petersburg geborene deutsche Offizier.

Hätte die junge Russin im vertrauten Attentats-Tête-à-tête zweier Petersburger geahnt, wie hoch die Beträge sind, die zu dieser Zeit gezahlt werden, damit – gerade im Gegenteil – Lenin und die Bolschewiki »um jeden Preis« an der Macht bleiben – sie hätte die große Weltpolitik in jenen Tagen nicht verstehen können.

Und all das ist in den Jahren um 1918 auch nur schwer zu verstehen. Vom ehemaligen gewaltig ausgedehnten Zarenreich scheint eine einzige, dem politisch-wirtschaftlichen Verfall preisgegebene Kraterlandschaft übriggeblieben zu sein. Rund um die Städte Petrograd und Moskau – seit 12. März neuer Regierungssitz – zerfallen die Reste staatlicher Ordnung, große Landesteile »blättern« einfach ab: Überall proklamieren sich Nationalstaaten, antibolschewistische Territorialregierungen installieren sich, Kosaken-Staaten und »Freie Republiken« entstehen. Finnland, Estland, Kurland, Litauen, Polen, Ukraine, Moldawien, kaukasische Staaten, sibirische Territorien bilden sich und werden gegen Moskau aktiv. Antibolschewistische Armeen werden in Polen, im Baltikum, in der Ukraine, im Kuban-Gebiet formiert. Entlang der transsibirischen Eisenbahn lagern die Soldaten der tschechischen Legion, ehemalige Kriegsgefangene. – Die Aufzählung der Gegner scheint endlos. Der, an der Größe des alten Rußland gemessen, winzige Staat der Bolschewiki zwischen Moskau und Petrograd ist von Feinden eingekreist. Können sich Lenin und die Bolschewiki überhaupt halten?

Diese Frage stellt sich auch der erste deutsche Botschafter in Sowjetrußland, Wilhelm Graf von Mirbach-Harff. Er ist in der zweiten Aprilhälfte 1918 im Austausch mit Joffe, der als Botschafter nach Berlin geht, in Moskau eingetroffen. Die deutsche Mission zieht mit zwanzig Diplomaten und einem ebenso großen Bürotroß in die luxuriöse Villa am Deneschni Pereulok am Rand des Arbat-Viertels. Das Haus gehört einem deutschen Zuckerindustriellen, der es auf diese Weise vor dem Zugriff der Bolschewiki retten will.

Der siebenundvierzigjährige Berufsdiplomat Graf Mirbach bringt in der Folge seiner Tätigkeit als Rechtsberater der deutschen Botschaft in St. Petersburg in den Jahren 1908 bis 1911 wichtige Rußlanderfahrung mit. Der Diplomat alter Schule, von Berufskollegen gelegentlich spöttelnd »Rokokograf« genannt, kann nicht ahnen, wie wechselvoll die Rußlandpolitik in diesen Sommermonaten des Jahres 1918 noch werden wird. Seine von Berlin mitgegebenen Richtlinien weisen ihn eindeutig zur Zustimmung und Unterstützung für die Politik der Bolschewiki an. Daran hält er sich – und wird es mit seinem Leben bezahlen.

Der seit dem 30. April offiziell amtierende Missionschef kommt nicht umhin, einen ersten pessimistischen Lagebericht über die katastrophale Situation in Sowjetrußland und die damit verbundenen möglichen Risiken der deutschen Rußlandpolitik noch im Monat Mai nach Berlin zu senden. Er weist auf eine eventuelle Hinwendung der Bolschewiki zur Entente hin. Selbst ein Zusammenbruch der bolschewistischen Regierung muß in Betracht gezogen werden. Mirbach kalkuliert, daß etwa drei Millionen Mark monatlich erforderlich seien, um die Lenin-Regierung an der Macht zu halten. Die Papiere des Auswärtigen Amtes geben einen interessanten Überblick über den Werdegang eines Hilfsbetrages zum Erhalt der Sowjetmacht, der sogar bis an die Vierzig-Millionen-Grenze reicht. Der erste dringende Hinweis, verbunden mit einem Vorschlag zur Unterstützung, erfolgt am 3. Juni 1918:

Moskau, den 3. Juni 1918 5 Uhr 41 Min. N. M.
Der K. Gesandte an Auswärtiges Amt. Nr. 233.
Antwort auf Telegramm Nr. 161.
Bei starker Entente-Konkurrenz circa 3.000.000 Mark monatlich erforderlich. Im Falle eventuell bald unvermeidlicher Änderung unserer politischen Linie muß mit höherem Bedarf gerechnet werden.
Mirbach.

Wieder muß in Berlin überlegt werden, ob nicht besser doch mit der Opposition zu paktieren sei, um die deutschen Kriegsziele zu verwirklichen. Aber nach Einschätzung Mirbachs ist der »Pakt mit dem Teufel« – diese Worte hat er allerdings in bezug auf die Bolschewiki nie benutzt – letztendlich doch das Sicherste, denn keine der überhaupt als nennenswert einzuschätzenden Oppositionsgruppen ist bereit, den Brest-Litowsker Vertrag anzuerkennen.

Mirbach betraut seinen Stellvertreter Riezler, der lange Zeit in der Stockholmer Botschaft als Rußland-Experte arbeitete, mit der heiklen Aufgabe, an der Tscheka und den Agenten der Entente vorbei äußerst vorsichtigen Kontakt mit der Opposition aufzunehmen.

Der in Berlin alarmierte Kühlmann läßt eine »Notiz« als Gesprächsgrundlage für das erbetene »Millionen-Mark-Gespräch« mit dem »Geld-Grafen« Roedern vom Reichsschatzamt formulieren:

Notiz für den Herrn Staatssekretär zur Besprechung mit Graf Rödern.

Während der letzten Anstrengungen der Entente in Russland, den Sowjet der Arbeiter-Delegierten zur Annahme der Forderungen der Entente zu bewegen, die auf eine Orientierung Russlands zur Entente hinauslaufen, war Graf Mirbach gezwungen, grössere Summen aufzuwenden, um diese Beschlüsse zu verhindern.

Es ist gelungen, vorläufig die Bolschewisten davon abzuhalten, in das Entente-Fahrwasser hinüberzuschwenken. Doch kann jeder Tag neue Überraschungen bringen. Die Sozial-Revolutionäre haben sich gänzlich der Entente verschrieben, und diese versucht, mit Hilfe der tschecho-slovakischen Bataillone die Herrschaft der Bolschewiki zu erschüttern. Es scheint, dass es den Bolschewiki gelungen ist, vorläufig den Ansturm der tschecho-slovakischen Bataillone zu überwinden. Immerhin werden die nächsten Monate von innerpolitischen Kämpfen erfüllt sein. Es ist möglich, dass es zum Sturz der Bolschewiki kommt, um so mehr, als einzelne ihrer Führer bereits zu einer gewissen Resignation über ihr eigenes Schicksal gekommen sind.

Während der Herrschaft der Bolschewiki werden wir, trotz der grossen Belastungsproben, die durch unsere eigenen politischen Forderungen (Esthland, Livland, Transkaukasien, Krim usw.) der äusseren Politik der Bolschewiki bereitet werden, versuchen müssen, alles daran zu setzen, die Bolschewiken vor einer anderen Orientierung zu bewahren. Das kostet Geld, wahrscheinlich viel Geld. Andererseits dürfen wir, schon jetzt mit der Möglichkeit eines Umsturzes rechnend, unsere Beziehungen zu den übrigen politischen Parteien nicht abbrechen. Wir müssen im Gegenteil versuchen, für den Fall des Sturzes der Bolschewiken uns einen möglichst gefahrlosen Uebergang zu sichern. Auch das wird viel Geld kosten.

Graf Mirbach hat berichtet, dass er jetzt monatlich 3 Millionen Mark für Ausgaben in dieser Beziehung brauchen wird. Es sei aber anzunehmen, dass bei einem Umschwunge unter Umständen das Doppelte nötig sein wird.

Der Fonds, den wir bisher für Acquisitionen in Russland zur Verfügung gehabt haben, ist erschöpft. Es ist daher nötig, dass der Reichsschatzsekretär einen neuen Fonds zur Verfügung stellt. Diesen wird man unter den oben dargelegten Bedingungen nicht mehr unter 40 Millionen beziffern können.

Berlin, den 5. Juni 1918.

Kühlmann hat Erfolg, denn schon am 11. Juni gibt Graf Roedern die Millionen-Summe für die Lenin-Regierung unter dem Schriftzeichen »Geheim Z.B. 965 Der Staatssekretär des Reichsschatzamtes« frei:

Seiner Exzellenz
den Herrn Staatssekretär des Auswärtigen Amts
Herrn Dr. von Kühlmann
Persönlich.
Lieber Kühlmann!
Auf Ihr Schreiben vom 8.d.M., mit dem Sie mir die Aufzeichnung zu A.S. 2562 betreffend Rußland übersenden, erkläre ich mich bereit, einem ohne Angabe von Gründen gestellten Antrag auf Bereitstellung von 40 Mill. Mark für den fraglichen Zweck zuzustimmen.

[handschriftlich]: Graf Roedern

Der Antrag über die 40.000.000-Mark-Summe wird »ohne Angabe von Gründen« gestellt: Es scheint in diesen Zeiten empfehlenswert, wahre Verwendungszwecke und Zwischenstationen nicht schriftlich zu benennen, da der Fonds-Zuteilungsmodus, die Rechnungslegungsvorschriften usw. durch viele Hände gehen und von vielen Augen gesehen werden.

Ein handschriftliches Dokument vom 15. Juni belegt, daß die eilige Angelegenheit auch schnellstens erledigt wird:

Eilt sehr
  An den Herrn Staatssekretär des Reichsschatzamtes.
Mit Bezug auf das Schreiben Euer Exzellenz vom 11. Juni 1918. Geheim Z.B. 965 wird ergebenst gebeten, der Legationskasse des A.A. 40 Millionen Mark für politische Zwecke zur Verfügung zu stellen.

Dann, am 26. Juni 1918, erhält Botschafter Mirbach in Moskau unter Nr. 430 die bestätigende Mitteilung auf sein »Wunsch«-Telegramm vom 3. Juni:

Angeforderter Monatsbedarf steht bis auf weiteres zur Verfügung. Bitte insbesondere Ententeeinfluss auf jede Weise bekämpfen. Nähere Anweisung über Rechnungslegung folgt.

Nach der verständnisvollen Genehmigung, Bereitstellung und Fondsfestlegung ergibt sich zwangsläufig die heikle Transfer-Frage. Auf welchem Wege ist der Geldtransport zu bewerkstelligen? Ob Helphands in der Vorrevolutionszeit gut funktionierendes Ex- und Import-, Kauf-, Verkauf- und Schmuggel-System noch immer funktionieren wird? Zumal die Entente-Mächte immer wieder versuchen, Helphand mit seiner fragwürdigen Geldwaschanlage direkt und indirekt über skandinavische Stellen und Zeitungsartikel von dubiosen Exilrussen in Dänemark und Schweden zu diskreditieren.

Noch im Dezember mußte sich Lenin mit seinen Revolutionsführern herumstreiten, als er den vertrauten Ganetzki als diplomatischen Vertreter nach Stockholm schicken will. Niemand anderes ist mit der politischen und wirtschaftlichen Lage in Schweden wirklich so vertraut wie Ganetzki. Aber die eigenen Genossen wenden sich in dieser Frage gegen Lenin, der immer noch ruchbaren Geldlinie Helphand–Ganetzki wegen. Es hilft nichts, Lenins Genossen bleiben hart, und der Chef delegiert an Ganetzkis Stelle die Kollontai als erste diplomatische Vertreterin der Sowjetmacht nach

Stockholm. Das ist eine ernste Warnung an Lenin, und so lehnt er auch empört das Gesuch Helphands ab, als »Deutscher« nach Rußland heimkehren zu dürfen. (Ob Lenin sich noch erinnert, daß Helphand ihm beim ersten persönlichen Kennenlernen 1905 in dessen Wohnung in München-Schwabing Exil-Quartier angeboten hat?)

Lenin teilt dem Vermittlungsmann Radek mit, daß die bolschewistische Partei es nicht zulasse, daß »die Sache der Revolution mit schmutzigen Händen« angefaßt werde. Dieser Satz ist kurz vor den Brest-Litowsker Verhandlungen natürlich in erster Linie für die Argumentation von Radeks Auslands-Informbüro bestimmt. Eingeweihte lächeln erstaunt: Schon jetzt, Ende 1917, ist Helphand kaltgestellt. – Von Lenin und von den Deutschen.

Im Juni 1918 müssen deshalb und vor allem auch angesichts der wirklich enormen Beträge andere Wege gesucht werden. Darüber gibt ein Schriftstück vom 29. Juni Auskunft:

Zum Anschluss an Tel. Nr. 430

Die Rechnungslegung über die bewilligten Beträge hat im Wege der Verwendungsbescheinigung, soweit Belege für die einzelnen Posten nicht beizubringen sind, zu erfolgen.

Euer p.p. wollen noch mitteilen, auf welchem Wege die Übersendung des Geldes erfolgen soll. Mit Rücksicht auf die erheblichen Beträge ... [empfehle?] ich Fühlungnahme mit den dort zweck ... [unleserlich] russischen Rubel anwesenden Herren anheimstellen.

Jetzt, wo Helphand allmählich aus dem Spiel gerät, nehmen die für damalige Zeiten höchst beachtlichen Geldbeträge, die die Deutschen im Sinne ihrer Politik den Revolutionären in Rußland zuweisen, andere Wege. Eine historisch eigenartige und wohl auch einmalige Symbiose von gegenseitigem Haß und der beiderseitigen Hoffnung auf eigenen Vorteilserwerb geht in dieser Form zu Ende.

Während zwischen den beiden politischen Partnern und gleichzeitigen Kontrahenten über mögliche Geldwege beraten wird, schmieden oppositionelle Kreise, die diese dubiose

Partnerschaft stören und vernichten wollen, Mordpläne in der Art des individuellen Terrorismus zur Zarenzeit. Aber um politische Fanatiker zu Attentätern zu machen, bedarf es ebenfalls gewisser Geldsummen. Die dienen dann der Finanzierung der Verschwörer gegen die »deutsch-bolschewistische Verschwörung«.

Am 28. Juni 1918 trägt Baron Kurt von Grünau Seiner Majestät dem deutschen Kaiser den Inhalt eines Memorandums des Auswärtigen Amtes vor. Der Baron nimmt im Hauptquartier des Obersten Befehlshabers im berühmten Kurort Spa im besetzten Feindesland Belgien weisungsgemäß Gelegenheit, dem Kaiser die vorteilhafte weitere Unterstützung der Bolschewiki, selbst bei starker Chaos-Situation in Rußland, zu empfehlen. Dem Kaiser liegt allerdings auch eine entgegengesetzt angelegte Empfehlung der OHL vor, nach der der Chef des Generalstabes Ludendorff zum wiederholten Male die militärische Eroberung Petrograds und den Sturz der Bolschewiki empfiehlt. Der deutsche Kaiser trifft jedoch auf der Grundlage des Memorandums des Auswärtigen Amtes die folgenreiche Entscheidung, in Fortführung seiner Revolutionierungsstrategie von 1914 die bolschewistische Regierung in Moskau im Sinne der deutschen Ostpolitik mit ihren Kriegszielefestlegungen weiterhin uneingeschränkt zu unterstützen. Das deutsch-bolschewistische »Konkordat« soll weiterbestehen. Also muß auch weiterhin gezahlt werden.

Keine zwei Wochen später, am 6. Juli 1918, melden sich zwei Mitarbeiter der Tscheka in der deutschen Botschaft in Moskau. Der eine weist sich als Mitglied der Abteilung Agentenabwehr aus, der andere als Vertreter des Revolutionstribunals. Beide zeigen eine Art Beglaubigungsschreiben vom Chef der Tscheka Feliks Dzierzynski vor, welches sie befugt, »eine Angelegenheit von unmittelbarem Interesse für den Gesandten« persönlich zu erörtern. Es betrifft die Person des Leutnants Robert Mirbach, eines angeblichen Verwandten des Herrn Botschafters. Die beiden Besucher werden von Riezler und dem Dolmetscher Leutnant Müller empfangen. Als der Gesandte zögernd und auch ein wenig mißtrauisch geworden vorschlägt, den Fall doch, bitte, besser in schriftlicher Form vorzutragen, greifen die Besucher Bljumkin und An-drejew blitzschnell in ihre Aktentaschen, holen Revolver heraus und feuern auf Mirbach und seinen Stellvertreter Riezler. Die Kugeln gehen daneben. Riezler und der Dolmetscher werfen sich instinktiv zu Boden, Mirbach versucht durch das Nebenzimmer zur Treppe in das obere Stockwerk zu entkommen. Andrejew stürmt hinterher und schießt Graf Mirbach von hinten in den Kopf. Bljumkin wirft noch eine Handgranate in den Raum, und beide springen durch offene Fenster ins Freie. Den Attentätern gelingt in dem allgemeinen Chaos die Flucht durch den Vorgarten über den zweieinhalb Meter hohen Eisenzaun des Botschaftsgeländes in ein mit laufendem Motor bereitstehendes Fluchtautomobil.

Graf Mirbach, erster deutscher Botschafter in Sowjetrußland, stirbt gegen 15.15 Uhr. Lenin empfängt die Nachricht gegen halb vier Uhr und benachrichtigt sofort Dzierzynski und Swerdlow. Als erster trifft Radek zur Kondolenz in der Botschaft ein, Tschitscherin und Dzierzynski folgen, Lenin und Swerdlow kommen gegen fünf Uhr nachmittags, und sie alle sprechen tieferschüttert ihr Beileid aus.

Ein solch kaltblütiger Mordanschlag erfordert glaubwürdige Entschuldigung, umfassende Entschädigung, sorgfältige Untersuchung, strengste Bestrafung, und vieles andere mehr. – Wie allerdings soll das angesichts der politisch verzwickten Verbindungen aller Beteiligten geschehen?

Die Mörder aus dem Kreis der oppositionellen, antibolschewistischen Sozialrevolutionäre wollten »Rußland von Mirbach befreien«, bekennt das Mitglied dieser Partei, Frau Spiridonowa, freimütig in aller Öffentlichkeit. Unmittelbar nach dem Mord ziehen bewaffnete Linke Sozialrevolutionäre auf die Straßen, diffamieren die Bolschewiki als »Agenten des deutschen Imperialismus«, besetzen Hauptpost- und Telegraphenamt und erlassen wirre Aufrufe an Arbeiter, Bauern, Soldaten und an die »ganze Welt«. Erst am nächsten Tag haben die lettischen Gardetruppen Lenins die Ordnung in Moskau mit Mühe und Gewalt wieder hergestellt.

Der geflüchtete Mörder Andrejew stirbt ein Jahr später in der Ukraine an Typhus, Bljumkin versteckt sich bis 1919, stellt sich dann freiwillig, bereut seine Tat zutiefst und wird kurioserweise Trotzkis Mitarbeiterstab zugeteilt. Nach Trotzkis Ausweisung aus der Sowjetunion wird Bljumkin 1930 verhaftet und durch Stalins Justizapparat wegen aktiver Bindung zum Trotzkismus hingerichtet. Auf diese Weise schafft Stalin gleichzeitig den Tatzeugen und Mörder des deutschen Geldbotschafters aus der Welt.

Das Attentat auf den deutschen Gesandten Graf Mirbach wird Symbol und Signal aller antibolschewistischen Gruppierungen im In- und Ausland. Jetzt fließen auch die Gelder der »anderen Seite«, der Entente-Mächte, immer stärker.

Dem »Signal-Schuß« auf den deutschen Botschafter folgt bereits drei Wochen später in Kiew das nächste Attentat. Am 29. Juli wird auf den Oberbefehlshaber der deutschen Truppen, die in die Ukraine einmarschiert sind, General von Eichhorn, geschossen. Der General erliegt seinen Verletzungen.

Am 30. August verübt die Sozialrevolutionärin Fanja Kaplan in Moskau ein Revolverattentat auf Lenin, weil der mit den Deutschen paktiert. Lenin wird ernsthaft verletzt, kann aber wieder genesen. Am gleichen Tag ermordet ein Sozialrevolutionär in Petrograd den dortigen Tscheka-Chef, M. S. Uritzki. Am 2. Oktober wird in Bajansk auf Leo Trotzki ein Pistolenattentat verübt, bei dem der Volkskommissar für Verteidigung aber nur leicht an der Schulter verletzt wird.

Keine der führenden Persönlichkeiten der Bolschewiki, die – was stets zur Begründung für die Attentate angeführt wird – mit den deutschen Feinden paktieren, kann sich ihres Lebens mehr sicher sein. Sozusagen zwischen den Mord- und Attentatsterminen muß das, was als Politik bezeichnet wird, mit allen zur Verfügung stehenden Mitteln fortgeführt werden. Denn die Lage ist für alle Machtgruppierungen äußerst angespannt, manche können ihre tatsächliche Lage zwischen allen möglichen Fronten schon nicht mehr realistisch einschätzen. Die heute noch als hochnäsige Sieger auftreten, sind nicht in der Lage zu erkennen, daß sie bereits in fünfzehn Wochen ihr Kaiserreich als endgültig verloren ansehen müssen. Die Frage »Wer wen?« stellt sich täglich für alle im politischen Geschäft – oft in geradezu grotesker Weise.

In dieser immer undurchsichtiger werdenden Lage, in der sich einerseits die politische Polarisation zuspitzt und sich gegenseitige Konfrontationen bei gleichzeitiger kumpanei-hafter Kompromißbereitschaft anhäufen und andererseits uneingeschränkte Machtkämpfe um die jeweils eigene politische Existenz wüten, fällt ein Telegrammtext auf, den Lenin am 14. August aus Moskau in die Schweiz schickt. Der durch Brest-Litowsk gebeutelte Revolutionsführer, der sich mit seinem unvorteilhaften »Gewalt-Friedensvertrag« abfinden muß, erkennt, daß er allmählich in eine immer günstigere Situation gerät, in der die Deutschen die Bolschewiki zu ihrem eigenen Nutzen auf Gedeih und Verderb unterstützen müssen.

Politisch gesehen, ist Lenins »Ton« in diesem Telegramm frivol und frech. Er bedankt sich zunächst bei seinem Botschafter Bersin in der Schweiz für dessen fleißige Propagandaarbeit im Ausland, die hilft, das politische Renommee der gerade entstandenen Sowjetmacht zu stärken. Aber dann kommt Lenin auf das notwendige Geld zu sprechen: »Ich danke aus tiefem Herzen für die Publikationen in drei (oder vier) Sprachen und den Vertrieb. Die Berliner werden weiteres Geld schicken: Wenn die Halunken die Sache verzögern, beschweren Sie sich *offiziell* bei mir. Ihr Lenin.«

Lenin weiß genau, daß die Deutschen den von allen Seiten attackierten Sowjetstaat »mit allen Mitteln« erhalten müssen, um ihre Ostpolitik doch noch durchsetzen zu können. Und sei es mit dem kleineren Übel, den Bolschewiki, mit dem sich die Deutschen abfinden müssen.

Als größeres Übel nennt der neu eingesetzte Nachfolger von Kühlmann im Auswärtigen Amt, Admiral von Hintze: »Sozialrevolutionäre, Kadetten, Oktobristen, Monarchisten, Kosaken, Gendarme, Beamte und Mitesser des Zaren.« Der Admiral und Staatssekretär des Auswärtigen Amtes tritt kategorisch gegen deutsche Bindungen an diese Oppositionsgruppierungen auf, weil die den Vertrag von Brest-Litowsk nicht anerkennen wollen. Nur die Bolschewiki führen ihre Politik weiterhin auf der Basis des Vertrages und der jetzt im Sommer noch »nachgefertigten« Zusatzverträge. Der Admiral liebt die Bolschewiki wirklich nicht, formuliert aber verblüffend undiplomatisch die tatsächlichen »Moralverhältnisse« der durch zeitweilige »parallele Interessenlage« miteinander verbundenen Kontrahenten: »Es ist politisch, die Bolschewisten auszunützen, solange sie noch etwas hergeben können.«

Das sind ehrliche, leichtverständliche Worte. Admiral von Hintze hält weiter unverändert Kurs auf Kooperation mit Moskau und erklärt die Motivlage sehr einprägsam: »Inzwischen haben wir keine Veranlassung, ein schnelles Ende der Bolschewiken herbeizuwünschen oder herbeizuführen. Die Bolschewiken sind höchst üble und antipathische Leute; das hat uns nicht gehindert, ihnen den Frieden von Brest-Litowsk aufzuzwingen und ihnen nach und nach noch darüber hinaus Land und Leute zu nehmen. Wir haben aus ihnen herausgeschlagen, was wir konnten, unser Streben nach Sieg verlangt, daß wir damit fortfahren, solange sie noch am Ruder sind.

Ob wir gern oder ungern mit ihnen arbeiten, ist belanglos, solange es nützlich ist. Gefühle in die Politik hineinzutragen ist nachweislich der Geschichte ein kostspieliger Luxus. In unserer Lage sich solchen Luxus zu gestatten wäre unverantwortlich. Wer mit den Bolschewiken als de facto-Machthabern arbeitet und dazu über die üble Gesellschaft seufzt, ist harmlos; wenn man aber einen Vorteil aus der Arbeit mit den Bolschewiken zurückweist aus Abneigung gegen das Odium, mit den Bolschewiken zu tun zu haben, so wird das gefährlich. Politik ist bis auf den heutigen Tag und bis auf lange hinaus utilitarisch. […] Was wollen wir denn im Osten? Die militärische Paralyse Rußlands. Die besorgen die Bolschewiken besser und gründlicher als jede andere russische Partei und ohne daß wir einen Mann und eine Mark drangeben. Wir können nicht verlangen, daß sie oder andere Russen uns dafür lieben, daß wir ihr Land aus- und einpressen. Begnügen wir uns also mit der Ohnmacht Rußlands.«

Der rüde Ton trifft exakt die Lage und zeigt, wie die Machtverhältnisse tatsächlich beschaffen sind. Allerdings – in einer Formulierung irrt der Admiral gewaltig: Daß die Deutschen nicht »eine Mark drangeben« müßten. Das stimmt nur insofern, als es sich nicht um *eine* Mark, sondern um *viele Millionen* Mark handelt, die »drangegeben werden« müssen. Hintze resümiert zu diesem Thema: »Also sollen wir die Früchte vierjähriger Kämpfe und Triumphe preisgeben, nur um uns endlich von dem Odium zu entlasten, die Bolschewiken ausgenutzt zu haben? Denn das ist es, was wir tun: Wir arbeiten nicht mit ihnen, sondern beuten sie aus. Das ist politisch und Politik.«

Diese Worte eines Admirals von der Kommandobrücke des Staatsschiffs Deutschland sind deutlich. Und so wird des Admirals Denkschrift zum Schlüsseldokument, das aufschließt, welche altbekannten Begriffe sich hinter allem diplomatisch verbrämten Reden verbergen: deutsche Kriegszielepolitik, Randstaatenpolitik, Orangenschalen-Stategie, Insurgierungspolitik, Revolutionierung Rußlands, Brest-Litowsker Friedenspolitik, Sonderfrieden, Separatfrieden. Admiral Hintzes Worte machen verständlich, daß auch noch lange nach der erfolgreichen Oktoberrevolution des »Kaisers Millionen« weiterfließen müssen, damit die Revolution erfolgreich bleibt – im Sinne »deutscher Ostpolitik«.

Die offenen Worte dieser Denkschrift des deutschen Admirals und Quasi-Außenministers lassen an Lenins klare Worte denken: »Aussprechen, was ist«.

Doch Hintzes lockere Zunge paßt deutschen Politikern nicht, weder denen in deutsch-nationalem Wichs noch jenen späteren in stalinistischem Anstrich. Der Admiral wird von beiden Seiten selten zitiert, und wenn, dann nur auszugsweise und verstümmelt. Auch in diesem Fall herrscht zeitweilige begrenzte »historische Interessengleichheit« zwischen rechts und links: Am liebsten werden alle unbequemen Wahrheiten einfach verschwiegen.

Als Illustration dessen, was Hintzes ausdrucksstarke Ehrlichkeit politisch so belustigend koloriert, sei dazu nur nochmals erwähnt, daß der in Brest-Litowsk gedemütigte Joffe auf Lenins Empfehlung erster bolschewistischer Botschafter im langsam zerfallenden Kaiserdeutschland wird und die altehrwürdige zaristische Botschaft in Berlin Unter den Linden Nr. 7 zu einer einzigartigen bolschewistischen Propagandafestung ausbaut, in der er die deutschen Geldkindlein zu sich kommen läßt und auch die deutschen Revolutionäre, die den Kaiser in Kürze stürzen wollen. Nun brauchen die deutschen Revolutionäre Geld für Propaganda und Aktionen. Jetzt fließen die deutschen Gelder wieder aus Moskau »zurück«, gewissermaßen zur »Revolutionierung des deutschen Kaiserreichs«.

Unter dem Dach des Botschaftsgebäudes, auf dem Joffe die Rote Fahne mit Hammer und Sichel mitten im Deutschen Kaiserreich entrollen läßt, geben sich die deutschen Industriemagnaten und die Kuriere der späteren Kommunistischen Partei Deutschlands buchstäblich die Klinke in die Hand. Die einen reden von Handel und Wandel im Osten, die anderen von der Weltrevolution im Westen. Joffe kommt mit vierzehn Millionen Mark aus Moskau nach Berlin und zahlt das Geld beim deutschen Bankhaus Mendelssohn ein. Über die Besucherliste seiner Botschaft meldet Joffe stolz nach Moskau: »Der Direktor der Deutschen Bank besucht uns häufig.«

Am 16. Mai – Joffe ist erst zwei Wochen in Berlin – lädt Krupp-Direktor Bruhn zu einer Zusammenkunft der deutschen Schwerindustriellen nach Düsseldorf ein, um über das »Eindringen des englischen und amerikanischen Kapitals in Rußland« zu beraten und wie man dem von deutscher Kapitalseite entgegenwirken könne. Leute mit Macht und Namen wie August Thyssen und Hugo Stinnes äußern ihre Vorstellungen, wie sie sich ihren Einfluß in Rußland sichern möchten. Anfang Juni wird die Gründung eines Syndikats beschlossen, das sich den Einfluß auf die russischen Verkehrsbetriebe verschaffen will. Das Vorhaben wird durch Moskaus Bitten an Deutschland enorm begünstigt, Hilfe beim Wiederaufbau der russischen Eisenbahnen zu leisten. Und Joffe kabelt erfreut über den Gesprächs- und Kapital-Kooperationsdrang der deutschen Bankdirektoren nach Moskau: »Mendelsohn hat lange auf eine Unterredung gewartet, und Solomonsohn ist dreimal unter den verschiedensten Vorwänden hier erschienen.«

Die Besucher bedrängen die Sowjets förmlich mit Geld, langfristigen zinsgünstigen Krediten, und spekulieren auf hohe Rendite.

In Joffes Botschafterzeit fällt die Ausarbeitung der für Deutschland so wichtigen Zusatzverträge von Brest-Litowsk, die noch unter Kühlmann in Berlin beginnt. Von deutscher Seite führen die Verhandlungen der Leiter der Rechtsabteilung im Auswärtigen Amt, Kriege, der Vertreter des Auswärtigen Amtes im Baltikum, Nadolny, der Importkaufmann Leutnant Schlubach von der Obersten Heeresleitung (OHL) und Kommerzienrat Litwin von der deutschen Ausfuhrgesellschaft, ein gebürtiger Russe. Über Litwin und Stresemann führt die Informations-Verbindung zu Oberst Bauer als Vermittler zwischen den Militärs der OHL, dem Auswärtigen Amt und dem Reichstag. Von russischer Seite nehmen Joffe und der Sondergesandte Krassin teil. Am 28. August, einen Tag vor dem Attentat auf Lenin in Moskau und dem Mord an dem Petrograder Tscheka-Chef Uritzki, werden die wirtschaftspolitischen Verträge zwischen Sowjetrußland und dem Deutschen Kaiserreich unterschrieben.

Neben diesen handelspolitisch wichtigen Arbeiten Joffes kümmert sich der russische Botschafter mit Energie und Ausdauer um die revolutionäre Propagandaarbeit zum Sturz der kaiserlichen Dynastie in Deutschland. Mit Genugtuung schildert Joffe ein Jahr nach seiner diplomatischen Ausweisung aus Deutschland: »Die Sowjetbotschaft leitete und subventionierte mehr als zehn linkssozialistische Zeitungen ... Natürlich konnte sich die bevollmächtigte Vertretung selbst in ihrer Informationstätigkeit nicht auf rein ›legale Möglichkeiten‹ beschränken. Das Informationsmaterial umfaßte weit mehr als das, was gedruckt und veröffentlicht wurde. Sehr häufig war es erforderlich, die parlamentarische Rednertribüne zu nutzen; das Material wurde Reichstagsabgeordneten der Fraktion der Unabhängigen Sozialdemokraten übergeben, die es für ihre Reden heranzogen; auf diese Weise kam es dann sowieso in die Zeitung. Die Sowjetbotschaft, die exzellente Verbindungen in allen Schichten der deutschen Gesellschaft hatte und deren Agenten in den verschiedensten deutschen Ministerien saßen, war selbst über das, was in der deutschen Politik vorging, wesentlich besser informiert als die deutschen Genossen.

Natürlich konnte sich die russische Botschaft in ihrer revolutionären Aktivität nicht auf die Informationsarbeit beschränken. In Deutschland gab es revolutionäre Gruppen, die während des gesamten Krieges in der Illegalität revolutionäre Arbeit geleistet hatten. Russische Revolutionäre, die auf diesem Gebiet über mehr Erfahrung und mehr Möglichkeiten verfügten, mußten gemeinsam mit diesen Gruppen handeln und taten dies auch. Ganz Deutschland war mit einem Netz aus illegalen revolutionären Organisationen überzogen. Die deutsche Regierung beschuldigte die Russen einmal, aufrührerische Schriften nach Deutschland einzuschmuggeln, und fahndete mit einem Eifer, der eines höheren Ziels würdig gewesen wäre, im Gepäck der Kuriere danach, doch kam es ihr nie in den Sinn, daß das, was die russische Botschaft aus Rußland nach Deutschland brachte, nur einen Tropfen im Meer darstellte im Vergleich zu dem, was mit Hilfe der russischen Botschaft innerhalb Deutschlands gedruckt wurde.«

Joffes »Gegenspieler« in Brest-Litowsk und bei den Berliner Zusatzverhandlungen, Rudolf Nadolny, beschreibt Joffes Tätigkeit, die schließlich und zwangsläufig zu seiner Ausweisung aus Deutschland führt. Nadolny urteilt seiner Funktion gemäß aus dem Blickwinkel des Experten vom Auswärtigen Amt und dem Generalstab. Ein wenig bekümmert gesteht er zunächst: »Ich hatte währenddessen meine Sorgen mit der russischen Botschaft. Der Generalstab, [Abteilung] Abwehr, verlangte dauernd die Ausweisung Joffes, da er nur bolschewistische Propaganda betreibe, aber er konnte keine Beweise dafür erbringen. Am 3. November war eine Sitzung im Preußischen Ministerium des Innern, wo wieder sehr energisch die Ausweisung des russischen Botschafters gefordert wurde. Aber es konnten keine Beweise für seine propagandistische Tätigkeit erbracht werden. Da erzählte ich den Herren, daß vor kurzem Generalkonsul Breiter in Petersburg Gewehre zum Schutz des Generalkonsulats verlangt hätte. Darauf seien ihm 30 Gewehre, in Kisten verpackt, zugesandt worden. Als sie in Petersburg auf dem Warschauer Bahnhof anlangten und ausgeladen wurden, platzte eine Kiste, und die Gewehre wurden entdeckt. Das ergab natürlich eine ziemliche Demarche der Sowjetregierung. ›Bei uns platzt natürlich niemals eine Kiste‹, damit schloß ich meine Erzählung.«

Damit gibt der gewiefte Rußland-Experte bei den zuständigen Leuten das Startzeichen für eine kleine »Kistenkollision«, die von der Presse sofort zu einem wahren Spionage-Spektakel hochgejubelt wird, als sei man plötzlich über die wahre Tätigkeit der Botschaft Sowjetrußlands in Deutschland überrascht, und man protestiert nun empört.

Nadolny selbst berichtet hingegen sachlich und leicht unterkühlt, daß sein Tip mit den Kisten von den dafür zuständigen Stellen richtig verstanden worden sei:

»An demselben Abend kam der russische Kurier, und als die verschiedenen Kisten, die er mit sich führte, mit dem Lift vom Bahnsteig befördert wurden, ging eine Kiste kaputt, und siehe da, sie war voller propagandistischer kommunistischer Schriften. Die Kiste wurde beschlagnahmt, der Kurier festgesetzt, und Joffe klingelte bei mir an und beschwerte sich. Er läutete in der Nacht noch mehrmals an, aber ich konnte ihm nicht helfen. Am nächsten Morgen fand ich die Propagandaschriften auf meinem Schreibtisch im Amt liegen. Nun war Joffes Schicksal besiegelt. Staatssekretär Solf eröffnete ihm, daß er seine Pässe erhalten werde und binnen acht Tagen das Reich zu verlassen habe.«

Mit der inszenierten Kisten-Kalamität ist nach kurzer, aber doch sehr intensiver Tätigkeit des Botschafters bereits das Ende seiner in beide Richtungen sehr fruchtbaren deutsch-sowjetischen Zusammenarbeit erreicht. Dies bildet zugleich auch das Ende der gesamten offiziellen diplomatischen Beziehung zwischen beiden Staaten, von denen der dynastische leblos in die Geschichte versinken und der andere ihren Verlauf für lange Zeit mitbestimmen wird.

Zunächst aber verschwindet Joffes Botschaft im russisch-polnischen Novembernebel. Nadolny hingegen registriert das Ende einer meist konspirativen Zusammenarbeit, die böse Zungen später als Kumpanei und Komplott diffamieren wollen, protokollarisch nüchtern: »Nach drei Tagen erschien Major Henning vom Kriegsministerium und verlangte, daß die russische Botschaft sofort hinausgeschafft werde, es drohe die Revolution. Ich ging sofort ins Kabinett, wo die Minister beisammensaßen, und trug den Fall vor. Darauf sagte Scheidemann, wenn es mit der Revolution ernst sei, so müsse das Personal der Botschaft eben hinaus. Darauf wurde dem Botschafter ein entsprechender Bescheid gegeben und die Botschaft von der Polizei zerniert. Es wurde jedermann hinein-, aber niemand herausgelassen. In der Nacht um 4 Uhr ging dann der Abtransport vor sich. Ich hatte den Legationssekretär Richard Meyer Unter den Linden stationiert und den Attaché Graf Saurma dem Botschafter als Begleiter mitgegeben. Als man die Botschaft herausließ, waren es 186 Köpfe, und als einzigen Deutschen fand man bei ihnen den Abgeordneten Rechtsanwalt Dr. Oskar Cohn. Die Botschaft bestieg einen Sonderzug und fuhr bis zum Bahnhof Borissowo, zwischen Wilna und Minsk, wo der Zug hielt und General von Falkenhayn, der den Nordosten kommandierte, ihn von zwei Kompanien Soldaten umgeben ließ. Sie sollten dort so lange bleiben, bis unsere Vertretungen von Moskau und Petersburg russischerseits freigelassen und gegen die Botschaft ausgetauscht wurden.

Der Austausch der Vertretungen ging nach drei Wochen vor sich, so lange mußte die russische Botschaft in Borissowo sitzen. Er erfolgte auf offener Strecke, indem von jeder Seite ein Zug heranfuhr und die Mitglieder dann umstiegen.

Währenddessen war in Deutschland die Revolution ausgebrochen.«

Die deutsche Novemberrevolution von 1918 zwingt den Kaiser zur Abdankung, wie die russische Februarrevolution von 1917 den Zaren zu diesem Schritt gezwungen hatte. Der Kaiser flieht nach Holland. Der Zar ist schon erschossen.

Deutsch-sowjetische Kungeleien werden jedenfalls in diesem Jahrhundert zu keinem Zeitpunkt enden – noch nicht einmal dann, als sie wieder deutsch-russische genannt werden müssen.

MIT DREIZEHN SCHLITTEN NACH AMERIKA

*In Sicherheit: Der Diplomaten-Treck hat das rettende Ufer erreicht.
Zweiter von rechts: Edgar Sisson.*

Zurück zur Anfangsgeschichte: Edgar Sisson ist es gelungen, mit einer Gruppe amerikanischer Diplomaten durch die Frontlinien der sich im finnischen Bürgerkrieg bekämpfenden Roten und Weißen zu kommen. Die Flucht auf den Schlitten geht weiter. Dreizehn struppigen Ponys ziehen noch immer ihre Kufengestelle durch die weiße, eis- und schneebedeckte Küstenlandschaft Südwestfinnlands. Die Karawane schlängelt sich von Landzunge zu Landzunge, von Insel zu Insel, zieht über das verschneite Festland und dann wieder weit draußen über das zugefrorene Wasser des Bottnischen Meerbusens. Die Fahrt geht immer Richtung Norden; den möglichst kürzesten Weg an der Küste entlang. Das Ziel ist die finnisch-schwedische Grenzstation Torneå-Haparanda, hoch im Norden, nur neunzig Meilen vom nördlichen Polarkreis entfernt.

Die Karawane besteht aus einem guten Dutzend amerikanischen Diplomaten, Botschaftsmitarbeitern, Handelsleuten und deren Ehefrauen, einem rumänischen Attaché-Ehepaar und einem Kurier der norwegischen Gesandtschaft in Petrograd. Die wegen der eisigen Kälte fest vermummten Personen sind allesamt auf der Flucht aus Petrograd.

Das altehrwürdige Sankt Petersburg hat sich in diesen Märztagen des Jahres 1918 zu einem wahren politischen Hexenkessel aufgeheizt. Wegen des schon Monate andauernden politischen Gezerres um einen Friedensvertrag zwischen Deutschland, dessen Verbündeten und der neuen Sowjetmacht in Rußland herrscht in der Hauptstadt des neuen Staates Nervosität und Hektik. Nicht nur der Hunger läßt die Leute in diesem harten vierten Kriegswinter verzweifeln, auch die Gerüchte, daß die Deutschen den momentanen Waffenstillstand brechen werden und ihre Armee auf Petrograd vorrücken lassen wollen, verbreitet Angst und Unruhe in der Stadt.

Auch viele Botschaften und Missionen der mit Rußland liierten Länder wie Frankreich, England und die USA räumen ihre Gebäude und versuchen irgendwie ins neutrale Ausland zu entkommen. Die einen nehmen den Weg über Sibirien bis zum Pazifik-Hafen Wladiwostok, die anderen wählen die beschwerliche Tour mitten durch die Fronten des finnischen Bürgerkrieges über Finnland nach Schweden.

Einer von den Leuten aus jener obskuren Fluchtgesellschaft, die entlang Finnlands winterlicher Küste eilt, ist besonders nervös und hat es eiliger als alle anderen. Es ist Edgar Sisson, Special Representative des 28. Präsidenten der USA, Woodrow Wilson. Sisson war es noch in der Nacht vor der etwas überstürzten Abreise aus Petrograd am 3. März 1918 gelungen, durch einen handstreichartigen Überfall von ihm bezahlter Russen an Geheimpapiere der russischen Regierung zu kommen, die auf ein gegen die politischen Ziele Frankreichs, Englands und der USA gerichtetes Komplott der Bolschewiki mit den Deutschen hinweisen.

Diese Beweise über eine heimliche Zusammenarbeit zwischen dem deutschen Generalstab, dem Auswärtigen Amt und der Reichsführung mit den führenden Funktionären der Bolschewiki werden bei der Veröffentlichung in den USA wie eine Bombe einschlagen, davon ist Sisson bereits jetzt überzeugt. Sisson hat die wohlverpackten Papiere heimlich dem norwegischen Kurier der diplomatischen Flüchtlingsgruppe übergeben, da kaum zu befürchten ist, daß der Norweger als Diplomaten-Kurier eines neutralen Landes von den russischen Posten an der Grenze in Torneå, der letzten finnisch-russischen Station, kontrolliert wird.

Da bisher auf der nun schon ein paar Wochen dauernden Flucht durch das Kampfgebiet der roten und weißen Finnen am Ende doch alles immer wieder geklappt hat – selbst der riskante Frontwechsel am zugefrorenen See verlief komplikationslos –, hofft der Amerikaner, daß es nun bis zur schwedischen Grenze keine großen Schwierigkeiten mehr geben wird und er seine Papiere unversehrt nach Washington bringen kann.

Die acht Stunden währende, schier endlose Schlittenfahrt verläuft an diesem 25. März 1918 ohne Zwischenfälle und ohne Pause. Nur ein einziges Mal werden bei einer kleinen Ansiedlung, die wie eine Oase aus der Schneewüste auftaucht, Ponys und Schlitten gewechselt, die hundert Stück Diplomatengepäck umgeladen, und weiter geht es durch die menschenleere eisige Küstenlandschaft. Gegen 22 Uhr abends erreichen die ersten Schlitten der nun doch schon etwas auseinandergezogenen Karawane endlich den Ort Christinestad. Erst um Mitternacht treffen die letzten Gepäckschlitten ein. Christinestad ist der Standort des Divisional Hauptquartiers der weißen finnischen Streitkräfte, und die Einwohner erscheinen dem Amerikaner Sisson besonders deutschfreundlich eingestellt.

Sisson zuckt zusammen, als die sehr gastfreundlichen Finnen die amerikanische Diplomatentruppe ausgerechnet an die lange Tafel setzen, an der schon dreißig jener hochgeschätzten jungen »Finnischen Jäger« sitzen. Diese in Lockstedt/Schleswig-Holstein militärisch straff ausgebildeten Freiwilligen aus Finnland und Schweden bilden jetzt als Offiziere die Soldaten in General Mannerheims finnischer Armee aus. Die Stimmung im Speisesaal ist »eiskalt«, wie Sisson bemerkt, und keiner aus den beiden Gruppen wechselt mit einem von »den anderen« bei Tisch auch nur ein einziges Wort. Grußlos verlassen alle die Tafel. Die deutschfreundlichen Finnen sehen in den Amerikanern die Vertreter der Feindmacht in diesem Krieg.

Doch die älteren finnischen Offiziere im Hauptquartier erteilen allen vom Diplomatentrupp die notwendigen Paß-Permits zur Weiterreise am nächsten Tag. Da ab Christinestad wieder Eisenbahnverbindung besteht, dürfen die Diplomaten auch mit dem regulären Personenzug weiterreisen, samt ihren Gepäckbergen. Kurz vor Mitternacht des 26. März trifft der Trupp nach einer mehrere Stunden dauernden Reise in dem kleinen Ort Sunioki ein. Hier fühlt sich Sisson erstmals wieder »in der westlichen Welt«, weil sie von Lieutenant Thorling, der ihnen von der US-Gesandtschaft in Stockholm zur Sicherheit entgegengeschickt worden ist, herzlich begrüßt werden. Sisson denkt hauptsächlich an seine Geheimpapiere und glaubt sie durch die Anwesenheit des Lieutenants für den Notfall nun doch irgendwie beschützt. Er läßt die Papiere allerdings auch weiterhin in der diplomatischen Kurier-Obhut des Norwegers, den er stets im Blickfeld behält.

Der amerikanische Leutnant hat in dem kleinen Städtchen

Nachtquartiere besorgt, und am nächsten Tag geht es nochmals 290 Meilen weit mit der Eisenbahn bis hinauf zum nördlichen Grenzort Torneå. Da der Zug erst um Mitternacht eintrifft, bleiben alle vom Reisetrupp für die restlichen Stunden bis zum Morgen in den Waggons.

Am Vormittag des 27. März 1918 betreten Edgar Sisson und der norwegische Kurier auf der anderen Seite des Grenzflusses Torniojoki-Torneälv, in Haparanda, schwedischen Boden. Sisson überkommt ein Gefühl der Entspanntheit. Jetzt sieht er seinen Kurier belustigt und freundlich an.

Insgesamt vierundzwanzig Tage hat Sisson vom Finnländischen Bahnhof in Petrograd bis hierher auf neutrales schwedisches Territorium gebraucht, rechnet er nach.

(US-Botschafter David R. Francis kann übrigens am 27. Februar mit dem verkleinerten Stab seiner Botschaft und einigen diplomatischen Kollegen anderer Missionen in einem von Lenin genehmigten Sonderzug vom Nikolajew-Bahnhof in Richtung Sibirien abfahren, 5.470 Meilen weit bis Wladiwostok, dem Hafen an der Pazifikküste.)

Vor gut drei Wochen, erinnert sich Sisson hier im schwedischen Grenzort Haparanda, ist er noch durch den Schnee im Vorhof des Smolny gestapft. Er hatte die Absicht, sich als Semi-Diplomat korrekterweise von den russischen Regierungsbehörden zu verabschieden. Noch jetzt hat er das Bild vor Augen, wie er auf dem Weg über den Hof an seitlich aufgebrochenen Holzkisten vorbeigeht und beruhigt denkt, daß der von ihm geplante nächtliche Überfall auf die Dokumenten-Kisten sozusagen noch in allerletzter Minute geklappt hat. Er mußte unbedingt ein paar der Originaldokumente der russischen Regierungsstellen in die Hand bekommen, will er doch einen optischen Beweis dafür vorlegen können, daß alle Kopien, die er bisher von Eugen Semjonow, einem russischen Journalisten der Petrograder Abendzeitung »Wetschernaja Wremja«, für gute Dollars hatte kaufen können, echte Kopien sind. Und kurz vor seiner Abreise aus Petrograd ergibt sich der glückliche Umstand, daß die Regierung nach Moskau umziehen will. Ist ihr die deutsche Nordarmee im Baltikum schon zu nahe auf Petrograd vorgerückt? Dazu die Meldungen und Gerüchte, daß Ludendorff doch noch die Regierung der Bolschewiki beseitigen und Petrograd erobern will! Jedenfalls wird gepackt, und viele Holzkisten mit Regierungspapieren stehen zum Umzug nach Moskau abholbereit auf dem Hof des Smolny. Das ist eine selten günstige Gelegenheit für Semjonow und seine Leute, die Kisten nachts zu knacken und sich Original-Dokumente zu besorgen. Günstig auch für Sisson, für Washington.

Am 28. März sitzt die Reisegruppe nach der langen, abenteuerlichen Flucht durch Finnland mittags gemütlich in Haparanda zu Tisch. Freudig erregt über die gelungene Flucht, stoßen alle miteinander auf ihr Glück an und trinken. Den norwegischen Kurier hatte Sisson noch am Vorabend, nachdem er das Päckchen mit den Geheimpapieren zurückerhalten hatte, mit vielem Dank zum Bahnhof begleitet und zum Zug in Richtung Kristiania (Oslo), der Hauptstadt seines Landes, verabschiedet.

Am Abend des 28. März besteigen Sisson und die anderen den Sonderwagen, den US-Botschafter Morris geordert hat und der an den regulären Zug nach Stockholm angehängt wird. Am 30. März, nachmittags, trifft der Nachtexpreß in der schwedischen Hauptstadt ein. Hier trennt man sich, um seinen persönlichen Angelegenheiten nachzugehen. Sisson fährt mit der Eisenbahn über Kristiania zur norwegischen Hafenstadt Bergen und dampft von dort mit dem Schiff nach England.

In London versucht Sisson die Genehmigung aus Washington zu erhalten, den Engländern einiges von seinem Material zu überlassen. Das State Department lehnt ab. Sisson begreift nicht, warum. Er kommt auch nicht darüber ins Grübeln, warum die Engländer auch ähnliche Papiere über die deutsch-bolschewistische Verschwörung haben wie er.

Kurz vor seiner Abreise nach New York gibt Sisson am 25. April ein arlamierendes Telegramm nach Washington auf, in dem er empfiehlt, alle Mitarbeiter des Committee on Public Information sowie des Roten Kreuzes, die sich noch in Rußland befinden, sofort abzuberufen, da nach Veröffentlichung der Geheimdokumente in den USA von seiten der Bolschewiki mit harten Repressalien und Verhaftungen für diese Amerikaner zu rechnen sei.

Am 6. Mai trifft Sisson nach der Atlantiküberquerung per Schiff in New York ein und besteigt ohne Verzug den nächsten Expreßzug nach Washington, um seine Geheimpapiere endlich im State Department vorzulegen, damit die Sensation an den Präsidenten weitergeleitet werden kann. Doch da erlebt Edgar Sisson, der Special Representative des USA-Präsidenten, etwas höchst Eigenartiges und Unerwartetes.

Die »Sisson-Bombe«: Pappkarton mit den Geheimpapieren »The German-Bolshevik Conspiracy« in National Archives, Washington.

Im State Department stößt der vor Veröffentlichungs- und Enthüllungsdrang glühende Sisson auf sehr coole Zurückhaltung. Sisson glaubt seinen Ohren nicht zu trauen, als der Counselor des Ministeriums, Frank Polk, ihn bittet, seine Meinung über die Dokumente zu sagen. Sisson weigert sich und erklärt, die Dokumente sprächen für sich, und er habe seiner Erklärung im Memorandum, das den Dokumenten beiliege, nichts hinzuzufügen. Außer: daß er auf sofortiger Veröffentlichung seiner Sensation bestehen möchte. Polk bemüht sich konziliant, aber vergeblich, Sisson klarzumachen, daß der

Zeitpunkt für eine Veröffentlichung der Dokumente psychologisch nicht günstig ist, da die Deutschen an der Westfront einige Vorteile erreicht hätten. Wenn sie wieder in eine schwierigere Lage gerieten, wäre der Zeitpunkt für die Enthüllungen besser, weil wirksamer. Sisson muß sich beherrschen.

Am 9. Mai 1918 werden Präsident Wilson die Original-Schriftstücke von Sissons Bericht übergeben, und die Kopien der Dokumente und des Berichts wandern in Counselor Polks Geheimschrank. Von nun an herrscht absolute »Funkstille« in bezug auf die Sisson-Dokumente. Ihr Lieferant wird, je mehr Zeit vergeht, allmählich zu einer historisch-tragischen Figur. Er beginnt wie Don Quichotte gegen den politischen Wind der Zeit zu kämpfen.

Sisson kann seinen Patriotismus nicht unterdrücken und in die aktuellen politischen Gegebenheiten nicht mehr richtig einordnen. Seine antideutsche Einstellung macht ihn immer quengliger, wo doch um ihn herum so viel Patriotisch-Antideutsches zu spüren ist. Sogar deutsches Sauerkraut ist in den Restaurants in »Freiheitskohl« umgetauft worden, Hamburger werden »Freiheitssteaks« genannt, Bayers Aspirin wird boykottiert, weil es aus Deutschland kommt, die Metropolitan Opera spricht einen Bann gegen Wagner-Opern aus, und in der Halle eines New Yorker Hotels kündet eine Warnung: »Deutschsprechen ist hier nicht erlaubt.«

Hat nicht George Creel alle vom Committee on Public Information scharf gemacht, »daß wir keinen Tag mehr verlieren dürfen. Die in Rußland zu verzeichnende defätistische Einstellung breitet sich nun in ganz Europa aus. Wir müssen das Bild eines Amerika im Krieg in die Spalten der Zeitungen der ganzen Welt bringen!« Doch Creel läßt sich im Moment mit nichts gegen das State Department und gegen das Weiße Haus benutzen. Sisson ist außer sich und fädelt listig eine Sache ein, die ihm verheißt, doch noch zum Ziel zu kommen und seine Sensation über die deutsch-bolschewistische Konspiration in die Welt zu posaunen.

Das entspricht seinem Persönlichkeitsbild, von dem der Senior der amerikanischen Diplomatie, Rußlandkenner und ehemalige Moskau-Botschafter, der weltweitgeachtete Historiker George F. Kennan sagt: »Sisson war ein scharfer, hitziger Mann, klein von Statur und drahtig, vor Energie und patriotischer Begeisterung platzend. Er konnte durchaus Wärme haben, aber seiner Natur nach war er nach außen weder herzlich noch umgänglich. Jemand, der zu jener Zeit in Petersburg war, nannte ihn ›bitter und beißend‹. Im Verhältnis zu seiner Umgebung war er meist unpersönlich und distanziert. Vom Journalismus brachte er eine unbegrenzte Neugier, eine Nase für das Sensationelle, eine große Geläufigkeit des Ausdrucks und einen glänzenden literarischen Stil mit. Mißtrauisch und wachsam von Natur, hatte er ein Flair für Verschwörung und Intrige.«

In Mission: Edgar Sisson. Er ist zutiefst überzeugt, eine wichtige patriotische Aufgabe von »welthistorischer« Bedeutung zu erfüllen.

Sissons Rastlosigkeit und Ausdauer scheinen sich aber doch noch zu lohnen. Es kann auch später nie klar festgestellt werden, auf welchen Wegen und mit welchen Mitteln Sisson es schafft, den Präsidenten der USA nach vier Monaten zu einem »Okay« für die Veröffentlichung der Dokumente zu bewegen. Im State Department herrscht Aufruhr, als Basil Miles, Leiter der Rußlandabteilung, und Philip Patchin, Leiter der Abteilung für Geheimdienst und Information, von Sissons Alleingang erfahren.

Man versucht, Sisson in letzter Minute von seinem Vorhaben abzuhalten. Doch Sisson bleibt stur und erklärt nur kurz, daß bereits in zwei Tagen, in der Woche ab 15. September, der Abdruck der Dokumente in Fortsetzungen in der amerikanischen Presse beginnen werde.

Sisson verschickt Kopien der Dokumente an unzählige Zeitungsredaktionen. Die Zeitungsredaktionen haben das Material offiziell mit der Imprimatur des Committees on Public Information, der regierungsamtlichen Informationsabteilung CPI, erhalten und keinerlei Grund, die Glaubwürdigkeit des Materials zu bezweifeln. Daß die CPI Sissons eigene Dienststelle ist, können nicht alle erkennen. Nun nimmt das Unheil seinen Lauf. Auch für Sisson.

Die meisten Zeitungen drucken das Sisson-Material unbesehen ab, da es von offizieller Seite kommt. Doch die »New York Evening Post« fängt an zu kritisieren: Die Echtheit der Dokumente sei zu bezweifeln, von der Redaktion herangezogene Fachleute hätten herausgefunden, daß zum Beispiel Kopfbogen-Aufdrucke wie »Großer Generalstab« zur Zeit der Datumsangabe der Schreiben nicht mehr verwandt worden seien. Auch Rundstempel des Nachrichtenbureaus gäbe es in dieser Form und Buchstabenfolge nicht, eine Agentenliste aus Wladiwostok nenne groteskerweise Namen, die dort nicht mehr aktuell seien ...

Obendrein telegraphiert zu allem Unglück für Sisson US-Botschafter Page aus London bereits vier Tage nach Abdruckbeginn in den amerikanischen Zeitungen, am 19. September, an das US State Department: »Das Kriegsministerium, das Foreign Office, die Zensurbehörde und die Admiralität hier haben das Material sorgfältig geprüft und sind allgemein zu dem Schluß gekommen, daß die Dokumente, die offenbar echt sind, alten Datums und ohne besonderen Wert sind und daß die Dokumente, die propagandistischen Wert hätten, zweifelhafter Natur sind ...«

Botschafter Page teilt aus London weiterhin mit, eine gründliche Untersuchung durch den britischen Postzensor habe ergeben, daß die Dokumente, die angeblich von verschiedenen Dienststellen stammten, die Hunderte Kilometer auseinanderlägen, alle auf ein und derselben Schreibmaschine getippt seien. Und obendrein auch noch im gleichen Zeitraum. Von den verschiedenen Unterschriften auf den Dokumenten nicht zu reden, die auffallend gleiche graphologische Strukturen aufwiesen.

In diesen späten September- und Oktobertagen richtet sich das Hauptinteresse der amerikanischen Zeitungsleser immer stärker auf andere weltpolitische Geschehnisse. Es beschäftigt sie, ob der Krieg in Europa in Kürze beendet wird und Männer, Söhne und Väter lebend und gesund nach Hause zurückkommen.

Diese naheliegenderen Interessen schieben Sisson aus dem Mittelpunkt der öffentlichen Neugier. Für die Masse der amerikanischen Zeitungsleser ist es ohne Belang, daß zwei amerikanische Experten eine ernsthafte Prüfung der Frage der Echtheit von Papieren eines Journalisten anstellen. Selbst Fachleute müssen bestenfalls lächeln, wenn sie nach einer Ad-hoc-Examination durch die Wissenschaftler Dr. J. Franklin Jameson, Direktor der Abteilung für Historische Forschung am Carnegie-Institut, und Dr. Samuel N. Harper, Professor für russische Sprache und Geschichte an der University of Chicago, innerhalb von nur sieben Tagen in einem Gutachten von immerhin zweitausenddreihundert Worten lediglich erfahren, daß sich die Experten über die ihnen vorgelegten Dokumente kein zuverlässiges Urteil bilden können.

Das wird Ende November 1918 bekanntgegeben, als das Deutsche Kaiserreich um Waffenstillstand bittet, die deutsche November-Revolution stattfindet und der deutsche Kaiser abdanken muß. Wen in den USA interessiert nun schon noch eine »deutsch-bolschewistische Verschwörung« in den Zeiten des nun, Gott sei Dank, beendeten Weltkrieges?

Sisson verstrickt sich in einen jahrelang währenden Streit über die Echtheit der Dokumente. Es gelingt ihm, seinen Chef vom CPI, George Creel, zum Druck der kompletten Dokumentensammlung samt Erklärungstext zu bringen. Und in der Schweiz erscheint 1919 im Berner »Freien Verlag« eine deutschsprachige Broschüre unter dem Titel »Die deutsch-bolschewistische Verschwörung«, in der, wie in der Unterzeile mitgeteilt, »70 Dokumente über die Beziehungen der Bolschewiki zur deutschen Heeresleitung, Großindustrie und Finanz, nebst einer Anzahl photographischer Reproduktionen« vorgelegt werden. Als Herausgeber wird das »Committee on Public Information United States of America« genannt.

Gleich in der Einleitung wird Sissons Sicht auf seine Dokumente als eine Leseanleitung deutlich: »Das Komitee für Öffentliche Information (Committee on Public Information) veröffentlicht nachfolgend eine Anzahl Schriftstücke, welche einerseits zwischen der deutschen kaiserlichen Regierung und der russischen Bolschewiki-Regierung sowie andererseits zwischen Bolschewisten gewechselt worden sind, ferner den Bericht, den Edgar Sisson hierüber verfaßt und an George Creel gesandt hat.

Aus diesen Dokumenten geht hervor, daß die jetzigen Leiter der Bolschewiki-Regierung: Lenin, Trotzki und Genossen, deutsche Agenten sind; daß die bolschewistische Revolution von dem deutschen Generalstab vorbereitet und von der deutschen Reichsbank und anderen deutschen Geldinstituten finanziert wurde.

Sie bekunden des weiteren, daß der Brest-Litowsker-Vertrag ein seitens der deutschen Agenten Lenin und Trotzki an dem russischen Volke verübter Verrat ist; daß ein von den Deutschen bezeichneter Befehlshaber gewählt wurde, um Petrograd gegen die Deutschen zu ›verteidigen‹, daß deutsche Offiziere von der Bolschewiki-Regierung als militärische Ratgeber im Geheimen empfangen wurden, als Spione gegen die Gesandtschaften der Verbündeten Rußlands dienten, als Offiziere in die russische Armee eingestellt wurden und als

Leiter der bolschewistischen inneren und äußeren Politik sowie des Armeewesens ernannt wurden. Kurz, sie bekunden, daß die jetzige bolschewistische Regierung keineswegs eine russische, sondern eine deutsche Regierung ist, welche ausschließlich im Interesse Deutschlands arbeitet und das russische Volk genauso betrügt, wie sie die natürlichen Verbündeten Rußlands im ausschließlichen Interesse der kaiserlich-deutschen Regierung betrügt.

»Wie die russischen Arbeiter betrogen wurden

Die Dokumente tun endlich dar, daß die Bolschewistenführer in derselben Weise, und immer zugunsten deutsch-kaiserlicher Interessen, an dem russischen Proletariat, das sie zu vertreten behaupten, Verrat übten.

Von den zirka 70 Dokumenten existieren viele im Original und sind mit Randbemerkungen bolschewistischer Beamter versehen. Die übrigen sind photographische Abzüge der Originale und weisen ebenfalls Randbemerkungen auf. Sie decken sich mit einer dritten Kategorie von Dokumenten, bestehend aus auf der Schreibmaschine geschriebenen Zirkularen, von denen zwar nur zwei in Originalform vorhanden sind, die aber sämtlich in das ganze Gefüge deutscher Intrige und deutscher Schuld passen.«

Einige Leseproben in der Dokumenten-Reihenfolge, wie sie in der Schweizer Broschüre veröffentlicht wurden:

»Dokument Nr. 1

Sehr geheim. Volkskommissär für auswärtige Angelegenheiten, Petrograd, 16. November 1917.

An den Präsidenten des Rates der Volkskommissäre!

In Übereinstimmung mit dem Beschlusse der Konferenz der Volkskommissäre, Kameraden Lenin, Trotzky und Podvoisky, Dybenko und Volodarsky, ist Folgendes durch uns vollzogen worden:

1. In den Archiven des Justizministeriums ist aus dem Dossier in Sachen »Verrat« der Kameraden Lenin, Zinovieff, Koslovsky, Kollontai und andern, die Anweisung der Deut-

schen Reichsbank Nr. 7433 vom 2. März 1917 entfernt worden, dahingehend, den Kameraden Lenin, Zinovieff, Kameneff, Trotzky, Sumenson, Koslovsky und andern für die Friedenspropaganda in Rußland Gelder zu bewilligen.

2. Alle Bücher der Nia Bank in Stockholm, welche die auf Befehl der Deutschen Reichsbank Nr. 2754 eröffneten Konti der Kameraden Lenin, Trotzky, Zinovieff und andern enthielten, sind geprüft worden.

Diese Bücher sind dem Kameraden Müller ausgeliefert worden, der von Berlin gesandt worden war.

Mit Bewilligung der Kommission für auswärtige Angelegenheiten:

   E. Polivanoff, F. Zalkind.

Der Inhalt des Zirkulars existiert jedoch und lautet wie folgt:

Anweisung der Reichsbank vom 2. März 1918 für die Vertreter aller deutschen Banken in Schweden. Es wird hiermit zur Kenntnis gebracht, daß Geldforderungen zum Zwecke der Friedenspropaganda in Rußland über Finnland erfolgen werden. Sie werden von den Nachstehenden ausgehen: Lenin, Zinovieff, Kameneff, Trotzky, Sumenson, Koslovsky, Kollontai, Sivers und Merkalin, für welche in Übereinstimmung mit unserer Anweisung Nr. 2754 Konti in den Agenturen von privaten deutschen Geschäftshäusern in Schweden, Norwegen und der Schweiz eröffnet worden sind. Alle diese Forderungen müssen eine der nachfolgenden Unterschriften: Dirshau oder Milkenberg tragen. Mit einer dieser Unterschriften versehen, soll den Forderungen der obenerwähnten Personen unverzüglich Folge geleistet werden.

   7433, Reichsbank.

[Weiter heißt es bei Sisson:]

Ich besitze von diesem Zirkular weder eine Kopie noch eine Photographie, aber Dokument Nr. 2, das nächste in der Reihenfolge, beweist dessen Echtheit in merkwürdiger und absoluter Weise.

Dokument Nr. 2 ist das Original eines Berichtes, den ein Vertreter des deutschen Generalstabs an die Bolschewistenführer richtete, um diese zu warnen, daß er eben einen Agenten verhaftet habe, der sich im Besitze der im Dokument Nr. 1 erwähnten Originalanweisung der Reichsbank befand, und hervorzuheben, daß allem Anscheine nach ›Schritte zwecks Zerstörung obenerwähnter Dokumente nicht rechtzeitig unternommen wurden‹. Das Dokument Nr. 2 bekräftigt die Authentizität des Dokumentes Nr. 1.

DOKUMENT NR. 2

G.[roßer] G.[eneral] S.[tab], Nachrichten-Bureau, Sekt. R. Nr. 292. Geheim, 12. Februar 1918.

An den Präsidenten des Rates der Volkskommissäre!

Das Geheimdienst-Departement hat die Ehre, Sie zu benachrichtigen, daß auf dem verhafteten Hauptmann Konshin zwei deutsche Dokumente, mit Aufzeichnungen und Stempeln der Petersburger Geheimpolizei (Okhrana) gefunden wurden. Diese Dokumente sind die Originalanweisungen der Reichsbank Nr. 7433, 2. März 1917, betreffend die Eröffnung von Konti an die Herren Lenin, Sumenson, Koslovsky, Trotzky und andere an der Friedenspropaganda Beteiligte, auf Grund der Anweisung Nr. 2754 der Reichsbank. Diese Entdeckungen beweisen, daß zur richtigen Zeit keine Schritte unternommen wurden, um die obengenannten Dokumente zu vernichten.

Für den Abteilungschef:

[gezeichnet] R. Bauer, Adjt., Bukholm.

DOKUMENT NR. 3

V. K. (Militärkommissariat.) D. Nr. 323. Zwei Beilagen. Protokoll.

Dieses Protokoll, von uns am 2. November 1917 im Doppel verfaßt, bekundet, daß wir unter Zustimmung des Rates der Volkskommissäre, dem Departement für Geheimdienst des Petrograder Distrikts und dem frühern Polizeidepartement (Okhrana) auf Anordnung der Vertreter des Deutschen Generalstabs in Petrograd entnommen haben:

1. Zirkular des Deutschen Generalstabs Nr. 421, vom 9. Juni 1914, die unverzügliche Mobilisation aller industriellen Unternehmungen in Deutschland betreffend, und

2. Zirkular Nr. 93, vom 28. November 1914, des Deutschen Generalstabs der Hochseeflotte, die Entsendung von Spezialagenten in feindliche Länder zwecks Zerstörung von Kriegsvorräten und -material betreffend.

Die oben erwähnten Zirkulare wurden gegen unterzeichnete Empfangsbestätigung dem Geheimdienst-Departement des deutschen Stabes in Petrograd übergeben.

Bevollmächtigt durch den Rat der Volkskommissäre:

[gezeichnet] F. Zalkind, E. Polivanoff, [eine weitere Unterschrift ist unleserlich, kann aber diejenige von Mekhanoshin sein], A. Joffe.

Die Zirkulare Nr. 421 und Nr. 93, die in diesem Protokoll genannt werden, sowie eine Kopie dieses Protokolls erhielt das Geheimdienst-Departement des Deutschen Generalstabes in Petrograd am 30. November 1917.

[gezeichnet] Henrich, Adjutant.

[...]

DOKUMENT NR. 9

Reichsbank Nr. 8, Berlin, 12. Januar 1918, sehr geheim.

An den Kommissär des Äußern!

Ich bin beauftragt, die Zustimmung der Reichsbank betreffend Auszahlung von 5.000.000 Rubel aus dem Guthaben des Generalstabes zu übermitteln, zwecks Entsendung des Hilfskommissärs der Marine, Kudriashov, nach dem fernen Osten. Bei seiner Ankunft in Wladiwostok soll er den verabschiedeten Offizier der russischen Flotte, Panoff, aufsuchen und Buttenhoff und Staufacher, die Panoff bekannt sind, unterweisen, ihn zu besuchen.

Die genannten Agenten werden die Herren Edward Schindler, Wilhelm Keberlein und Paul Dieze [oder Deze] mit sich bringen.

Es ist nötig, mit diesen Personen einen Plan zu entsinnen, um das japanische und amerikanische Kriegsmaterial von Wladiwostok nach dem Westen wegzuschaffen. Sollte dies nicht möglich sein, so müssen sie Dieze [oder Deze] und seine Agenten unterweisen, die Lagerräume zu zerstören.

Schindler muß Kudriashov mit den chinesischen Agenten in Nikolsk in Verbindung bringen. Diese Personen sollen die bewilligten Summen erhalten und nach China abgesandt werden, um einen Aufruhr gegen Japan ins Werk zu setzen.

[gezeichnet] Der Vertreter der Reichsbank:
G. von Schanz.

Notiz

Wenn dieser Plan bis ans Ende durchgeführt wurde, so geschah es nicht durch Kudriashov. Er wurde auf seiner Durchreise durch Sibirien zwei oder drei Wochen später getötet, und man berichtet, daß seine Mörder, die zwei Kosaken gewesen sein sollen, ihm eine große Summe Geldes, die er bei sich trug, abnahmen. Viele der deutschen Agenten, die in diesem Briefe genannt werden, sind noch in Sibirien während des Frühlings tätig gewesen, wie das Dokument Nr. 29 klarlegt. Ich besitze eine Photographie von diesem Brief.

[…]

DOKUMENT NR. 11

Reichsbank Nr. 12,378. [Gedrucktes Rundschreiben in russischer Sprache.]

Beschluß einer Versammlung von Vertretern der deutschen Handelsbanken, die auf Vorschlag der deutschen Delegation in Petrograd bei der Leitung der Reichsbank einberufen wurde, zwecks Beratung der Beschlüsse des ›Rheinisch-Westfälischen Industrie-Syndikates‹ und des Handelstages: Berlin, 28. Dez. 1917.

1. Alle Anleihen, von denen sich Schuldscheine in Händen deutscher, österreichischer, bulgarischer und türkischer Inhaber befinden, sind gekündigt, doch muß die Auszahlung seitens des russischen Schatzamtes innerhalb einer Frist von 12 Monaten nach Abschluß eines Separatfriedens erfolgen.

2. Der Ankauf jeglicher russischen Staats- und dividenden-zahlender Papiere zum Tagesmarktpreis ist den Vertretern der deutschen Banken gestattet.

3. 90 Tage nach dem Abschluß eines Separatfriedens werden alle Aktien von privaten Eisenbahngesellschaften, Eisenindustrien, Petroleumgesellschaften und chemisch-pharmazeutischen Werken ihre Gültigkeit wieder erlangen.

Bemerkung: Die Abschätzung solcher Papiere wird seitens der deutschen und österreichischen Börsen erfolgen.

4. Ausgeschlossen, und während der Dauer von fünf Jahren untersagt – gerechnet von dem Datum der Unterzeichnung des Friedens – sind englische, französische und amerikanische Kapitalien in folgenden Industrievereinigungen und deutschen und österreichischen Banken gegründet werden.

6. Die russische Regierung darf sich nicht in den Bereich der Streitfragen hineinmischen, die mit der Übertragung der Ausbeutung durch Deutschland von 2 Grubendistrikten in Polen – Dombrowsky und Olkishski – und von der ölhaltigen Gegend in Galizien durch Österreich zusammenhängen. Die Übertragung der letztern wird nur in der Form bestehen, daß das Recht auf Anspruch von Landparzellen und die Kapitalverwendung im Herstellen und Raffinieren von Öl beschränkt werden.

7. Deutschland und Österreich genießen das unbeschränkte Vorrecht, Mechaniker und befähigte Arbeiter nach Rußland zu senden.

8. Andere fremde Mechaniker und Arbeiter werden während der Dauer von fünf Jahren nach erfolgtem Friedensabschluß zwischen Rußland und Deutschland nicht das Recht haben überhaupt nach Rußland zu kommen.

9. Das statistische Departement der Rohstofferzeugungs- und Verarbeitungsindustrien, mit dem entsprechenden Regierungsorgan, muß unter der Kontrolle deutscher Spezialisten stehen.

10. Privatbanken können in Rußland nur mit der Bewilligung, und, entsprechend den Plänen der deutsch-österreichischen Bankvereinigung, gegründet werden, wobei die Schätzung der Bankbestände auf allen Börsen der alten und neuen Welt der Gruppe der ›Deutschen Bank‹ untersteht.

*11. In den Häfen von Petrograd, Arkangels, Odessa, Wla-
diwostok und Batum werden unter der Leitung von deutschen
Spezialisten spezielle statistisch-wirtschaftliche Ausschüsse
eingerichtet werden.*

*Was den Zolltarif, die Vereinbarung über Eisenbahn- und
Schiffsabgaben betrifft, welche die Handelsbeziehungen zwischen Rußland und Deutschland-Österreich regeln sollen, so
wird dieser Teil des Wirtschaftsvertrages von einer Spezial-
tarifkommisson des Handelstages besprochen werden.*

[gezeichnet] Präsident: von Grenner; Sekretär: Berenblut.

[...]

Dokument Nr. 23

*Generalstab der Hochseeflotte, Nr. 85, 14. Januar 1918.
Sehr geheim.*

An den Rat der Volkskommissäre!

*Entsprechend den Instruktionen des deutschen Hochsee-
kommandos, die mir heute durch Radio A übermittelt worden
sind, wende ich mich an die russische Regierung mit einem
Vorschlag, Maßnahmen zu treffen, per Eisenbahn drei unserer zerlegten Unterseeboote nach dem Stillen Ozean zu befördern. Beim Abschluß von Friedensverhandlungen und der
Unterzeichnung des Friedens zwischen Rußland und Deutschland muß dieser Transport sofort in Angriff genommen werden, wobei, bei Schluß des Krieges, die transportierten Schiffe
zur Verfügung der russischen Regierung bleiben werden.*

Kapitän-Leutnant Rud. Miller.«

Soweit einige Auszüge aus den Sisson-Dokumenten.

Heißt der Kapitän-Leutnant nun Miller oder Müller, existiert er tatsächlich, gibt es einen Generalstab der Hochseeflotte oder vielmehr einen Admiralstab, können oder sollen
drei »zerlegte« deutsche U-Boote über die große Entfernung
der Transsibirischen Eisenbahn transportiert werden? Klingt
das nicht alles wie ein Märchen aus Tausendundeiner Nacht?
Es mag sein, daß solche Ungereimtheiten damals nicht so
absolut sicher zu beurteilen waren, wie es heute der Fall ist.

Und es ist für Außenstehende vielleicht auch nicht so ganz einfach, herausfinden zu können, ob ein Briefkopf »G.G.-S.«, also »Großer General-Stab« zur Zeit des Schreibens überhaupt noch gültig ist und ob die Unterschrift von Kapitän-Leutnant Miller-Müller nur ein bißchen oder ganz gefälscht ist.

Zu der in den Sisson-Dokumenten benutzten Unterschrift eines bestimmten deutschen Nachrichtenoffiziers, der auch bei der Geheimabteilung IIIb im Stab von Ober-Ost sehr gut bekannt ist, gibt der Mann selbst die eindeutige Antwort. Dieser Oberleutnant, Stabsrittmeister usw., der vom Kaiser mit dem Ritterkreuz dekoriert worden ist und ein 20.000-Mark-Mordangebot gegen Lenin so ausführlich und verständlich erklärend abschlägt, der Geheimdienst-Haudegen Rudolf Bauermeister (in den Dokumenten auch als Beyermeister verfälscht) erzählt belustigt, wie er später von seiner deutschen Dienststelle um Aufklärung zu seiner Unterschrift unter eines der Sisson-Dokumente gebeten wird, das ein angebliches Zusammentreffen von Bauermeister mit Lenin in Kronstadt behauptet:

»Über das, was mir dort eröffnet wurde, mußte ich herzlich lachen.

Die Regierung der Vereinigten Staaten hatte seinerzeit nicht nur ›zuverlässige‹ Meldungen über diese angebliche Zusammenkunft, sondern sogar das ›Originaldokument‹ über bevorstehende Sabotageakte gegen amerikanische Unternehmungen in Rußland mit den Unterschriften von Lenin, Trotzki, Joffe und mir bekommen. Der betreffende Beamte legte mir eine Photographie des Dokumentes vor. Die allgemein bekannten Unterschriften von Lenin und Trotzki waren natürlich nicht schwer zu fälschen. Von Joffe, der der erste bolschewistische Botschafter in Deutschland war, befanden sich mehrere Unterschriften im Auswärtigen Amt. Ein Vergleich dieser richtigen Unterschriften mit der Unterschrift auf dem ›Protokoll‹ zeigte offensichtlich, daß hier eine Fälschung vorlag.

Von mir konnte sich nun der betreffende amerikanische ›agent provocateur‹, der für das Protokoll gewiß schweres

Geld eingesteckt hat, beim besten Willen keine Unterschrift besorgen. Er fälschte sie daher aufs Geratewohl. Sie zeigte nicht die geringste Ähnlichkeit mit meiner Unterschrift.

Ich konnte mit gutem Gewissen unter Eid aussagen, daß erstens meine Unterschrift gefälscht und ich zweitens weder im Juli 1917 noch überhaupt jemals während des Krieges in Kronstadt gewesen sei.

Aber als alter Nachrichtenoffizier war ich doch sehr erstaunt über die Kindlichkeit, wie eine amerikanische Behörde, gewiß für schweres Geld, dieses Dokument erwerben konnte.

Wie sollte ich, mitten im Krieg, in die schärfstens bewachte Festung Kronstadt gelangen, die noch dazu auf der Insel Kotlin lag? Ich hätte eine Tarnkappe tragen müssen. Und Lenin? Von der Kerenski-Regierung gesucht, um verhaftet zu werden, hielt sich Lenin in Finnland versteckt. Er wäre spätestens fünf Minuten nach seiner Landung in Kronstadt erkannt und verhaftet worden. Ein logisch denkender Mensch kann daher über diese so außerordentlich ungeschickt erfundene Zusammenkunft nur herzlich lachen und diejenigen bemitleiden, die heute noch an diesen Hintertreppenroman glauben.«

Wer hat denn nun aber diesen »Hintertreppenroman« fabriziert? Die Spur führt zu einer illustren Täuscher- und Fälschertriade, die in den verworrenen Kriegs- und Umbruchzeiten das große Geschäft wittert. Die Fabrikation der heißen Dokumente liegt in den Händen des polnischen Russen beziehungsweise des russischen Polen Ferdinand Antonio Ossendowski, in Rußland als Anton Martynowitsch Ossendowski registriert. Dieser Ossendowski wird später wegen seiner stark fabulösen Abenteuerbücher über asiatische und afrikanische Länder als »der polnische Karl May« bezeichnet. Die für eine amerikanische und westeuropäische Leserschaft sensationellen Abenteuer des Ferdinand Ossendowski in Sibirien, der Mongolei und China erfuhren in 28 Sprachen riesige Auflagen. Wegen der in diesem Zusammenhang niedergeschriebenen »Märchen« legt sich der weltbekannte Asienforscher und Forschungsreisende, der Schwede Sven Hedin, in einem langwährenden internationalen Streit mit dem phantasievollen Reiseschriftsteller Ossendowski an. – Der zweite in der Runde der Dokumentenhersteller, Eugen (Jewgeni) Petrowitsch Semjonow-Kogan (auch als Kohn eingetragen), fungiert zur Sisson-Zeit 1917/1918 als Mitherausgeber und Redakteur des schon erwähnten Boulevard-Blatts, der Abendzeitung »Wetschernaja Wremja« in Petrograd, die hauptsächlich in dem Ruf lebt, Skandalblatt der Hauptstadt zu sein. Die Mitarbeiter sind vorwiegend Anhänger der Kerenski-Politik und gegen Lenin und die neuen bolschewistischen Machthaber eingestellt.

Der Dritte in der dubiosen Troika, Telegraphen-Oberst im Smolny Samsonow, läuft als kräftiges Zugpferd in der Mitte des Dreigespanns. Seine Möglichkeiten zum Abhören der Telephon- und Telegraphenleitungen zwischen der Regierung in Petrograd und der Regierungsdelegation unter Leitung von Joffe und Trotzki bei den monatelangen Verhandlungen in Brest-Litowsk schaffen den Grundstock für die Dokumententexte. Bei der unersättlichen Beutegier der deutschen Seite und den zähen Versuchen der Russen, sich nicht alles abjagen zu lassen, gehen viele Details durch Telephonleitungen und über den Telegraphenticker. Samsonow kann fast alles besorgen, wozu ihn Semjonow überredet. Der wiederum hört aufmerksam auf das, worauf der amerikanische Sonderdiplomat Sisson besonders scharf zu sein scheint ...

Ossendowski ist das geistige Oberhaupt der Fälschertruppe, er bringt ausreichende Erfahrungen für ihr Vorhaben mit. Nach seiner Studienzeit an der Universität von St. Petersburg und am technisch-wissenschaftlichen Zweig der Pariser Sorbonne geht er als Ingenieur in den Fernen Osten. Dort hat er im Gefängnis von Charbin und in einigen anderen geschlossenen Herbergen Rußlands viel Zeit zum Lesen und Studieren, weil er während der Revolution von 1905/1906 beim Aufstand von Charbin das revolutionäre Komitee der Chinesisch-Östlichen Eisenbahn geleitet hatte. Nach seiner Freilassung geht er als Ingenieur in die Ukraine und dann wieder nach St. Petersburg zurück. Hier schlägt er sich recht und schlecht als Journalist durch, indem er ein Buch über seine Gefängniserfahrungen mit dem Titel »Menschlicher Staub« veröffentlicht.

*Der Meisterfälscher aus Petrograd: Abenteurer und Reiseschrift-
steller Ferdinand Ossendowski mit seiner Frau.*

Kurz vor Kriegsbeginn versucht er in der Zeitung eine
umfangreiche Erpressungskampagne gegen die deutsche
Firma Kunst & Albers in Wladiwostok zu inszenieren, die er
der Spionage für die Deutschen beschuldigt. Er verlangt
immense Summen an Schweigegeld, dann würde er die Pres-
sekampagne sofort beenden. Er verdächtigt auch den deutschen Konsul in Wladiwostok, Adolf Dattan, für die Deutschen ein fernöstliches Spionagenetz aufzubauen. Dattans
Namen, die Firma Kunst & Albers und sogar den Namen des

früheren Bürgermeisters von Wladiwostok, Panow, fabriziert er aus fernöstlicher Erinnerung in ein gefälschtes Dokument für Sisson. Es figuriert in der Schweizer Broschüre »Die deutsch-bolschewistische Verschwörung« als Dokument Nr. 29. Bei Kriegsausbruch veröffentlicht er noch schnell ein zeitgemäßes Buch mit dem Titel »Die fernöstliche Spinne«.

Nachdem er Semjonow beim Abendblatt kennengelernt hat, schlägt er ihm bereits eine Woche nach Lenins Oktoberrevolution einen Plan vor, wie sie für Informationen über die geheime deutsch-bolschewistische Zusammenarbeit bei den Vertretern der Westmächte in Petrograd glatt 50.000 Rubel herausschlagen könnten. Einige Blätter seiner Fälschungen hat er bereits in antibolschewistischen Kosaken-Zeitungen im Dongebiet drucken lassen, unter anderem in der »Priasowski Kraj«. Daraus soll hervorgehen, daß der deutsche Große Generalstab die Oktoberrevolution geplant hat und die Deutschen das ganze Unternehmen finanziert haben.

Semjonow muß die Rolle des Anbieters, Übermittlers und Boten übernehmen. Das Dokumenten-Verkaufsgeschäft scheint zunächst gut anzulaufen, und Semjonow bietet Dokumente in der französischen und britischen Botschaft an. Die Franzosen und besonders britische Geheimdienstoffiziere hegen beim Begutachten der angebotenen Dokumente erste Zweifel an der Echtheit der ihnen vorliegenden Papiere. Der USA-Botschafter Francis und der inzwischen zum Oberstleutnant beförderte Raymond Robins von der Leitung der Rote-Kreuz-Mission der USA sind in bezug auf die Echtheit der ihnen vorgelegten Photokopien der angeblichen Geheimdokumente ebenfalls skeptisch. Nur Edgar Sisson, der Special Representative des USA-Präsidenten, glaubt uneingeschränkt an die Echtheit der Schriftstücke –, weil er daran glauben will. Sein maßloser Ehrgeiz, seine tief eingeprägte patriotische Gesinnung und der Drang, vor seinem Präsidenten und der ganzen Welt mit einer einmaligen Sensation zu glänzen, verstellt ihm den klaren Blick zur genauen Prüfung der abfotografierten Schriftstücke.

Nach den ersten Kontaktgesprächen Semjonows mit Sisson spürt Ossendowski die Gier des Amerikaners nach Material gegen die Deutschen und in diesem Zusammenhang auch gegen Lenin, Trotzki und deren Leute.

Längst pfeifen es die Spatzen von den Dächern Petrograds, daß die Deutschen den Bolschewiki mit Millionensummen zu ihrer Revolution verholfen haben. Das weiß inzwischen in diesen Januar- und Februartagen des Jahres 1918 jeder politisch auch nur halbwegs Interessierte und Informierte. Nur – niemand hat schriftliche Beweise in der Hand. Samsonows heimlich abgeschriebene Texte der Telegramm-Papier-Streifen sehen als Angebot optisch nicht sehr verführerisch aus. Ein derartiger Telegrammstreifen-Salat bringt nicht viel Geld. Also müssen Schriftstücke her.

Diese Schriftstücke stellen Ossendowski und Semjonow stets aus drei Elementen zusammen: Das Kernstück eines Bogens besteht aus dem abgehörten oder gestohlenen Informationstext von Samsonows Telegrammen. Das bereitet keine Schwierigkeiten. Zusätzlich muß der Text jedoch mit einem Briefkopf samt notwendigen Angaben einer Dienststelle, deren Ort und richtigem Datum versehen werden, eingedruckt oder mit der Schreibmaschine geschrieben. Und drittens müssen Unterschriften von den Absendern her, photographisch kopiert oder akkurat handschriftlich nachgezogen werden.

Bei diesem Teil der Arbeit, während der Herstellung der amtlichen Briefköpfe und der Unterschriften und Stempel, geraten Ossendowski und Semjonow in große Schwierigkeiten, weil ihnen die richtigen Vorlagen fehlen. An die kommen sie nicht herran, da müssen sie improvisieren und erfinden, da unterläuft ihnen ein Fehler nach dem anderen.

Angesichts dieser Schönheitsfehler werden die Experten unter den Engländern und Amerikanern mißtrauisch. Sisson nicht. Und so begreift er auch nicht die für ihn völlig unerwartete Reserviertheit des State Department, des Weißen Hauses und des Präsidenten, als er nach wochenlanger abenteuerlicher, gefährlicher und strapaziöser Flucht endlich in Washington seine Sensation auf den Tisch gelegt hat.

Lenin, Trotzki, Kamenew, Radek, Helphand, Ganetzki-Fürstenberg, Kollontai, Sumenson, Koslowski – sie alle haben mit der Vorbereitung der Revolution in Rußland, mit der Reise

Lenins durch Deutschland und mit viel Geld auch noch nach der Revolution zu tun. Das ist bei Kriegsende beinahe so gut wie »aktenkundig«. In Sissons gefälschten Papieren sind ihre Namen aber eben nicht beweiskräftig, sind sie doch sehr dilettantisch in die unzähligen Dokumente »eingearbeitet«.

Selbst beim Überfall auf die »Dokumenten-Kisten« im Hof des Smolny ist Sisson getäuscht worden. Sisson drängt nach mehr Original-Papieren, hat doch Semjonow bisher fast nur Photokopien vorgelegt, unsicher, ob der Amerikaner die Fälschungen vielleicht erkennen würde. Sisson will in Washington unbedingt Originale präsentieren. Also liefert Semjonow nun Originale, und es ist Ossendowskis Idee, den roten Matrosen, die mit dem Verladen der Umzugskisten im Smolny bei der chaotischen Evakuierung der Bolschewiki im Februar 1918 befaßt sind, einzureden, in den Kisten sei Gold. Die Matrosen brechen die Deckel auf, und enttäuscht lassen sie die Kisten offen stehen, da sie nur Akten finden. Sisson jedoch, als er die aufgebrochenen Dokumenten-Kisten zu sehen bekommt, ist von der Echtheit der Quelle sofort überzeugt, und damit von den Papieren selbst um so mehr. Daß *er* Semjonow auf die Idee mit dem Bruch der Dokumenten-Kisten gebracht hat, glaubt er nun selbst.

Das für Sisson, der sich die Flucht mit seinen falschen Dokumenten hätte ersparen können und auch seine Bemühungen im folgenden Jahrzehnt seines Lebens, in dem er sich mit Gott und der Welt herumstreitet und beweisen will, daß seine Dokumente doch echt sind –, das für ihn wirklich Tragische ist, daß seine falschen Dokumente inhaltlich im großen und ganzen doch die historische Wahrheit sagen.

Sissons Charakterbild vom ungestümen Ehrgeiz wandelt sich zu einem polit-neurotischen Krankheitsbild. Die Akten seiner jahrelangen, umfangreichen Rechtfertigungskorrespondenzen verwandeln sich für die Historiker mehr und mehr zu Krankenblättern einer tragischen Persönlichkeit. Die Dokumente zum Fall Sisson, die in den National Archives im Adelphi Road College Park, in Maryland, USA, in engster Nachbarschaft des Ortes seiner Lebensenttäuschung in Washington liegen, geben darüber ausführlich Auskunft.

Das Weiße Haus in Washington während des Ersten Weltkriegs: Sissons Papiere scheinen dort »vom Winde verweht«.

Das menschlich einfühlsame und faire Urteil des amerikanischen Diplomaten, Historikers und Philosophen George F. Kennan über die »Sisson-Dokumente« trifft den Kern der Tragödie: partiell oder ganz gefälscht im einzelnen – der Inhalt der Papiere aber stimmt. Die unbezweifelbaren Belege dieser Kennan-These liegen wohlsortiert in deutschen Archiven.

Das politische Unbehagen im Umgang mit Sissons Enthüllungspapieren zieht sich noch jahrzehntelang durch Washingtons politisches Establishment. Nichts illustriert dieses Auf-, Beiseite- und Wegschieben anschaulicher als die lange Staubspur, die sich aus Tresoren und Panzerschränken durch Präsidial-, Verwaltungs- und Kellerräume Washingtons zieht.

Bis ins letzte Jahrzehnt dieses Jahrhunderts ist nicht herauszufinden, warum Präsident Wilson die ihm in einem großen Pappumschlag übergebenen Originaldokumente – einmal in seinen Händen – trotz mehrmaliger Bitten seines CPI-Chefs Creel und dessen Stellvertreters Sisson nicht herausgibt. Nachdem Wilson 1921 das Weiße Haus räumt und es seinem Nachfolger Harding überläßt, sind die Originaldokumente von Sisson »verschwunden«, einfach nicht mehr aufzufinden. Wilson habe sie offenbar »mitgenommen«, heißt es.

Ein Umstand, der letztlich zur Beendigung der amtlichen Untersuchung über die Echtheit der Papiere geführt haben soll.

Die durch die umfangreichen Überprüfungs-Korrespondenzen stark angewachsene Akte und die Photokopien der Dokumente landen indessen in einem großen Pappkarton, der in der Osteuropa-Abteilung des State Department mehr als anderthalb Jahrzehnte asserviert bleibt. 1937 wird die Abteilung plötzlich aufgelöst, ein Teil der Akten vernichtet beziehungsweise umverteilt. Der Karton mit den Sisson-Papieren wird in die Europa-Abteilung expediert. Dort kann man seinerzeit nichts mit ihnen anfangen und sendet den Karton zur Abteilung für Mitteilungen und Berichte. Im Januar 1940 stößt ein Beamter im Zimmer 476 der DCR-Abteilung unvermittelt auf den Fund und empfiehlt, weil er auch nichts Rechtes damit anzufangen weiß, alles wieder an die Europa-Abteilung zurückzugeben. Für länger als ein Dutzend Jahre, auch während des Zweiten Weltkriegs, ist kein Hinweis darauf zu finden, was mit dem Karton geschieht. Der nächste Anhaltspunkt findet sich in dem entlegenen Raum Nr. 2410 im Nebengebäude 3 der Historischen Abteilung des State Department. Am 7. Januar 1955 taucht der Karton dann endlich mit allen Kopien in der Abteilung für Foreign Affairs im National Archiv in Washington auf.

Wo aber sind Sissons »Original-Falsch-Dokumente« geblieben? Das Mysterium um das Verschwinden jenes großen Pappumschlages entschleiert sich plötzlich nach Jahrzehnten auf eine völlig undramatische Weise. Als die Crew des 33. USA-Präsidenten Harry S. Truman 1953 die Privat- und Amtsräume im Weißen Haus für den Nachfolger Dwight D. Eisenhower freiräumt, findet ein Mitarbeiter des Umzugsteams in einem Safe den seit der Amtszeit des 28. Präsidenten der USA, Woodrow Wilson, seit 1921 »vom Winde verwehten« großen Umschlag mit den Sisson-Original-Dokumenten. Zu dieser Zeit tobt der erbitterte Korea-Krieg, und niemand im Weißen Haus ist irgendwie an den mittlerweile altgewordenen Sisson-Dokumenten interessiert. Die Entdecker des großen Pappumschlags mit den Papieren schicken alles zur Justiz- und Exekutiv-Sektion der Abteilung für Legislative, Justiz und Diplomatische Berichte im National-Archiv. Da bleiben die original-falschen Dokumente der Nachwelt erhalten.

Bleibt Edgar Sisson nun auch gänzlich vom historischen Staub der Vergessenheit bedeckt? Noch einmal versucht der von Rechtfertigungs- und Rechthabedrang Getriebene 1931 mit der Buchveröffentlichung seiner Memoiren sich ins rechte historische Licht zu rücken und läßt auf dem Titelblatt unter dem Autorennamen auch noch seinen alten Titel drucken »Sonderbeauftragter von Präsident Wilson in Rußland« und beginnt mit den ihm gemäßen stolzen Worten alles nochmals von Anfang an zu erzählen: »Präsident Wilson befahl mir am 23. Oktober 1917, nach Rußland zu gehen. Ich fuhr mit dem Schiff am Samstag, dem 27. Oktober von New York ab und traf am 25. November in Petersburg ein.

Meine Empfehlungsbriefe waren an Ministerpräsident Kerenski und die Mitglieder seines Kabinetts gerichtet; ich hatte weitgehende Vollmachten, noch vermehrt durch meine Verfügungsgewalt über die Geldmittel ...«

Auch Sisson kommt also mit Geldmitteln nach Rußland. Aber er kommt zu spät. Zwanzig Tage, nachdem Kerenski aus Petrograd geflohen ist. Zwanzig Tage nach Lenins Revolution und Machtergreifung, die die Deutschen bezahlt haben, macht der Gang der Geschichte den Adressaten Kerenski für Sisson unerreichbar.

Die vergleichsweise bescheidenen Geldmittel, die Sisson an Ossendowski, Semjonow und Oberst Samsonow zahlt, werden zur größten Fehlinvestition seines Lebens. Das Geld der Deutschen wird dagegen noch manches spätere »Wunder« bewirken. – Allerdings sind auch Millionen eingesetzt worden.

DER STURZ DER IKONE

Zum 1. Jahrestag der Oktoberrevolution: Enthüllung der Revolutionsikone an der Kremlmauer. Stalin wird nach Lenins Tod die ganze Revolutions-Geschichte umschreiben lassen.

Der große Helphand, der reiche Geldbeschaffer für Lenins Revolution, verschwindet lautlos, einsam und von allen gemieden in der historischen Versenkung. Beinahe hätte es kurz vor seinem Ende noch einmal einen riesigen Knall gegeben, als zwei Offiziere der ehemaligen kaiserlichen Armee im Auftrag der Femeorganisation des Marineoffiziers Kapitänleutnant Ehrhardt den »Novemberverräter«, den »Kriegsgewinnler«, den »Sozi« Dr. Helphand mittels eines Handgranaten-Attentats samt Haus auf der Halbinsel Schwanenwerder am Berliner Wannsee, dem elitären Sitz von Geld- und Titularadel, komplett mit allen Akten und verdächtigen Geldgeschäftspapieren um ein Haar einfach in die Luft gesprengt hätten.

Doch der Plan wird publik, der Mord abgeblasen. Die deutsch-nationalen Attentäter hätten sich auch gar nicht mehr zu bemühen brauchen, denn das Ziel ihrer Liquidierung ist schon in kurzer Zeit gesellschaftlich, politisch und psychisch tot. Helphand dämmert bald nur noch in seiner Villa dahin. Als er erkennt, daß es auch physisch dem Ende zugeht, vernichtet er die letzten vorhandenen Belege seiner revolutions- und geldumtriebigen Tätigkeiten. Auf dem Friedhof von Wilmersdorf wird er im Dezember 1924 – dem Sterbejahr Lenins – sang- und klanglos bestattet. Das tragische Ende einer Galionsfigur der »deutsch-bolschewistischen Verschwörung« im Ersten Weltkrieg.

Das vom großen »Spielmacher« Alexander Helphand einstmals begonnene Russisch Roulette wird zu einem Spiel ohne Ende, auch noch lange nach Lenins und seinem Tod. Die tödliche Kugel bleibt in der Patronentrommel des Revolvers, der hin- und hergereicht wird. Gewinn oder Verlust – Überleben oder Tod. Die endlose Geschichte der besonderen deutsch-russischen Beziehungen – bis in die Gegenwart.

Zeigt sich die geglückte Oktoberrevolution 1917 in Rußland für die Bolschewiki und für die Deutschen gleichermaßen als ein Gewinnspiel, geht die dann folgende Runde mit der Novemberrevolution 1918 in Deutschland, mit dem Sturz des deutschen Kaiserreichs eindeutig an die Russen, die die deutschen Revolutionäre tatkräftig unterstützen. Auch mit

Geld, das noch kurz zuvor aus Deutschland an die Bolschewiki geflossen ist.

Die Deutschen müssen sogar mit ansehen, wie mit ihrem Geld im Dezember 1917 die Tscheka gegründet und finanziert wird und Lenin und Trotzki im Januar 1918 zwanzig Millionen Rubel aus dem großen Geldtopf zum Auf- und Ausbau der Roten Armee abzweigen.

Das ewige Hin und Her im Gewinn- und Verlustspiel der Deutschen und der Bolschewiki illustriert auf besonders einprägsame Weise die jeweilige Verlust-Situation der einen wie der anderen Seite. Im Frühjahr 1918 weigert sich Trotzki in Brest-Litowsk, den Vertrag zu unterschreiben, mit dem die Deutschen ihre Randstaaten-Strategie teilweise verwirklicht sehen und die baltischen Länder vertraglich vom Kernland Rußland abspalten. Nur ein Jahr später, 1919, weigert sich Brockdorff Rantzau als Vertreter der Deutschen, den ihm vorgelegten »Schandfriedensvertrag«, den Versailler Vertrag der Entente-Siegermächte, zu unterschreiben. Diesmal müssen die Deutschen als Verlierer auftreten. Jetzt werden ihnen sogar ihre eigenen Randgebiete wie Orangenschalen abgeschält: Elsaß-Lothringen, das Saarland, Westpreußen, Teile von Pommern und Oberschlesien.

Schon 1921, nur zwei Jahre nach dem Versailler Vertrag, der den Deutschen entscheidende Sanktionen gegen eine neue Aufrüstung auferlegt, beginnt ein neuer deutsch-russischer Pakt, diesmal auf rein militärischem Gebiet. Wieder zu historisch zeitweiliger Interessenübereinstimmung: Rote Armee und Reichswehr der Weimarer Republik entwickeln auf dem Boden der Sowjetunion gemeinsam Waffensysteme, die Deutschland von den Westmächten verboten sind – Panzer und Flugzeuge. Und wieder müssen große deutsche Geldmengen aus einem Geheimfonds »R« zur Verfügung gestellt werden. In den russischen Städten Kasan und Lipezk entstehen Panzer- und Flugzeugproduktionsstätten, und die heimliche Ausbildung der Mannschaften für Rote Armee und Reichswehr wird gemeinsam organisiert. Deutsche Offiziere lehren und lernen an russischen Militärakademien und anderen Ausbildungsstätten, und russische Offiziere besuchen inkognito deutsche Militärinstitute. Das Zweckbündnis wird erst durch Hitlers Politik 1933 abrupt beendet.

Für diese jahrzehntelange Zusammenarbeit müssen viele höchste Heerführer, Kommandeure und Kommissare der Roten Armee mit ihrem Leben büßen. Stalin enthauptet in einer historisch nicht vergleichbaren Aktion seine eigene Rote Armee, die Trotzki aufgebaut hatte: Von den fünf Marschällen der Sowjetunion läßt Stalin drei ermorden, von fünfzehn Armeegenerälen dreizehn, von fünfundachtzig Korpskommandeuren zweiundsechzig, von vierhundertsechs Brigadekommandeuren zweihundertzwanzig, von sechstausend höheren Offizieren eintausendfünfhundert!

Auch der gläubigste stalintreue Kommunist kann nicht annehmen, daß alle Liquidierten Agenten der Deutschen gewesen seien. Deshalb läßt Stalin die Begründungen etwas verallgemeinern: Bei den Massenmorden werden die Massen einfach zu »Volksfeinden« erklärt! – Stalin dezimiert sein eigenes Volk.

Schon kurz nach Stalins Massenmorden entwickeln sich neue »Interessengleichheiten«, diesmal zwischen den Ostraum-Strategien der Hitlerschen Expansionspolitik und dem gleichgearteten Streben Stalins: Es geht um die »Orangenschale« Polen, das alte »Randgebiet« Rußlands, das nun, 1939, nach Abschluß des politisch perversen Hitler-Stalin-Paktes, von beiden Seiten für beide Seiten zur Neu- und Wiedereingliederung freigegeben wird. Hitlers Armee rückt von Westen ein, Stalins Armee von Osten. Man trifft sich in Brest und markiert zwischen Hitlers Deutschland und Stalins Rußland eine neue Grenze. Polen existiert praktisch nicht mehr, die deutsche Wehrmacht und die Rote Armee halten es besetzt.

In den von Hitler und Stalin geheimgehaltenen Zusatzvereinbarungen »überläßt« Hitler die ehemaligen »Randstaaten« des Baltikums, die durch den Vertrag von Brest-Litowsk vom Kernland Rußland abgetrennt worden waren, nun wieder dem großrussischen Machtanspruch Stalins.

Nach dem Überfall Hitlers auf die Sowjetunion besetzt wiederum die deutsche Wehrmacht die baltischen Länder. Aber nur für kurze Zeit, dann wird sie von der Roten Armee aus den ehemaligen »Randstaaten« vertrieben, und ab 1945 gehört das Baltikum erneut, wie zu zaristischen Zeiten, zum großrussischen Raum, jetzt zur Sowjetunion.

Das große Roulette-Spiel geht erst mit dem Zerfall der Sowjetunion Anfang der neunziger Jahre in eine neue Runde. Die »Orangenschalen« baltische Republiken wollen ihre politische Unabhängigkeit zurückerhalten. Und der deutsche Nachkriegsstaat Bundesrepublik Deutschland bringt Zustimmung zum Ausdruck. Am Jahrhundertende scheint das Endlos-Spiel, das mit Lenins Revolution begonnen hatte und mit deutschem Geld finanziert worden war, endlich beendet. Wer hat nun wann gewonnen? Und wer verloren?

Als sich Lenin zum ersten Jahrestag der Oktoberrevolution mit seinen Genossen auf dem Roten Platz trifft und an der Kremlmauer eine schlichte Ikone – mit einer Art Freiheitsgöttin und strahlender Sonne – einweiht, kann er nicht ahnen, was sein Nachfolger Stalin bald für ein bombastisches Revolutionspanorama zaubern wird. Stalin läßt die Freiheitsgöttin, die auch auf allen sozialdemokratischen Plakaten zu sehen ist und unter der sich alle »Brüder zur Sonne, zur Freiheit« zusammenschließen wollen, entfernen und setzt Lenins Konterfei als neue Ikone an deren Stelle. Lenin als Gottvater in den revolutionären Olymp gehoben, damit er, Stalin, wie Gottes Vertreter auf Erden wirken kann. Versucht Stalin, es dem weisen Salomon gleichzutun, der seinen Vater, König David, als unbeflecktes Heiligenbild darzustellen sich müht?

Lenin hat sich nie als Revolutionsheiliger verstanden. Er ist vielmehr ein rastlos-besessener Revolutionsmacher gewesen, getrieben von der phantastischen Idee einer Verbesserung der Welt. Ein Revolutionär des Alltags, der jede Gelegenheit nutzt, die seiner Sache nutzt. Für Lenin gab es keine Gründe, die ihm die Annahme deutschen Geldes moralisch verboten hätten. Und es gibt nichts, was die Bolschewiki dazu veranlaßt hätte, daraus auch nur das leiseste Gefühl moralischer Verpflichtung gegenüber Kaiser-Deutschland abzuleiten. Ganz im Gegenteil kann der unbefangene Historiker fragen, hätten nicht mit gleicher Sicht die kaiserlichen Strategen geradezu erröten müssen, mit dem radikalen Bolschewiken gemeinsame Sache zu machen?

Lenins kompromißlose Kompromißfähigkeit in einer derartigen historischen Situation zeichnet der Schweizer Biograph Emil Ludwig mit fast kriminalistischer Beobachtungsgabe zu einem wohl treffenden steckbriefartigen Porträt:

»Als Rechner ohne Leidenschaft ist er bereit zu jedem Kompromiß, das ihm die Stunde gebietet, und bleibt gegen jeden Einwand der Ideologen stichfest. ›Kompromisse grundsätzlich ablehnen‹, schreibt er, ›ist Kinderei. [...] Man muß nur verstehen, Umstände und konkrete Bedingungen eines jeden Kompromisses zu analysieren‹, und sein Freund Lunatscharski durfte diesen Mann, den sich Europa als verblendet vorstellt, wohlverstanden einen ›genialen Opportunisten‹ heißen. [...]

Das ist ein Mann ohne lähmende Leidenschaften, den deshalb jene einzige Leidenschaft beflügelt, die Idee seiner Sendung. [...] Wenn er in seinem kahlen Arbeitszimmer im Kreml, das nur ein paar Landkarten beleben, dem Besucher gegenübersitzt, dieser untersetzte Mensch mit dem sommersprossigen, etwas faunischen Gesicht, und er kneift eins von diesen schrägen Tatarenaugen zu, hinter denen Ironie und Kampflust warten, dann scheint das andere an Spähkraft zu gewinnen, und je weniger er wichtig tut, je mehr er hört und lernt, statt zu reden, um so gewisser bekommt er den andern in seine Gewalt. Immer wird er in der Verhandlung der Unermüdlichere bleiben, mit seiner nie erblassenden Gesundheit, mit seiner Fähigkeit, den Schlaf sich abzubefehlen, mit seinem breiten Lachen.«

Bedauerlich nur, daß Lenin nach der Revolution nicht wenigstens das Nützliche und Notwendige seiner List, den kaiserlichen Strategen Millionen für seine Revolution abgenommen zu haben, als lächelnder Sieger beschrieben und hinterlassen hat. Oder die anderen der Russisch-Roulette-Spieler an seiner Seite. Wo sind sie geblieben?

Alexander Schlapnikow, Lenins rührigster Kurier zwischen Stockholm und Petrograd, hätte, ebenso wie sein Chef, in seiner umfangreichen Revolutionsgeschichte über die Ereignisse des Revolutionsjahres 1917 detailliert von der Finanzunterstützung seitens der Deutschen berichten können. Stalin ließ Schlapnikows mehrbändige Zeitchronik der Revolution später verschwinden, aus allen Bibliotheken entfernen, alle Literaturhinweise tilgen und Lenins Vertrauten 1933 aus der KPdSU ausschließen. Dann läßt er den Menschen Alexander Schlapnikow in der GULAG-Unterwelt verschwinden und alle Spuren seiner Existenz verwischen. Auch die umfangreiche Korrespondenz zwischen Lenin und Schlapnikow verschweigt Stalin beim Schönschreiben der Revolutionsgeschichte seiner Lesart. Heutige Nachforschungen lassen nur vage Vermutungen zu, denen zufolge Lenins Mitstreiter Schlapnikow nach 1937 »umkam«.

Ganetzki-Fürstenberg – unter Lenin stellvertretender Direktor der Staatsbank – wird 1935 aus der mittleren Führungsebene der Partei als Finanzexperte auf Stalins Weisung auf den Posten des Direktors des Revolutionsmuseums abgeschoben. Am 18. Juli des gleichen Jahres läßt Stalin ihn zusammen mit Frau und Sohn verhaften. Ganetzki ist durch Folter zu keinem der sonst üblichen »Geständnisse« zu erpressen. Hinweise auf Lenins Anweisungen im Zusammenhang mit der Finanzierung der Revolution darf er nicht vorbringen, die deutschen Gelder dürfen in keinem der Verhörprotokolle erwähnt werden. Stalin will Ganetzki als lästigen Zeugen der Zusammenarbeit mit Lenin, als Zeugen aller Details der Re-volutionsfinanzierung ein für allemal beseitigen und läßt ihn durch seine Helfershelfer nach kurzer, genau fünfzehnminütiger Anklage-Rede ohne jegliche Verhandlung am 26. März 1937 als »Spion und Trotzkist« zum Tode verurteilen und noch am selben Tag erschießen. Wie bei allen diesen Mordfällen wird Stalin vorher zum Urteil befragt, das auch für diesen Getreuen Lenins knapp ausfällt: »Liquidieren«.

Auch alle anderen Zeugen des Geldtransfers werden auf Weisung Stalins beseitigt: Mieczyslaw Koslowski – unter Lenin als versierter Jurist in verantwortlicher Funktion im Justizapparat und maßgeblich an der Ausarbeitung der ersten Gesetze und Verordnungen der neuen Regierung unter Lenin beteiligt – wird von Stalin als »Pole und deutscher Agent« kurzerhand liquidiert.

Ewgenia Sumenson wird in die Anonymität des GULAG verbracht und stirbt in einem der Lager. Alle Spuren ihrer Geldüberweisungen läßt Stalin vernichten. Allein im Besitz des im Exil lebenden früheren Kerenski-Abwehrchefs Nikitin verbleiben ein paar Hinweise, Belege und Notizen vom Geständnis der Sumenson. Aber nicht einmal ein erkennungsdienstliches Foto der Geheimpolizei existiert noch. Alles ist vernichtet, und aus dem Moskauer Staatsarchiv kann man auf Anfrage hören, daß es eine Ewgenia Sumenson nicht gegeben habe.

Karl Radek, der gemeinsam mit Lenin vom Schweizer Exil aus in die Revolutionsstadt Petrograd fährt und selbstironisch unkt, man sei in sechs Monaten entweder Minister sei oder hängen werde, wird als umfassendster Zeuge der Geldtransaktionen und Bestinformierter der ganzen Revolutionsvorgänge am 30. Januar 1937 auf Stalins Befehl vom Militärkollegium des Obersten Gerichtshofes der UdSSR als »Trotzkist und deutscher Spion« zur Liquidierung verurteilt.

Stalin läßt 1939 sogar noch Helphands Sohn, E.A. Gnedin, verhaften und für sechzehn Jahre in Lagern und Gefängnissen »mundtot« machen. Den anderen Helphand-Sohn, Leon, will Stalin aus Rom, wo er 1939/1940 als Chargé d'Affaires in der Sowjetvertretung arbeitet, nach Moskau zurückrufen lassen. Der Diplomat aber weiß, daß er über Lenins Revolution und das deutsche Geld, das sein Vater beschafft hat, lebensgefährlich viel weiß. Er flieht nach Amerika. Und entkommt Stalins Mordplänen.

»Aussprechen, was ist«, kann den Glauben nehmen, aber nicht die Idee. Hatten Lenin und Helphand Glück, daß sie »schon« 1924 starben? Hätte Stalin sie beide auch »mundtot« machen müssen – und nicht nur des Geldes wegen?

War das Große Schweigen und Verschweigen in Ost und West acht Jahrzehnte lang die letzte große, gemeinsame Verschwörung?

ANHANG

Auswärtiges Amt.

Abteilung A.

Geheime

Akten

Krieg 1914

Unternehmungen und Aufwiegelungen in Rußland, besonders in Finland und den Ostseeprovinzen

L 268/L083994

chingu alfa ach.
(Personalia)

vom *1. November* 1917.

bis *28 Februar* 1918.

Politisches Archiv des
Auswärtigen Amts

R 21005

Bd. 23

f. Bd. *24.*

Der Weltkrieg 11 C=.Geh.

Unternehmungen in Finland pp.

Deckblatt der Dokumentensammlung im deutschen Auswärtigen Amt.
Schreibschrift-Text: »Unternehmungen und Aufwiegelungen in Rußland, besonders Finland und den Ostseeprovinzen«. Bd. 23.

Abschrift.

Staatssekretär des
Reichsschatzamts.

Berlin, den 11. März 1915.

I. 2842.
Geheim!

Dem Ausw. Amt werden bei Kapitel 6 der Ausgaben
des ausserordentlichen Etats, Abschnitt VII, weitere
4 000 000 M bereit gestellt.

(gez.) Helfferich.

An die Reichshauptkasse.

X 2 Mill. für Propaganda in Rußld (d.9919)
2 Mill. für besondere Zeitungszwecke (d.9924)

*Der Staatssekretär des Reichsschatzamtes Helfferich stellt 2 Mill.
Mark für Propaganda in Rußland und 2 Mill. Mark für Zeitungen,
Broschüren, Flugblätter, Druckereien zur Verfügung. 11. März 1915.*

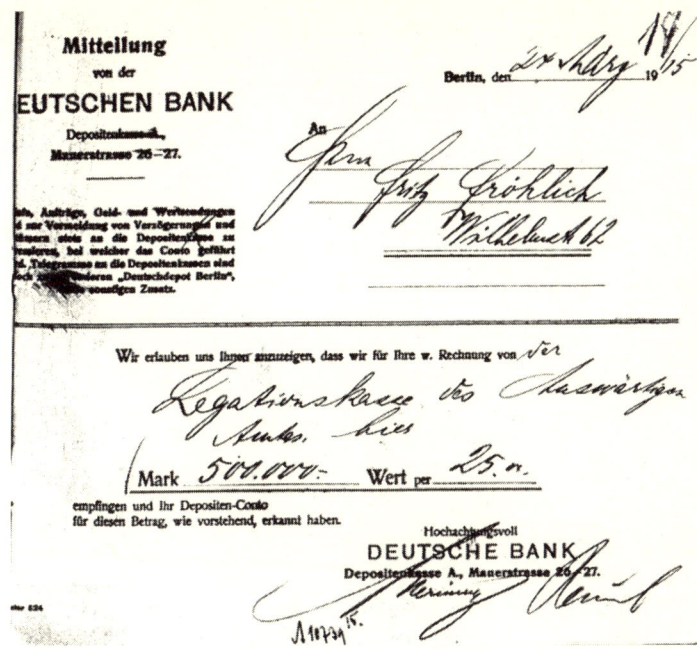

Mitteilung
von der
EUTSCHEN BANK
Depositenkasse...
Maueratrasse 26 — 27.

Berlin, den *2x März 19 15*

An
Herrn Fritz Fröhlich
Wilhelmstr. 62

Wir erlauben uns Ihnen anzuzeigen, dass wir für Ihre w. Rechnung von *der*
Legationskasse des Auswärtigen
Amts. hier
Mark *500.000,—* Wert per *25. m.*

empfingen und Ihr Depositen-Conto
für diesen Betrag, wie vorstehend, erkannt haben.

Hochachtungsvoll
DEUTSCHE BANK
Depositenkasse A., Mauerstrasse 26/27.

Bestätigung Deutsche Bank an Fröhlich, Auswärtiges Amt, über 500.000 Mark Transfer. Die Summe wird Helphand zugestellt. Siehe auch folgendes Dokument.

Berlin W. 8, den 26.März 1915.
Wilhelmstrasse 62.

An das

Auswärtige Amt

z.H. des Kaiserl. Deutschen Gesandten Herrn von Bergen,

B e r l i n W. 8.
- - - - - - - - - - -

Betrifft Dr. Alexander Helphand-Parvus.

Die Deutsche Bank zeigt mir die Ueberweisung
weiterer 500.000 Mark an; das Schreiben füge ich hier bei.

Ich darf wohl auf mein Ergebenes vom 20.März hinweisen, worin ich bemerkt habe, dass Herr Dr. Helphand die
Summe von einer Million insgesamt exclusive Kursverlust
verlangt, so dass also die jeweiligen Kursverluste für Kopenhagen, Bukarest und Zürich nebst Spesen extra zu unseren
Lasten zu gehen haben.

Ich bitte ganz ergebenst, der Deutschen Bank entsprechend Anweisung zu geben, damit ich Herrn Dr. Helphand die
Differenzen auch noch anweisen lassen kann.

Ergebenst

Beilage.

Russland 104 No.

Dokument: A 10739. 26. März 1915. Fröhlich, Auswärtiges Amt an den Deutschen Gesandten Herrn von Bergen.

Dokument: A 15126. 3. Mai 1915. Nadolny, Stellvertretender Generalstab der Armee, Abt. III b an das Auswärtige Amt. Siehe auch
folgende Seiten.

85

Die Linke der russischen Sozial-Demokraten (Fraktion

Lenin) Stellungnahme : Niederlage Russlands, Bürgerkrieg in Europa.

Einfluss in Russland : Nur unter dem Proletariat der industriellen Riesenbetriebe, in den grossen Indus-
triezentren:
    a. Petersburg,
    b. Moskau,
    c. Kijew,
    d. Jekaterinoslaw,

Nationalitäten:
    a. Esthen: Petersburg, Narva, Reval,
    Pernau, Dorpat eigene Zeitungen und
    Kalender etc.
    b. Letten: Riga und einige Emigranten
    im Auslande.
    c. Georgier (Grusier) und Armenier :
    Baku.

Organisiertheit und Geldmittel.   Lenin's starke Seite ist die organisatorische Fähigkeit. Straffe
Zentralisation. Relativ beste
unter den russischen Organisationen. Hat merkwürdigerweise
immer Geld.

Aktivität: Lenin verfügt über die brutalste und rücksichtsloseste Energie. Seine gewissenlose und rücksichtslose Draufgängerei ist ein Seitenstück zur Orient-
diplomatie Russlands. Lenin ist ein echter Mosko-
witer (Nikolai Uljanoff, adeliger Abstammung)
(aus dem Süd-Osten des europäischen Russlands).

Verbindungen im Auslande :   Mit der äussersten Linken der deutschen Soz. Dem. (Rosa Luxemb., Klara Zetkin, Jules
Guesde etc.)

Die Fraktion Lenin hat den Weg zur radikalsten Opposition von allen national-russischen Revolutionsorganisationen am schnellsten
durchlaufen (6 Monate ! ....) Im Oktober noch unschlüssig - der

                                Welt-

Weltkrieg geht uns, revolutionäre Soz.Dem-ten, nichts an" (sic!),
" es ist gleichgültig, wer siegt" ist Lenin jetzt auf dem Standpunkte angelangt, dass die Niederlage Russlands das geringste,
der Sieg Russlands das grösste Uebel wäre. Allerdings sind nicht
alle Anhänger Lenin's der gleichen Ansicht mit ihm; eine Reihe
russischer (d.h. in Russland) Leninisten sind gegen eine Niederlage Russlands.

Der rechte Flügel der russ.Sozial-Demokratie

Stellungnahme :(offizielle: weder Sieg noch Niederlage!
schwankend   (
widerspruchs-(private: grosse Minderheit: russ.Sieg
voll,   im   (
Flusse .... (kleinere Minderheit: russ.Nie-

                                      derlage.

Einfluss in Russland : bedeutend. Viele Anhänger unter den

Intellektuellen, bei bessersituierten Arbeitern (Buch-

drucker etc.) in Gewerkschaften etc. Eigene legale

Zeitung in Petersburg. Einfluss bei den Nationalitä-

ten :

a. Juden;
b. Georgier (Grusier) - Tiflis, Kutais,Batum
c. Esthen : Dorpat, Reval,
d. Polen: die eine Fraktion des P.P.S.
   (Partija Polska Socialistica,)
e. Letten (die ganze lettische Soz.Dem. hat
   sich mit ihr blokkiert.

Nationalrussen : Petersburg,Moskau,Odessa,
(Russen mosaischer Konfession)
Kijew,die Judennester Littauens und Westruss-
lands,Jekaterinoslaw,etc.

Organisiertheit und Kasse : Weniger straff organisiert,wie die

Lenin'sche Fraktion, immerhin aber relativ gut.

Organisationen weit verzweigt und überall hin-

einreichend.

Kasse : hinreichend,jüdische Unterstützung.

Aktivität und Energie der Führung : Diese Organisation ist sehr

                                      aktiv.

Kaiserlich
Deutsche Gesandtschaft.

A. J. Nr. 1758.

Nr. 294.

Stockholm, den 29. Juni 1915.

G e h e i m !

Soweit aus den von Herrn von Festenberg zurückge-
lassenen Notizen ersichtlich, hat er 4272 Gewehre und
335 Säbel mit Scheide eingekauft. Von diesen liegen 3810
Gewehre und 335 Säbel auf dem hiesigen Lager zur Verfügung
des Herrn von Oppell. Der bezahlte Preis beträgt 15 Kr.
per Stück für die Gewehre und 10 Kr. per Stück für die
Säbel, in Summa Kr. 64.080 bezw. Kr. 3350. Patronen sind
bei einer hiesigen Firma Ekman bestellt und für vorbereitende Arbeiten, Fabrikerweiterungen und Anschaffung von
Material Kr. 34.750 bezahlt worden, eine Lieferung ist
jedoch nicht erfolgt. Ob sonst noch Gewehre eingekauft worden sind und etwa auf anderen Plätzen verteilt liegen, liess
sich mangels irgend welcher Unterlagen nicht feststellen.
Darüber dürfte nur Herr von Festenberg Auskunft erteilen
können.

Aus dem finischen Fonds sind bis jetzt an Dr. Gummerus 2.000 Kr. für Nachrichtendienste und an den Estlän-
der Kesküla Kr. 1.560 = 1.000 Rubel zu Propagandazwecken
ausgehändigt worden.

Seiner Exzellenz

dem Reichskanzler

Herrn von Bethmann Hollweg.

Dokument: A 20664. 29. Juni 1915. Lucius v. Stoedten, Kaiserliche
Deutsche Gesandtschaft Stockholm, an Reichskanzler v. Bethmann
Hollweg.

Berlin, den 1. Juli 1915.

Euer Hochwohlgeboren erlaube ich mir in
der Anlage Abrechnung über die Herrn Fröhlich
am 28. April bei der Deutschen Bank durch die
Legationskasse überwiesenen Mk. 73376.-- zu leisten. Die genannte, von der Deutschen Bank auf
Wunsch berechnete Summe entspricht dem Kursverlust, den Dr. Helphand in Stockholm erlitt, weil
er s.Zt. die Million in Papiergeld statt in
Gold ausgezahlt bekam.

Da mir die Deutsche Bank bei anderen Gelegenheiten stets die ungünstigsten Kurswechsel-)
Propositionen machte, habe ich mir von anderen
Banken für dieselbe Summe und Zeit Proforma Rechnungen aufmachen lassen, deren günstigste mit
einer nachzuzahlenden Differenz Mk. 68250.-- abschloss. Dr. Helphand war zunächst der Ansicht,
auch diese Differenz sei ihm in Gold oder doch
mit entsprechendem Zuschlag auszuzahlen, erklärte sich dann aber mit meiner Abrechnung einverstanden.

Laut Abrechnung sind noch Mk. 5218 (Fünftausend zweihundert und achtzehn Mark) in meinem
Besitz, über deren Verwendung ich Euer Hochwohlgeboren Entscheidung ergebenst erbitte. Vielleicht
ist es angänglich von dieser Summe die weiteren
Druck- und Transportkosten der russischen Aufrufe,
deren Gesamtauflage Ende nächster Woche völlig abgeliefert sein dürfte, sowie die Vorarbeiten für
die in Kopenhagen geplante Einlagung der von
Helphand benötigten Sprengstoffe zu zahlen.

Steinwachs.

Seiner Hochwohlgeboren
dem Kaiserlichen Gesandten
Herrn Wirklichen Geheimen
        Legationsrat
Dr. von Bergen,
        Auswärtiges Amt.

Dokument: A 20654. 1. Juli 1915. Steinwachs, Politische Sektion im Generalstab an Legationsrat v. Bergen, Auswärtiges Amt.

A.S. 3530 pr. 5. Jul. 1915

Berlin, den 6. Juli 1915.

Staatssekretär des Reichs-
Schatzamts

eigenhändig.

Eilt. (auch in Reinschrift)

Geheim.

Für Propagandazwecke
in Rußland werden hier
fünf Millionen Mark
benötigt. Da diese Sum-
me aus den zur Ver-
fügung stehenden
Fonds nicht gedeckt
werden kann, bitte ich
Ew. pp., mir den
Betrag zu Lasten des
Kap. $\overline{II}$, Abs. $\overline{II}$ des
außerordentlichen Etats
zur Verfügung stellen zu
wollen. Für eine gfl.

Dokument: A.S. 3530. 6. Juli 1915. An Staatssekretär Reichsschatzamt. Auch folgende Seite.

baldthunliche Mitteilung
über das Veranlaßte
wäre ich Ew. pp. zu
besonderem Dank
verpflichtet.

H. S.

i. m.

Kaiserlich Deutsche Gesandtschaft. Kopenhagen, den 6. Dezember 1915.

B. Nr. 470.

Geheim!

Es liegt mir fern, mich zu unterfangen, Ratschläge
über die von unserer auswärtigen Politik einzuschlagen-
den Richtlinien erteilen zu wollen; angesichts der Lage und im Hinblick auf die vertraulichen Informationen,
die mir hier jetzt über die Stimmung in England zuge-
kommen sind, halte ich mich aber für verpflichtet, meine Auffassung über die Situation im gegenwärtigen, für
die Orientierung unserer Gesamtpolitik vielleicht entscheidenden Augenblick niederzulegen.

Die nun verflossenen sechzehn Kriegsmonate haben
manche Wandlungen in der Beurteilung der politischen
Lage und der Möglichkeit, den Krieg zu beenden, gebracht. Ich brauche die einzelnen Phasen nicht zu berühren.

Daß es vor Jahresfrist eine Zeit gegeben hat, wo
beinahe die Auffassung berechtigt scheinen konnte, eine Verständigung mit England sei möglich; daß später
eine Sprengung der Koalition durch einen Separatfrieden mit Rußland vorübergehend nicht ohne Aussicht auf

Erfolg angestrebt wurde, ist noch in frischer Erinnerung. Es wäre bedenklich, gegenüber Tatsachen, die
gewiß unerfreulich sind, für das Schicksal des deutschen

*Dokument: A.S. 6069. 6. Dezember 1915. v. Brockdorff Rantzau,
Kaiserliche Deutsche Gesandtschaft Kopenhagen an Reichskanzler v. Bethmann Hollweg. Auch folgende Seiten.*

achen Volkes aber entscheidend werden können, die Augen zu verschließen: England ist, nachdem es einmal in
den Kampf eingetreten war, schwerlich jemals aufrich-
tig geneigt gewesen, auf einer für uns annehmbaren Basis die Hand zum Frieden zu bieten; jedenfalls aber
ist es jetzt entschlossen, den Krieg bis zur völligen
Erschöpfung Deutschlands fortzusetzen; dieser Entschluß
steht, wie mir Herr Cold vertraulich mitteilte, heute
in England so fest, daß man gewillt ist, nicht nur die
Alliierten verbluten zu lassen, sondern sogar selbst
die letzten Opfer zu bringen. In Rußland sind verschiedene Strömungen an die Oberfläche gelangt. Der Zar mag
tatsächlich geschwankt und zeitweilig den Frieden gewünscht haben; sicher ist, daß er nach dem letzten Besuch Andersen's in St. Petersburg ein zweideutiges
Spiel getrieben hat. Ob Kaiser Nikolaus im übrigen in
der Lage wäre, überhaupt noch einen Separatfrieden mit
uns zu schließen, ist eine Frage, die ich nicht unbedingt bejahen möchte. Dieser schwache und unaufrichtige Herrscher, dessen Thron schwankt, während er im Banne mystischer Flagellanten von Siegen über einen Gegner
träumt, der nie zu ihm in Feindschaft treten wollte,
hat eine furchtbare Schuld vor der Geschichte auf sich
geladen und das Recht auf Schonung von unserer Seite
verwirkt. Es wäre ein folgenschwerer Irrtum, jetzt
noch traditionelle Beziehungen zu Rußland, das heißt
zum Hause Romanow, ernstlich in die Wagschale legen zu
wollen. Das Haus Romanow hat die traditionelle Freund-

schaft

schaft, die ihm in schicksalsschwerer Stunde treu gehalten wurde, durch schöden Undank verscherzt. Der Kampf, so wie unsere Gegner, von England geführt, ihn wollen, geht um unsere Existenz. Wenn wir zaudern, könnte der cynisch-folgerichtige Plan Englands sich vollziehen und Deutschland schließlich, der Erschöpfung preisgegeben, gezwungen sein, die ihm von der Entente diktierten Bedingungen anzunehmen.

Der Sieg und als Preis der erste Platz in der Welt ist aber unser, wenn es gelingt, Rußland rechtzeitig zu revolutionieren und dadurch die Koalition zu sprengen. Nach Friedensschluß wäre der innerpolitische Zusammenbruch Rußlands für uns von geringem Wert, vielleicht sogar unerwünscht.

Daß Dr. Helphand weder ein Heiliger noch ein bequemer Gast ist, steht fest; er glaubt aber an seine Mission und hat eine Probe seiner Befähigung während der Revolution nach dem russisch-japanischen Kriege abgelegt. Ich meine daher, wir sollten ihn benutzen, ehe es zu spät ist und uns auf eine Politik mit Rußland einrichten, die von unseren Enkeln einmal traditionell genannt werden wird, wenn die deutsche Nation unter der Führung des Hauses Hohenzollern sich mit dem russischen Volk in dauernder Freundschaft gefunden hat.

Bevor das Zarenreich in seinem jetzigen Bestande nicht erschüttert ist, wird dieses Ziel nicht erreicht werden. Dr. Helphand glaubt, den Weg zeigen zu können

und

288

und macht, gestützt auf eine zwanzigjährige Erfahrung,
positive Vorschläge. Angesichts der gegenwärtigen Lage
müssen wir meines Erachtens den Versuch wagen. Der Ein-
satz ist gewiß hoch und der Erfolg nicht unbedingt si-
cher; ich verkenne auch keineswegs die Rückwirkungen,
die der Schritt auf unser innerpolitisches Leben nach
sich ziehen kann. Sind wir militärisch instande, eine
endgültige Entscheidung zu unseren Gunsten herbeizufüh-
ren, so wäre eine solche allerdings vorzuziehen, an-
drenfalls bleibt nach meiner Überzeugung nur der Ver-
such dieser Lösung, weil unsere Existenz als Großmacht
auf dem Spiel steht, -vielleicht noch mehr.

gez. Rantzau.

Seiner Exzellenz dem Reichskanzler Herrn von Bethmann Hollweg.

———————

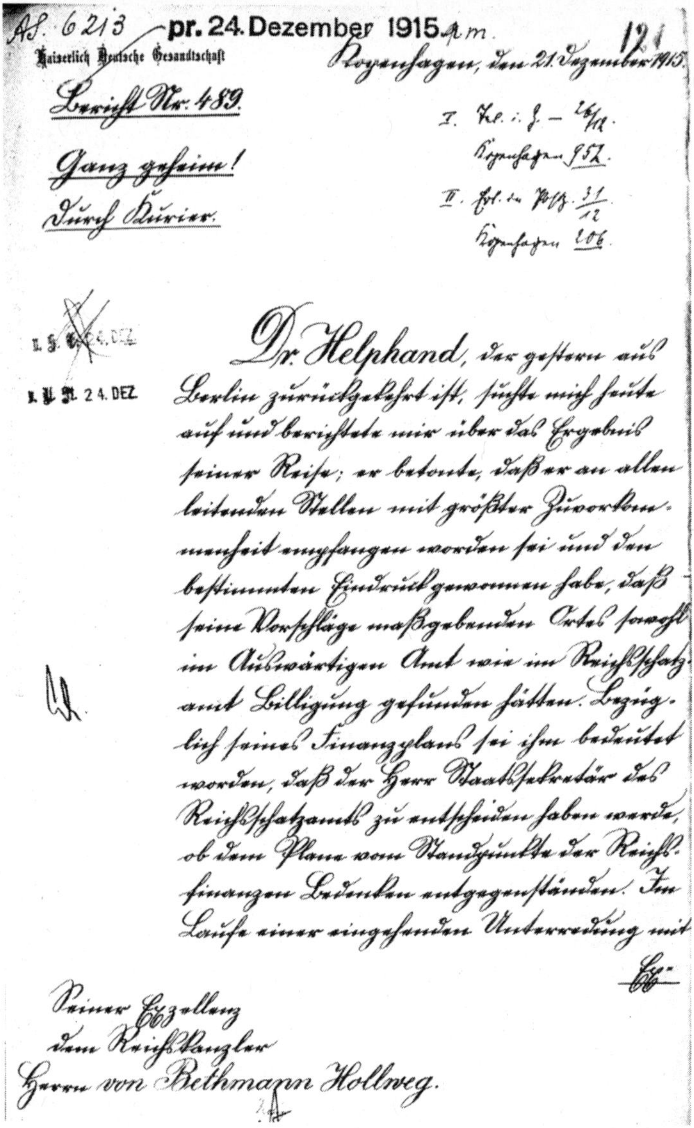

A.S. 6213 pr. 24. Dezember 1915 a.m. 121

Kaiserlich Deutsche Gesandtschaft

Kopenhagen, den 21. Dezember 1915.

Bericht Nr. 489.

Ganz geheim!

Durch Kurier.

Dr. Helphand, der gestern aus Berlin zurückgekehrt ist, suchte mich heute auf und berichtete mir über das Ergebnis seiner Reise; er betonte, daß er an allen leitenden Stellen mit größter Zuvorkommenheit empfangen worden sei und den bestimmten Eindruck gewonnen habe, daß seine Vorschläge maßgebenden Ortes sowohl im Auswärtigen Amt wie im Reichsschatzamt Billigung gefunden hätten. Bezüglich seines Finanzplans sei ihm bedeutet worden, daß der Herr Staatssekretär des Reichsschatzamts zu entscheiden haben werde, ob dem Plane vom Standpunkte der Reichsfinanzen Bedenken entgegenständen. Im Laufe einer eingehenden Unterredung mit

Ew.

Seiner Exzellenz
dem Reichskanzler
Herrn von Bethmann Hollweg.

Dokument: A.S. 6213. 21. Dezember 1915. v. Brockdorff Rantzau, Kaiserliche Deutsche Gesandtschaft Kopenhagen an Reichskanzler v. Bethmann Hollweg über Helphand. Auch folgende Seiten.

Exzellenz Helfferich habe er sich überzeugt, daß der Herr Staatssekretär dem Projekt durchaus wohlwollend gegenüberstehe und dem Plan nicht nur aus politischen Erwägungen zustimme, sondern seine Zweckmäßigkeit vom Gesichtspunkt der Reichsfinanzen ohne Einschränkung anerkenne.

Bedenken habe der Herr Staatssekretär des Reichsschatzamts nur bezüglich der sofortigen technischen Durchführbarkeit des Projektes geäußert und erklärt, daß eine Frist von acht bis zehn Monaten erforderlich sei; gleichzeitig habe Exzellenz Helfferich darauf hingewiesen, daß die unbedingt notwendige absolute Geheimhaltung der technischen Vorarbeiten auf gewisse Schwierigkeiten stoßen könne.

Dr. Helphand hat betont, daß nach seiner Auffassung angesichts dieser Lage um so mehr Grund vorhanden sei, die Vorarbeiten sofort in Angriff zu nehmen, weil schließlich auf alle Fälle mit einem dritten Winterfeldzuge gerechnet werden müsse, und alsdann das von ihm vorgeschlagene Mittel un-
mit.

habhaft werden könnte.

Um die russische Revolution vollständig zu organisieren, – fuhr Dr. Helphand fort, – seien etwa zwanzig Millionen Rubel erforderlich, es sei ausgeschlossen, diese Gesamtsumme sofort zur Verteilung zu bringen, weil die Gefahr vorliege, daß die Herkunft dann bekannt würde. Im Hinblick darauf, daß der Beginn der Aktion aber unmittelbar bevorstehe, habe er im Auswärtigen Amt angeregt, seinem Vertrauensmann sofort den Betrag von einer Million Rubel zur Verfügung zu stellen. Der Vertrauensmann teile unbedingt seine Ansicht, daß die revolutionäre Bewegung am 9./22. Januar einsetzen werde und, wenn sie auch vielleicht nicht sofort das ganze Land erfassen sollte, doch dazu führen müßte, daß keine Beruhigung wieder eintreten würde. Im Jahre 1905 hätten die bürgerlichen Parteien die Revolution unterstützt und den streikenden Arbeitern aus freien Stücken die Löhne gezahlt, heute stehe die Bourgeoisie der Bewegung ablehnend gegenüber, das revolutionäre Komitee sei daher genötigt, die Gesamtkosten zu tragen. Sein Vertrauensmann

mann werde nach seiner in etwa acht Tagen erfolgenden Rückkehr sofort beginnen, eine Verbindung zwischen den revolutionären Zentren zu organisieren; ohne erhebliche Mittel sei es ja nicht durchzuführen.

Dr. Helphand ersuchte mich bei diesem Vorschlag seine mündlich in Berlin vorgetragene Bitte zu wiederholen und seinem Vertrauensmann die genannte Summe zur Verfügung zu stellen; er bemerkte ausdrücklich, daß Eile geboten sei, weil der Vertrauensmann seine Rückkehr nach St. Petersburg nicht weiter hinausschieben könne und unter allen Umständen, auch falls er den erbetenen Betrag jetzt nicht erhalte, in spätestens acht Tagen nach Rußland reisen werde.

Euere Exzellenz darf ich betreffs Beförderung Dr. Helphands um gefälligte telegraphische Weisung bitten, indem ich ehrerbietigst zu bemerken nicht verfehle, daß sein Vorschlag mir nicht den Eindruck einer Fiktion macht, sondern sachlichen Erwägungen ohne persönliche Nebenabsichten entsprungen zu sein scheint.

[Unterschrift]

Inhalt:
Die Revolutionierung
Rußlands.

Dokument: A.S. 6213/A.S. 6235. 26. Dezember 1915. Notiz über 1 Million Rubel an Helphand.

An den Herrn

Staatssekretär des

Reichsschatzamts.

bei I b

z. gefl. Ktz.

Durchschlag an I b 53

Ew. pp. beehre ich mich unter Bezugnahme auf die

des Gesandten in Bergen

Besprechungen mit Herrn Ministerialdirektor Schröder

zu bitten , dem Auswärtigen Amt für politische Pro-

paganda in Russland den Betrag von Zehn Millionen

Mark zu Lasten des Kapitels 6 Abschnitt II des

ausserordentlichen Etats geneigtest zur Verfügung

stellen zu wollen. Je nach dem Laufe der Ereignisse

darf ich mir vorbehalten, an Ew. pp. demnächst mit

einer weiteren Bitte um nochmalige Bewilligung des

gleichen Betrages heranzutreten. Für tunlichste

Beschleunigung wäre ich dankbar.

St. S.

i. M.

27431

L084033

Dokument: A.S. 4181. 9. November 1917. An den Staatssekretär Reichsschatzamt, 15 Millionen für Propaganda in Rußland.

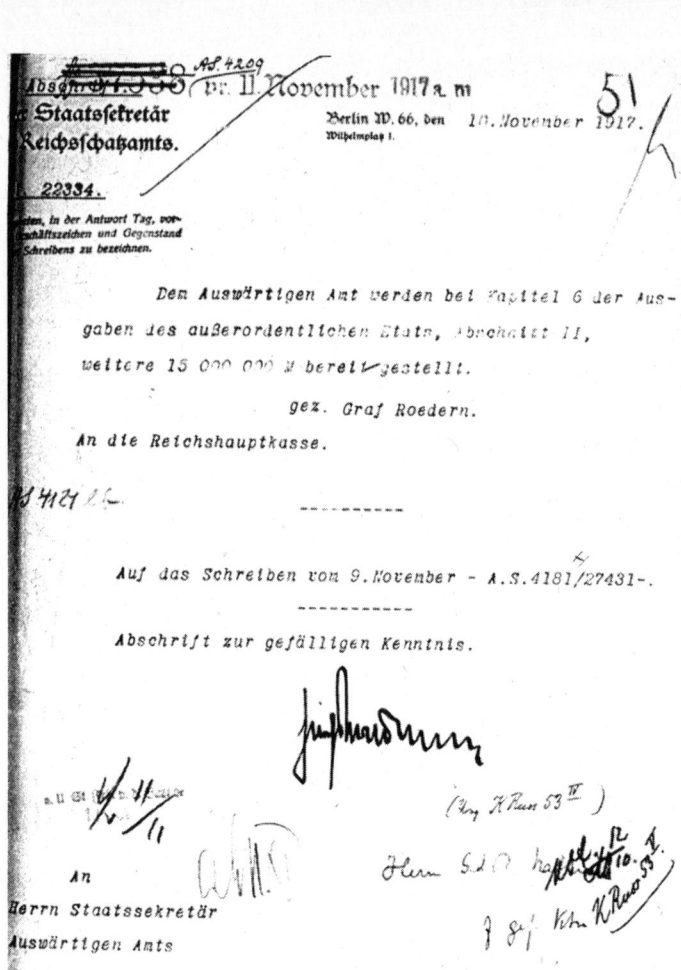

Staatssekretär
Reichsschatzamts.

A.S. 4209
pr. 11. November 1917 a. m

Berlin W. 66, den   10. November 1917.
Wilhelmplatz 1.

II 22334.

In der Antwort Tag, vor-
schäftszeichen und Gegenstand
Schreibens zu bezeichnen.

Dem Auswärtigen Amt werden bei Kapitel 6 der Aus-

gaben des außerordentlichen Etats, Abschnitt II,

weitere 15 000 000 M bereitgestellt.

gez. Graf Roedern.

An die Reichshauptkasse.

Auf das Schreiben von 9. November - A.S.4181/27431-.

Abschrift zur gefälligen Kenntnis.

An

Herrn Staatssekretär
Auswärtigen Amts

Dokument: A.S. 4209. 10. November 1917. Staatssekretär des
Reichsschatzamtes an Staatssekretär des Auswärtigen Amtes über
die Bereitstellung weiterer 15.000.000 Mark..

A. J.

10½

Telegramm.

Bern, den 26., aufgegeben
Lörrach,   27.

2 Uhr 30 Min. Nm.

Ankunft: 27.   "

4 " 10 "   "

Der K. Gesandte an Auswärtiges Amt.

Entzifferung.

Geheim!

Für Gesandten von Bergen.

    Baier muß leider auf ärztliche An-
ordnung Abreise um eine Woche verschie-
ben. Nasse bleibt daher einstweilen auch
hier. Auf sicherem Weg gehen von hier
inzwischen die erbetenen Hilfsmittel
nach oben ab.

              Romberg.

29250

*Dokument: A.S. 4446. Telegramm 26. November 1917. v. Romberg,
Kaiserliche Gesandtschaft Bern an Auswärtiges Amt. Handschrift-
liche Notiz v. Bergen: »Nach vorliegenden Nachrichten hat Regierung in Petersburg mit grossen finanziellen Schwierigkeiten zu
kämpfen. Es ist daher sehr erwünscht, ihr Geld zuzuführen.«*

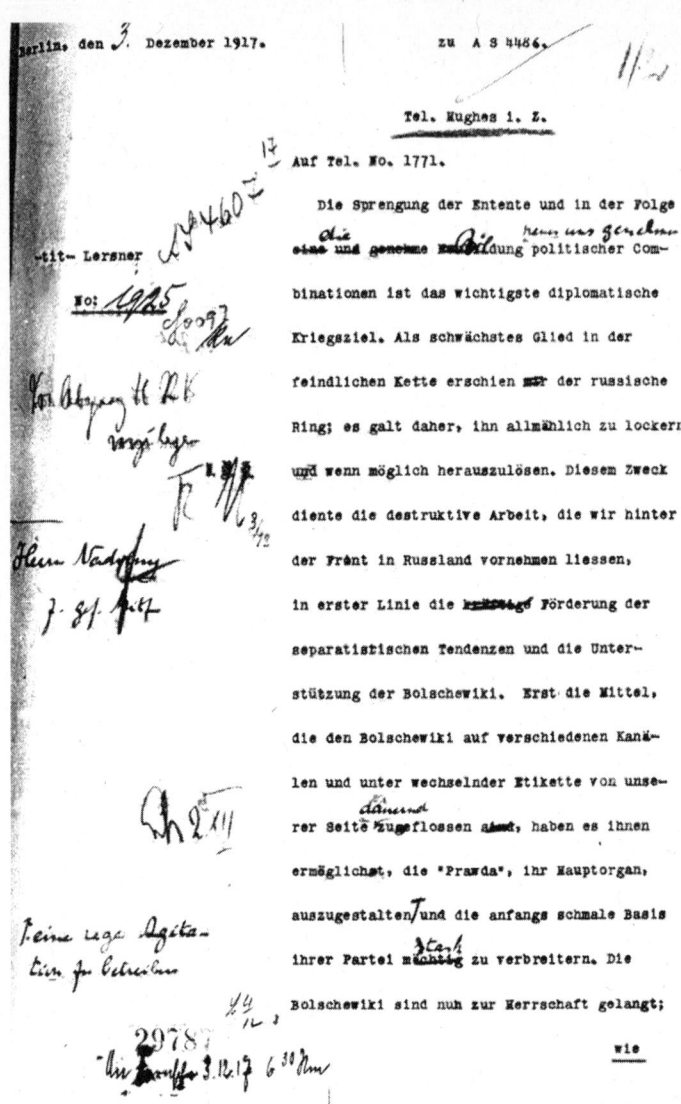

Berlin, den 3. Dezember 1917.   zu A S 4486.

Tel. Hughes i. Z.

Auf Tel. No. 1771.

Die Sprengung der Entente und in der Folge eine und genehme Bildung politischer Combinationen ist das wichtigste diplomatische Kriegsziel. Als schwächstes Glied in der feindlichen Kette erschien mir der russische Ring; es galt daher, ihn allmählich zu lockern und wenn möglich herauszulösen. Diesem Zweck diente die destruktive Arbeit, die wir hinter der Front in Russland vornehmen liessen, in erster Linie die kräftige Förderung der separatistischen Tendenzen und die Unterstützung der Bolschewiki. Erst die Mittel, die den Bolschewiki auf verschiedenen Kanälen und unter wechselnder Etikette von unserer Seite dauernd zugeflossen sind, haben es ihnen ermöglicht, die "Prawda", ihr Hauptorgan, auszugestalten und die anfangs schmale Basis ihrer Partei stark zu verbreitern. Die Bolschewiki sind nun zur Herrschaft gelangt; wie

-tit- Lersner

Dokument: Zu A.S. 4486. 3. Dezember 1917. Arbeitsnotiz v. Kühlmann zum Vortrag beim deutschen Kaiser. Auch folgende Seiten.

wie lange sie sich an der Macht werden hal-

ten können, ist noch nicht zu übersehen. Sie

brauchen zur Befestigung ihrer eigenen Stel-

lung den Frieden; auf der anderen Seite haben

wir alles Interesse daran, ~~die~~ *ihre* vielleicht

nur kurze ~~Zeit~~ *Regierungszeit* ~~ihrer Herrschaft~~ auszunut-

zen, um zunächst zu einem Waffenstillstand, ~~dann~~

wenn möglich auch *zum* Frieden zu gelangen. Der

Abschluss eines Separatfriedens würde die

Verwirklichung des erstrebten Kriegszieles,

den Bruch Russlands mit seinen Verbündeten

bedeuten. Die Stärke der aus diesem Bruch

notwendigerweise sich ergebenden Spannung

wird die Intensität des Anlehnungsbedürfnis-

ses Russlands an Deutschland und seine künf-

tigen Beziehungen zu uns bestimmen. Von sei-

nen bisherigen Alliierten in Acht und Bann

getan, finanziell im Stich gelassen, wird

Russland bei uns Unterstützung suchen müssen.

Wir werden Russland unsere Hülfe nach ver-

schiedenen Richtungen hin zu teil werden las-

sen

299

sen können; zunächst wohl bei der Ordnung *la*

der Wiederherstellung der Eisenbahnbetrie-

be; (ich denke hierbei an eine deutsch-rus-

sische, von uns geleitete Kommission,

welche im Interesse einer beschleunigten

Wiederaufnahme des Waarenverkehrs eine zweck

mässige Ausnutzung der Bahnen nach einheit-

lichen Grundsätzen durchzuführen hätte);

sodann durch Gewährung einer grösseren An-

leihe deren Russland für die Inganghaltung

der Staatsmaschinerie *bedarf* bedürfen wird. Diese

könnte in der Form von Vorschüssen auf

Getreide, Rohmaterialien *Rohstoffe* u.s.w. gewährt

werden, die Russland liefern und deren Ab-

transport jene Kommission überwachen müss-

te. - Auf einer derartigen je nach Bedarf

noch auszugestaltenden Hülfsbasis würde sich

meines Erachtens mit der Zeit eine steigende

Annäherung zwischen beiden Ländern vollzie-

hen.

Oesterreich-Ungarn wird den Annäherungs-

prozess

prozess mit Misstrauen und nicht ohne Beklemmungen verfolgen. Ich möchte den Uebereifer des Grafen Czernin, mit den Russen ins Reine zu kommen, als den Wunsch deuten, uns zuvorzukommen und eine für die Donaumonarchie unbequeme Gestaltung intimer Beziehungen zwischen Deutschland und Russland zu hintertreiben. Wir brauchen uns an diesem *um die Gunst Russlands* Kauf/nicht zu beteiligen. Wir sind stark genug, um in Ruhe warten zu können.; wir sind weit eher als Oesterreich-Ungarn in der Lage, Russland das zu bieten, was es zum Wiederaufbau seines Staates gebraucht. Ich sehe der weiteren Entwickelung der Dinge im Osten mit voller Zuversicht entgegen;halte es aber für zweckmässig, der oesterreichisch ungarischen Regierung gegenüber bis auf weiteres in allen Angelegenheiten, welche beide Monarchieen berühren, so auch in der polnischen Frage, eine gewisse Reserve zu beobachten, um für alle Eventualitäten freie Hand zu bewahren.

Die

Die im Vorstehenden entwickelten Gedanken bewegen sich, wie ich annehmen darf, im Rahmen der mir von S. M. erteilten Direktiven. Bitte S. M. entsprechenden Vortrag zu halten und mir die Allerhöchsten Befehle zu telegrafieren.

St. S.

für den Herrn Staatssekretär zur Besprechung mit
Graf Rödern.

[Während der letzten Anstrengungen der Entente in
Russland, den Sowjet der Arbeiter-Delegierten zur
Annahme der Forderungen der Entente zu bewegen, die
auf eine Orientierung Russlands zur Entente hinauslaufen, war Graf Mirbach gezwungen, grössere Summen
aufzuwenden, um diese Beschlüsse zu verhindern.

Es ist gelungen, vorläufig die Bolschewisten davon abzuhalten, in das Entente-Fahrwasser hinüberzuschwenken. Doch kann jeder Tag neue Ueberraschungen
bringen. Die Sozial-Revolutionäre haben sich gänzlich
der Entente verschrieben, und diese versucht, mit
Hilfe der tschecho-slovakischen Bataillone die Herrschaft der Bolschewiki zu erschüttern. Es scheint,
dass es den Bolschewiki gelungen ist, vorläufig den
Ansturm der tschecho-slovakischen Bataillone zu überwinden. Immerhin werden die nächsten Monate von innerpolitischen Kämpfen erfüllt sein. Es ist möglich,
dass es zum Sturz der Bolschewiki kommt, um so mehr,
als einzelne ihrer Führer bereits zu einer gewissen
Resignation über ihr eigenes Schicksal gekommen sind.

Während der Herrschaft der Bolschewiki werden
wir, trotz der grossen Belastungsproben, die durch unsere eigenen politischen Forderungen (Esthland, Livland, Transkaukasien, Krim usw.) der äusseren Politik der Bolschewiki bereitet werden, versuchen müssen, alles daran zu setzen, die Bolschewiken vor einer

Dokument: A.S. 2562. 5. Juni 1918. Notiz v. Kühlmann für ein Gespräch mit Graf Rödern über Bereitstellung von nicht unter 40 Millionen Mark. Auch folgende Seite.

ner anderen Orientierung zu bewahren. Das kostet Geld, wahrscheinlich viel Geld. Andererseits dürfen wir, schon jetzt mit der Möglichkeit eines Umsturzes rechnend, unsere Beziehungen zu den übrigen politischen Parteien nicht abbrechen. Wir müssen im Gegenteil versuchen, für den Fall des Sturzes der Bolschewiken uns einen möglichst gefahrlosen Uebergang zu sichern. Auch das wird viel Geld kosten.

Graf Mirbach hat berichtet, dass er jetzt monatlich 3 Millionen Mark für Ausgaben in dieser Beziehung brauchen wird. Es sei aber anzunehmen, dass bei einem Umschwunge unter Umständen das Doppelte nötig sein wird.

Der Fonds, den wir bisher für Acquisitionen in Russland zur Verfügung gehabt haben, ist erschöpft. Es ist daher nötig, dass der Reichsschatzsekretär einen neuen Fonds zur Verfügung stellt. Diesen wird man unter den oben dargelegten Bedingungen nicht unter 40 Millionen beziffern können.

Berlin, den 5. Juni 1918.

Trautmann

ℒ 2667 pr. 12. Juni 1918

Der Staatsfefretär
des Reichsschatzamts.

Geheim Z.B. 965.

wird gebeten, in der Antwort Tag, vor-
liger Geschäftszeichen und Gegenstand
dieses Schreibens zu bezeichnen.

Berlin W. 66, den   11. Juni   1918.
Wilhelmplatz 1.

157

Lieber K ü h l m a n n   !

    Auf Jhr Schreiben vom 8. d.M., mit dem Sie mir
die Aufzeichnung zu A.S. 2662 betreffend Rußland
übersenden, erkläre ich mich bereit, einem ohne Angabe von Gründen gestellten Antrag auf Bereitstellung von 40 Mill. Mark für den fraglichen Zweck zuzustimmen.

        Seiner Exzellenz
den Herrn Staatssekretär des Auswärtigen Amts
    Herrn Dr. v o n K ü h l m a n n

Persönlich ·

Dokument: A.S. 2667. 11. Juni 1918. Staatssekretär des Reichsschatzamtes an v. Kühlmann.

WAR INFORMATION SERIES   No. 20—October, 1918

The GERMAN-BOLSHEVIK CONSPIRACY

ISSUED BY
THE COMMITTEE ON PUBLIC INFORMATION
GEORGE CREEL, Chairman

Titelseite der Sisson-Papiere über die »Deutsch-bolschewistische Verschwörung«.

G. G.-S.
NACHRICHTEN-BUREAU.

№ 1845. Секретно.

Г. Предсѣдателю Совѣта Народныхъ Комиссаровъ.

Bestloo № 42

12 Февраля 1918 г.

Развѣдочное Отдѣленіе имѣетъ честь сообщить, что найденные у арестованнаго кап. Коншина два герман- скихъ документа съ помѣтками и штемпелями Петербург- скаго Охраннаго Отдѣленія, представляютъ собою под- линные приказы Имперскаго Банка за № 7433 отъ 2 Мар- та 1817 года объ открытіи счетовъ г.г. Ленину, Сумен- сонъ, Козловскому, Троцкому и другимъ дѣятелямъ на пропаганду мира, по ордеру Имперскаго Банка за № 2/54.

Это открытіе доказываетъ, что не были своевремен- но приняты мѣры для уничтоженія означенныхъ докумен- товъ.

Начальникъ Отдѣленія [signature]

Адъютантъ [signature]

Aus den Sisson-Papieren: Angebliches Original eines Berichtes, den ein Vertreter des deutschen Generalstabes an die Führer der Bol- schewiki richtete, um diese zu warnen, daß er einen Agenten ver- haftet habe, der sich im Besitz von Reichsbank-Dokumenten befand, die dieser hätte vernichten sollen.

ПРОТОКОЛЪ

Сей протоколъ составленъ нами 4 Ноября 1917 года
въ двухъ экземплярахъ въ томъ, что нами съ согласія
Совѣта Народныхъ Комиссаровъ изъ дѣлъ Контръ-Развѣ-
дочнаго Отдѣленія Петроградскаго Округа и бывш. Де-
партамента Полиціи, по порученію Представителей Германскаго Генеральнаго Штаба въ Петроградѣ изъяты:

1. Циркуляръ Германскаго Генеральнаго Штаба за
№ 421 отъ 9 Іюня 1914 г. о немедленной мобилиза-ціи
всѣхъ промышленныхъ предпріятій въ Германіи и

2. Циркуляръ Генеральнаго Штаба флота Открытаго
Моря за № 93 отъ 28 Ноября 1914 г. о посылкѣ но враж-
дебныя страны спеціальныхъ агентовъ для истребленія
боевыхъ запасовъ и матеріаловъ.

Означенные Циркуляры переданы подъ росписку въ
Развѣдочное Отдѣленіе Германскаго Штаба въ Петроградѣ.

Уполномоченные Совѣта Народныхъ Комиссаровъ

Означенные въ из поемъ протоколѣ циркуляры № № 421 к 93, а также
одинъ экземпляръ этого протокола получены 3 Ноября 1917 г. Развѣдочнымъ
Отдѣломъ Г.Г.Ш. въ Петербургѣ

Адъютантъ

Document Number 3—Facsimile of Protocol

*Angebliches Protokoll mit Unterschriften von Führern der Bol-
schewiki, daß auf Grund von Instruktionen des deutschen Generalstabes mit Zustimmung des Rates der Volkskommissare Spezialagenten in feindliche Länder zwecks Zerstörung von Kriegsvorräten und -material geschickt werden sollen (r. u. Joffes Unterschrift).*

G. G.-S.

NACHRICHTEN-BUREAU.

Section *152*

№ *250*

·25 Февраля 1918 г.

Господину Предсѣдателю Совѣта Народныхъ Комиссаровъ

Послѣ совѣщанія съ Народнымъ Комиссаромъ г. Троцкимъ, имѣю честь просить срочно извѣстить руководителей Контръ-Развѣдки при Ставкѣ-Комиссаровъ Фейерабенда и Кальмановича, чтобы они работали по-прежнему въ полной независимости и тайнѣ отъ официальнаго Штаба Ставки и Генеральнаго Штаба въ Петербургѣ и особенно ген. Бончъ-Бруевича и Контръ-Развѣдки Сѣвернаго Фронта, сносясь лишь съ Народнымъ Комиссаромъ прап. Крыленко

Начальникъ Отдѣленія

Адъютантъ

Angebliches Schreiben des Großen Generalstabes an Lenin, den Präsidenten des Rates der Volkskommissare, daß nach Rücksprache mit Trotzki, die Besetzung militärischer Funktionen der Armee den deutschen Wünschen entsprechend zu erfolgen hat.

Der russische Kalender

Die Kalenderdaten sind bei Zitaten aus dem Russischen nach dem alten, dem Julianischen Kalender angegeben, der in Rußland bis 1918 galt und dem Gregorianischen Kalender um dreizehn Tage nachsteht.

Erst nach der Oktoberrevolution, am 24. Januar 1918, nahm der Rat der Volkskommissare ein »Dekret über die Einführung des westeuropäischen Kalenders in der Russischen Republik« an. Im gleichen Dekret wurde vorgeschrieben, bis zum 1. Juli 1918 nach dem Datum eines jeden Tages nach neuer Rechnung auch den Tag nach alter Rechnung zu schreiben.

Der Unterschied von 13 Tagen trifft auf jene Ereignisse zu, die zwischen dem 1. März 1900 und dem Tag der Kalenderreform liegen. So entspricht der Tag der Oktoberrevolution, der 25. Oktober 1917 nach dem alten Kalender, dem 7. November 1917 nach dem neuen Kalender.

Wenn von Ereignissen außerhalb Rußlands die Rede ist, gilt das Datum nach dem westeuropäischen Kalender.

Die Provisorische Regierung

Die Provisorische Regierung wurde nach der Februarrevolution in Verhandlungen zwischen dem Provisorischen Komitee der Staatsduma und dem Sowjet (deutsch: Rat) der Arbeiter- und Soldatendeputierten in Petrograd gebildet. Mitglieder ihres ersten Kabinetts waren Vertreter der bürgerlichen Parteien und Kräfte, die in Opposition zur zaristischen Regierung gestanden hatten und eine parlamentarische Regierung anstrebten. Erster Ministerpräsident dieser Regierung war Fürst G. J. Lwow. Die Provisorische Regierung betrachtete sich deshalb als »provisorisch«, weil die Entscheidung einer Konstituierenden Versammlung über die Staatsform Rußlands noch ausstand.

Angesichts der durch den Krieg schnell zunehmenden

Unzufriedenheit der Bevölkerung und des Unwillens, den Krieg zu beenden, geriet die Provisorische Regierung in mehrere Krisen. Die nach der April-Krise unter Beteiligung auch der sozialistischen Parteien (Menschewiki und Sozialrevolutionäre) gebildete Koalitionsregierung unter A.F. Kerenski wurde durch den von den Bolschewiki organisierten bewaffneten Oktoberaufstand gestürzt.

Die erste provisorische Regierung unter dem Ministerpräsidenten Fürst Lwow war aus Vertretern bürgerlicher Parteien und parteilosen Ministern zusammengesetzt und amtierte vom 2. (15.) März 1917 bis zum 2. (15.) Mai 1917.

Ihr folgte die erste Koalitionsregierung, ebenfalls unter Ministerpräsident Fürst Lwow. Die bürgerlichen Parteien stellten in ihr zehn und die sozialistischen Parteien sechs Minister. Sie amtierte vom 5. (18.) Mai bis zum 2. (15.) Juli.

In die zweite Koalitionsregierung, Ministerpräsident war A.F. Kerenski, wurden acht Minister bürgerlicher und sieben Minister sozialistischer Parteien berufen. Diese Regierung hörte am 25. Oktober (7. November) 1917 auf zu existieren.

Der Rat der Volkskommissare

Der Rat der Volkskommissare (russ: Sowjet Narodnych Kommissarow – »Sownarkom«) ging aus dem II. Gesamt-russischen Kongreß der Sowjets der Arbeiter- und Soldatendeputierten hervor, der nach dem bewaffneten Aufstand der Bolschewiki die Sowjetmacht in Rußland proklamierte. Der Beschluß zu seiner Bildung wurde am 26. Oktober (8. November) 1917 gefaßt.

Vorsitzender des »Sownarkom« war Lenin, ihm unterstanden siebzehn Volkskommissare, zuständig für die verschiedenen Ressorts. In der Zeit von Ende November 1917 bis Anfang März 1918 gehörten dem »Sownarkom« neben den Bolschewiki auch Linke Sozialrevolutionäre an. Der »Sownarkom« bildete die Regierung der Russischen Sozialistischen Föderativen Sowjetrepublik (RSFSR). Auch die Regierung der Ende 1922 gegründeten Union der Sozialistischen

Sowjetrepubliken (UdSSR) trug noch die Bezeichnung Sowjet Narodnych Kommissarow. Erst am 15. März 1946 erhielt die Regierung die Bezeichnung »Ministerrat der UdSSR«.

Der erste Rat der Volkskommissare hatte folgende Zusammensetzung:

Wladimir Uljanow (Lenin), Vorsitzender des Rates der Volkskommissare

L. D. Bronstein (Trotzki), Volkskommissar für Äußeres

A. A. Owssejenko (Antonow), N. W. Krylenko und P. J. Dybenko bildeten als Volkskommissare ein gemeinsames Komitee für Militär- und Marineangelegenheiten

A. I. Rykow, Volkskommissar des Innern

A. G. Schlapnikow, Volkskommissar für Arbeit

W. P. Miljutin, Volkskommissar für Landwirtschaft

I. A. Teodorowitsch, Volkskommissar für Versorgung

W. P. Nogin, Volkskommissar für Handel und Industrie

A. W. Lunatscharski, Volkskommissar für Volksbildung

I. I. Skwortsow (Stepanow), Volkskommissar für Finanzen

G. I. Oppokow (Lomow), Volkskommissar für Justiz

N. P. Awilow (Glebow), Volkskommissar für Post und Telegraph

I. W. Dschugaschwili (Stalin), Volkskommissar für Nationalitätenfragen

Staatssekretäre des Auswärtigen Amtes in Deutschland

Dezember 1912 – November 1916: Gottlieb von Jagow
November 1916 – August 1917: Arthur Zimmermann
August 1917 – Juli 1918: Richard von Kühlmann
Juli 1918 – Oktober 1918: Admiral Paul von Hintze

Finnland

Finnland hatte ca. 750 Jahre lang unter schwedischer Herrschaft gestanden, als es nach dem schwedisch-russischen

Krieg von 1808/09 an Rußland fiel. Unter der russischen Herrschaft besaß Finnland eine gewisse Autonomie. Schon seit 1916 verfügte die Sozialdemokratische Partei Finnlands als erste in Europa über eine parlamentarische Mehrheit.

Der finnische Landtag erklärte im Sommer 1917, von den Deutschen unterstützt, die Unabhängigkeit des Landes, die der Rat der Volkskommissare Sowjetrußlands am 31. Dezember 1917 bestätigte.

Am 28. Januar 1918 bildeten linke Sozialdemokraten eine Gegenregierung, und die kurzlebige »Finnische Sozialistische Republik« entstand. Die bürgerliche Regierung wich in den Norden aus, und nach Kämpfen im ganzen Land bildete sich zwischen »Roten« und »Weißen« im März eine Frontlinie quer durch den Süden Finnlands. Die Bolschewiki unterstützten zwar den Süden – Helsingfors/Helsinki war Hauptstützpunkt der sowjetrussischen Baltischen Flotte -, die meisten russischen Garnisonen im Norden wurden jedoch entweder von den Weißen entwaffnet, oder deren Besatzungen strebten wegen des Waffenstillstandes mit den Deutschen und des zu erwartenden Friedens nach Hause.

St. Petersburg

Gegründet 1703, ab 18. (31.) August 1914 Petrograd, ab 26. Januar 1924 Leningrad.

Schreibweise

Die Schreibweise von Personen-, Orts- und Sachnamen differieren durch Übernahme von Originalzitaten aus Dokumenten und durch unterschiedliche Transkriptionen und Rückübertragungen aus mehreren Sprachen.

Auswärtiges Amt Bonn, Politisches Archiv
Abteilung IA, WK 11 c geh., Unternehmungen und Auf-
wiegelungen gegen unsere Feinde in Rußland, Bde. 6, 7, 10,
13, 15, 23
Abteilung IA, Deutschland 131 geh. Das Verhältnis
Deutschlands zu Rußland, Bd. 18
Abteilung IA, WK 2 geh., Friedensstimmung und Aktionen
zur Vermittlung des Friedens, Bd. 52

Geheimes Staatsarchiv Preußischer Kulturbesitz, Berlin
Nachlaß Helphand, Bde. 9-12 und 14 (Geschäftspapiere und
Korrespondenzen)

National Archives Washington
General Records of the Department of State (RG 59), Box 1,
File V / Box 3, File Miscellanious Documents II / Box 1, File
List of Docs and those not received
Records of the White House Office (RG 130)

Ratsarchiv Kopenhagen
Firmenregister Kopenhagen 1915 – 1920

Stockholm City Archives
Handelsregister 1915-1917, Steuerbücher,
Gründungsurkunde Aktiebolaget Nya Banken

Haparanda Kommun Archiv
Stadtchronik Haparanda und Torneå

Die Autoren bedanken sich für die wertvolle und umsichtige Unterstützung bei den Recherchen sowie für die großzügig gewährten Möglichkeiten zur Einsichtnahme und die Bereitstellung von Dokumenten bei

Herrn Dr. Grupp vom Politischen Archiv des Auswärtigen Amtes, Bonn,

Mr. Kenneth Heger von der National Archives and Records Administration, Washington,

Frau Dr. Gundermann vom Geheimen Staatsarchiv Preußischer Kulturbesitz, Berlin.

Für ausführliche Interviews und der Nutzungsgenehmigung ausgewählter Materialien danken wir:

Prof. Robert V. Daniels, Vermont University, Burlington,

Prof. Richard Pipes, Harvard University, Cambridge,

Prof. W. I. Starzew, Universität St. Petersburg.

Besonderer Dank gilt

Herrn Tapio Salo für seine umfangreiche Kooperation bei den Recherchen im Gebiet von Haparanda und der Zurverfügungstellung von Material des Stadtarchivs.

Als bibliografische Anmerkung möchten die Autoren auf die Forschungen und das Buch des Historikers Fritz Fischer »Griff nach der Weltmacht« und auf die Dissertationsschrift des Historikers Winfried Scharlau hinweisen, deren Wertungen und Fakten zu vergleichenden Überlegungen dienten.

George F. Kennans Analysen zur Beziehung der amerikanisch-russischen und -sowjetischen Politik und die historische Einordnung der Persönlichkeit des amerikanischen Publizisten Edgar Sisson und seiner Tätigkeit im Zusammenhang mit den »Sisson-Dokumenten« waren Ausgangspunkt der weiterverfolgenden Recherchen zur Sisson-Story innerhalb des Buchthemas, das die Autoren versucht haben, eingrenzend zu schildern.

Fluchtweg des Edgar Sisson 1918

nördlicher Polarkreis

SCHWEDEN

RUSSISCHES REICH

Haparanda   Torneå

Sunioke

Finnland

Christinestad
Sideby
Ahlainen
Björneborg

Wiborg

Helsingfors

Ostsee

St. Petersburg/
Petrograd

200 km   Esthland

Gebiete der deutschen Randstaatenpolitik 1914

Nördliches Eismeer

NORWEGEN

nördlicher Polarkreis

SCHWEDEN

Finnland

Helsingfors

RUSSISCHES REICH

St. Petersburg/Petrograd

Esthland

Ostsee

Livland

Moskau

Kurland

Riga

DEUTSCHES REICH

Polen

Warschau

Kiew

Ukraine

Bessarabien

Kaspisches Meer

ÖSTERREICH - UNGARN

Krim

Kaukasien

Schwarzes Meer

ISBN 3-360-00850-2

1. Auflage
© 1998 Das Neue Berlin Verlagsgesellschaft mbH
Rosa-Luxemburg-Str. 16, 10178 Berlin
Umschlagentwurf: Jens Prockat
Druck und Bindung:
Ebner Ulm